KB188794

커서 AI

트렌드 & 활용백과

커서 AI

트렌드 & 활용백과

1쇄 발행 2025년 3월 28일
3쇄 발행 2025년 4월 18일

지은이 서승완
펴낸이 유해룡
펴낸곳 (주)스마트북스
출판등록 2010년 3월 5일 | 제2021-000149호
주소 서울시 영등포구 영등포로5길 19, 동아프라임밸리 1007호
편집전화 02)337-7800 | **영업전화** 02)337-7810 | **팩스** 02)337-7811
원고투고 www.smartbooks21.com/about/publication
홈페이지 www.smartbooks21.com

ISBN 979-11-93674-20-8   03300

커서 AI
C u r s o r

트렌드 & 활용백과

서승완(유메타랩 대표) 지음

스마트북스

커서 AI가 열어가는 새로운 일의 미래
– 창의적 게으름을 추구하는 분들께

AI 시대, 게으름의 역설

많은 분들이 저를 정말 부지런한 사람이라 생각합니다. 하지만 이는 완전한 오해임을, 이 서문을 통해 고백하고 싶습니다. 저는 태생부터 게으른 사람입니다. 일을 시작하면 늘 오랜 시간이 걸리고 마감 기한에 쫓기기 일쑤였지요.

하지만 이런 게으른 성향이 의외의 결실을 만들었습니다. 반복되는 업무를 할 때마다 '이걸 꼭 이렇게 해야 하나?' 의문을 가졌고, 자연스럽게 더 효율적인 방법을 찾아나서곤 했죠. 단순작업은 최대한 자동화하고 더 단순화하는 방법을 연구하곤 했습니다. 이런 습관이 정착되자, 일을 빠르게 해내곤 했고, 같은 시간에 더 많은 일을 할 수 있었습니다. 부지런해서가 아니라 역설적으로 게을렀기에 가능한 일이었습니다.

창의적 게으름

마이크로소프트의 창업자 빌 게이츠도 비슷한 이야기를 했더군요.

"어려운 일을 시킬 때는 게으른 사람에게 맡긴다. 그들이 더 쉬운 해결책을 찾아내기 때문이다."

물론 여기서 말하는 '게으름'은 단순히 일을 회피하거나, 무기력하게 시간을 보내는 것을 얘기하지는 않을 것입니다. 앞서 말한 것처럼, 비효율적인 과정을 개선하고, 불필요한 노력을 줄이며, 더 나은 방법을 찾아내려는 사고방식이겠지요. 저는 이걸 '창의적 게으름'이라 부르고 싶습니다.

인류 역사를 돌아보면, 위대한 발명품들은 종종 '더 쉽게 일하고 싶다'는 소망에서 탄생했습니다. 수레바퀴, 증기기관, 세탁기, 컴퓨터…, 이 모든 것은 어떤 의미에서 '창의적 게으름'의 산물이라 할 수 있습니다. 인간은 항상 노동을 줄이고 더 효율적인 방법을 찾아왔습니다.

그리고 이제 우리는 AI라는 새로운 동반자를 맞이했습니다. 지금까지 우리는 어떤 일을 효율적으로 처리하고 싶을 때마다 항상 특정한 기술을 배워야만 했습니다. 엑셀로 데이터를 분석하려면 복잡한 함수들을 익혀야 했고, 웹사이트를 만들려면 HTML과 CSS를 공부해야 했으며, 업무를 자동화하려면 고급 프로그래밍 언어를 배워야 했습니다.

이런 진입 장벽 때문에 '더 효율적으로 일할 수 있는 방법'을 알더라도,

실제로 구현하는 것은 전문가에게 의존하거나 포기할 수밖에 없었습니다. 하지만 AI는 이런 공식을 완전히 바꾸어 놓았습니다.

일의 공식이 바뀐다

이제 "이 엑셀 스프레드시트의 데이터를 정리하는 방법이 있을까?"라고 물으면, AI가 필요한 엑셀 함수를 알려주는 시대가 되었습니다. "내 업무 일정을 자동으로 관리해 주는 프로그램이 필요해"라고 말하면, AI가 코드를 작성해 만들어 줍니다. 많은 전문 지식 없이도, 우리의 아이디어를 현실로 만들 수 있게 된 것입니다.

　빌 게이츠의 말처럼, 게으른 사람이 더 쉬운 해결책을 찾아낸다면, AI는 그 해결책을 실현해 주는 마법 같은 도구입니다. 복잡한 코드를 작성하는 지루한 과정은 AI에게 맡기고, 우리는 진짜 중요한 일—문제를 정의하고, 창의적인 해결책을 구상하는 일—에 집중하면 됩니다.

AI 시대에 필요한 '창의적 게으름'의 마인드셋

저는 이 책을 통해 여러분에게 단순한 프로그램이나 기술을 알려주는 것이 아닌, 새로운 사고방식을 제안하고 싶습니다. 기술의 세계는 더 이상 '아는 사람'과 '모르는 사람'으로 나뉘지 않습니다. 대신 '물어보는 방법을 아는 사람'과 '모르는 사람'으로 재편되고 있습니다. AI는 모든 사람이 자신의 창의력을 기술로 구현할 수 있는 기회를 제공합니다. 이제 우리에게 필요한 것은 호기심과 문제의 본질을 파악하는 능력, 그리고 더 나은 방법을 찾아내려는 '창의적 게으름'의 마인드셋입니다.

이 책은 그런 창의적 게으름을 추구하는 분들을 위한 책으로, 일반적인 개발도서와는 다른 접근법을 취합니다. 복잡한 기술 스택 대신 PHP나 파이썬과 같은 간단한 도구를 활용하고, 어려운 프로그래밍 개념이나 환경설정보다는 커서 AI를 빠르게 '실생활'과 '비즈니스'에 적용하는 방법에 집중했습니다.

개발 경험이 풍부한 분들에게는 기초적으로 느껴질 수 있지만, 이 책의 진정한 가치는 기술적 장벽 없이 〈누구나 AI의 힘을 일상에 활용할 수 있게〉 하는 데 있습니다. 이는 모두의 창의적 게으름이 빛을 발하도록 하기 위함임을 이해해 주시길 바랍니다.

이 책이 나오기까지 많은 분들의 도움이 있었습니다. 특히 출판사 스마트북스의 유해룡 대표님과 편집장님께 깊은 감사를 드립니다. 30년 전 인터넷 시대가 열릴 때 쓰셨다던 책 이야기를 들으며 묘한 인연을 느꼈습니다. 이제 'AI라는 또 다른 변곡점'을 함께 맞이하게 되어 특별했습니다. 기술을 단순한 도구가 아닌, 사람들의 삶을 바꾸는 힘으로 바라보는 두 분의 시선이 이 책의 모든 페이지에 스며들어 있습니다.

또한 지난해에 진행했던 '커서 AI 스터디'에 함께 해주신 IT커뮤니케이션연구소 김덕진 소장님, 사용성연구소 이승필 대표님, GBF메타 송영민 대표님께도 특별한 감사의 말씀을 전합니다. 각자의 경험과 통찰을 아낌없이 나눠 주신 덕분에, 이 책의 내용이 더욱 풍부하고 실용적으로 완성될 수 있었습니다. 매주 밤늦게까지 이어진 열띤 토론과 실험은 이 책의 근간이 되었습니다.

그 외에도 우리 유메타랩의 채시은, 장진, 류동윤 매니저를 포함해 감사하고 싶은 분들이 너무나도 많지만, 지면의 부족으로 다 적지 못함을 양해 부탁드립니다.

세상은 빠르게 변화하고 있습니다. 하지만 이런 변화 속에서도 변하지 않는 진리가 있습니다. 앞서 말했던 것처럼, 인간의 호기심과 창의력, 그리고 '더 나은 방법'을 찾고자 하는 끊임없는 열망은 언제나 혁신의 원동력이었습니다. 이제 우리는 AI라는 동반자와 함께 이 여정을 더욱 빠르고 즐

겁게 이어나갈 수 있게 되었다고 생각합니다. 커서 AI는 이제 시작일 뿐입니다.

이 책이 여러분의 일과 삶에 변화를 가져오는 하나의 계기가 될 수 있다면 대단히 기쁘겠습니다. '창의적 게으름'의 힘을 몸소 느끼고, AI와 함께 새로운 가능성의 세계로 나아가는 여정에 독자 여러분을 초대합니다.

2025년 3월

중림동에서 서승완 드림

차례

 1장   **슈퍼 개인의 시대, 커서 AI가 열어갈 세상**

커서 AI 워밍업 _ K-팝 소개 사이트

3장 온라인 명함, 제품 소개 랜딩 페이지, 투 두 리스트, 설문조사 폼 만들기

8장 견적서 비교, 파일 정리, 카드뉴스, 확장 프로그램까지 한 방에!

Part

1

슈퍼 개인의 시대,
커서 AI가 열어갈 세상

Cursor AI

커서 AI,
새로운 메타 도구의 등장

AI는 도구를 만드는 방식 자체를 바꾼다

인류의 역사는 도구의 발전과 함께해 왔습니다. 이야기는 우리의 먼 조상들이 처음 돌을 깨뜨려 도구를 만들기 시작한 시점까지 거슬러 올라갑니다. 돌도끼 하나로 사냥감을 잡고, 살을 발라내고, 나무를 자르는 등 다양한 작업을 했습니다. 당시에는 '누구나' 돌을 깨서 도구를 만들 수 있었지만, 더 정교한 도구를 제작하려면 여러 가지 노하우가 필요했을 것입니다.

청동기시대가 되면서 이러한 과정은 훨씬 더 복잡해졌습니다. 구리를 제련하고 주석을 섞어 청동을 만드는 데에는 많은 시간과 숙련된 지식이 필요했습니다. 철기시대 역시 마찬가지였습니다. 도구 제작은 점차 전문화되었죠. 고대와 중세를 거치며 '도구의 제작'은 분업이 필수가 되었습니다. 대장장이, 목수, 도공 등 다양한 전문 직업군이 등장했고, 도구를 만드는 이와 사용하는 이는 명확히 구분되었습니다. 또한 문자를 익히거나 특

정 지식을 배운 사람들이 이 과정을 기록하고 전파했습니다.

산업혁명은 도구의 역사를 다시 한 번 크게 바꾸어 놓았습니다. 증기 기관의 발명으로 대량생산이 가능해졌고, 공장에서 만들어진 도구들은 훨씬 더 저렴하게 공급되었습니다. 그 결과 더 많은 이들이 도구의 혜택을 누릴 수 있게 되었으나, 여전히 생산수단을 통제하는 것은 소수의 몫이었습니다.

20세기 이후 컴퓨터가 등장하면서 비슷한 변화의 흐름이 이어졌습니다. 처음에는 에니악 같은 대형 컴퓨터를 다룰 수 있는 사람이 극소수였지만, 1960년대를 기점으로 기업과 연구소 등지에 조금씩 보급되었습니다.

물론 일반인들에게는 여전히 먼 이야기였죠. 1980년대 개인용 컴퓨터(PC)가 등장하며 이 격차가 어느 정도 줄어들긴 했지만, 여전히 '사용'과 '개발'의 영역은 달랐습니다. 컴퓨터 자체는 누구나 쓸 수 있었지만, 프로그램을 '만드는 것'은 코딩을 배운 소수 프로그래머들에게만 가능한 일이었으니까요.

1990년대 인터넷 보급으로 정보 접근성이 폭발적으로 늘어났고, 2000

년대에는 블로그와 SNS 덕분에 누구나 자신의 생각을 표현하고 공유할 수 있게 되었습니다. 그럼에도 디지털 도구를 직접 '만드는 것'은 여전히 쉽지 않았습니다.

2010년 이후 주목받기 시작한 노코드(No-Code)는 이런 장벽을 허물고자 한 시도였습니다. 복잡한 코딩 없이, 몇 번의 드래그와 클릭만으로 홈페이지나 앱을 만들 수 있도록 하자는 것이었죠. 윅스(Wix)나 버블(Bubble) 같은 서비스가 대표적입니다. 실제로 이런 노코드 도구들은 큰 반향을 일으켰습니다. 초보자도 어렵지 않게 전문가 수준의 웹사이트를 만들 수 있었으니까요.

하지만 한계도 분명했습니다. 대부분 '미리 만들어 둔 레고블록'을 조립하는 방식이었기 때문에, 제공된 템플릿과 위젯(스마트폰의 날씨 위젯처럼 특정 기능을 하는 작은 프로그램이나 UI) 범위를 벗어나는 순간 곧장 한계에 부딪혔습니다. 복잡한 데이터 처리나 특수한 사용자 상호작용(UI)이 필요한 경우 결국 전통적인 코딩의 도움이 필요했습니다. 게다가 이들 도구는 폐쇄적인 생태계 안에서만 작동하는 경우가 많았습니다. 예컨대 윅스에서 만든 것을 버블로 옮기기 어려웠고, 외부 서비스나 API와의 연동에도 제약이 있었죠. 결국 사용자는 각 도구가 허용하는 범위 안에서만 움직여야 했습니다.

하지만 이제 AI가 등장하며 상황이 달라지고 있습니다. AI는 도구를 '만드는 방식' 자체를 근본적으로 바꾸어 놓고 있습니다.

이전의 노코드 도구들이 '미리 만들어진 블록 조립'에 그쳤다면, AI는 사용자의 의도를 이해하고 그에 맞춰 도구를 함께 설계·제작할 수 있습니다. 도구를 만들어내는 '메타 도구'인 셈입니다.

이제 일반인의 경우 프로그래밍 언어나 특정 플랫폼의 문법을 배울 필요가 없습니다. 자연어로 원하는 바를 설명하면 AI가 그것을 실현 가능한 형태로 구체화해 주죠.

이는 마치 돌도끼 시대에 '누구나' 돌을 깨서 도구를 만들 수 있었던 상황과 비슷합니다. 다만, 이번에는 도구가 훨씬 더 정교하고 복잡해졌으며, 그 가능성도 사실상 무한대에 가깝습니다.

결국 AI는 단순한 도구가 아니라 '도구를 만들어내는 메타 도구'라는 점에서 새로운 시대의 시작을 알리고 있습니다.

AI 시대, 모두가 개발자가 된다

개발(Development)이란 우리에게 있는 자원과 역량을 활용해 새로운 가치를 만들어내는 활동을 말합니다. 보통 컴퓨터 분야에서 '개발'이라고 하면 소프트웨어 개발을 의미하는 경우가 많습니다. 원래 컴퓨터는 복잡한 계산을 빠르게 수행하는 '고급 계산기' 정도에 불과했지만, 개발자들이 소프트웨어를 통해 각종 업무를 자동화·고도화하게 되면서 오늘날과 같이 강력한 도구가 되었습니다.

과거에는 이런 개발과정을 위해 C언어나 자바, 파이썬과 같은 프로그래밍 언어를 배워야만 했습니다. 우리는 한국어나 영어 같은 자연어를 쓰는 반면, 컴퓨터는 0과 1로 이루어진 기계어를 이해하니, 둘을 잇는 매개가 필수였던 것입니다. 그런 언어들을 배워 각종 프로그램을 개발하는 이들을 우리는 '개발자(Developer)'라 하죠.

최근 들어 비(非)테크 기업들도 모바일 및 웹서비스를 내놓기 시작했고, 새로운 기술이 빠르게 발전하면서 몇 년 간 개발자에 대한 수요는 꾸준히 증가해 왔습니다. 대기업부터 스타트업에 이르기까지 개발자 채용 공고가 넘쳐났고, 연봉 또한 가파르게 상승했습니다.

부트캠프라 불리는 단기 교육과정에 수강생들이 몰렸고, 온라인 강의 플랫폼에도 프로그래밍 강좌가 상위권을 차지했죠. '문과생도 개발자가 될 수 있다'는 슬로건이 유행했으며, 직장인들 사이에서도 퇴근 후 코딩 공부를 하는 풍경이 펼쳐지기도 했습니다.

하지만 이런 열풍이 모두에게 긍정적인 결과를 가져온 것은 아닙니다. 프로그래밍 언어는 단순히 문법을 익히는 것을 넘어, 컴퓨터의 작동원리와 소프트웨어 설계의 기본을 이해해야 하는데, 그걸 단기간 내에 이루기란 쉽지 않았습니다. 게다가 기술의 발전속도도 너무 빨라 개발자들은 끊임없이 새로운 기술과 프레임워크를 학습해야 했습니다. 처음 배운 기술이 2~3년 만에 구식이 되는 일도 흔했습니다. 개발자의 길을 중도 포기하거나, 개발자로 취직하더라도 높은 업무 강도와 학습 부담으로 다른 길을 모색하는 경우도 많았습니다.

하지만 AI가 등장하며 모든 걸 바꾸고 있습니다.

이제 프로그래밍에 입문하는 사람들은 AI의 도움을 받아 더 빠르게 학습하고, 더 쉽게 자신의 아이디어를 실현할 수 있게 되었습니다. 마치 디지털 카메라가 사진 촬영의 진입장벽을 낮춘 것처럼 말입니다.

새로운 기술과 프레임워크를 학습하는 과정에서도 AI의 도움을 받아 더 효율적으로 적응할 수 있게 되었습니다. AI가 코드의 작동 방식을 설명해 주고, 오류가 발생했을 때 해결 방안을 제시하며, 더 나은 코드 작성 방법을 추천해 주기까지 하니까요. 이 변화는 개발이 더 이상 '프로그래밍 언어를 잘 다루는 몇몇 전문가'의 영역만이 아니게 되었다는 의미이기도 합니다.

이제는 '무엇을 만들까?'라는 아이디어와 문제해결 능력이 훨씬 중요해지고, AI가 프로그래밍의 세부적인 부분을 도와줄 수 있습니다. 창의적인 아이디어만 있다면, 복잡한 코드를 직접 짜지 않고도 스스로 서비스를 만들거나 업무를 자동화할 수 있는 시대가 열린 것이죠. 어쩌면 우리는 역사상 처음으로 기술적 제약에서 벗어나 '순수하게 문제해결과 가치에 집중할 수 있는 시대'를 맞이하는 것일지도 모릅니다.

프롬프트 엔지니어링이 뜬다

모두가 개발자가 되는 시대가 온다면, 우리는 무엇을 배워야 할까요? 더 이상 프로그래밍 언어나 프레임워크를 배우는 것이 최우선 과제가 아닐 수 있습니다. 대신 AI라는 메타 도구를 효과적으로 활용하는 방법, 즉 프롬프트 엔지니어링이 핵심 역량이 될 것입니다.

프롬프트 엔지니어링은 단순히 AI와 대화하는 기술이 아닙니다. 이는 우리가 해결하고자 하는 문제를 정확히 이해하고, 이를 AI가 처리할 수 있는 형태로 구조화하며, AI의 결과물을 검증하고 개선하는 총체적인 과정입니다. 마치 숙련된 장인이 도구를 자유자재로 다루듯, 프롬프트 엔지니어는 AI의 능력을 최대한으로 끌어내는 전문가입니다.

이러한 기술은 크게 두 가지 측면에서 활용됩니다.

먼저, AI를 직접 사용하는 측면입니다.

"웹사이트를 만들어 줘"라는 단순한 요청 대신, "제품 카탈로그와 결제 시스템이 통합된, 모바일에 최적화된 이커머스 웹사이트를 만들어 줘. 디자인은 미니멀하고 세련된 스타일로, 사용자 경험을 최우선으로 고려해 줘"와 같이 구체적이고 명확한 지시를 제공함으로써 훨씬 더 정교한 결과물을 얻을 수 있습니다.

웹사이트를 만들어 줘.

제품 카탈로그와 결제 시스템이 통합된, 모바일에 최적화된 이커머스 웹사이트를 만들어 줘. 디자인은 미니멀하고 세련된 스타일로, 사용자 경험을 최우선으로 고려해 줘.

두 번째는 AI 서비스를 설계하고 개발하는 측면입니다.

현대의 소프트웨어 개발이 프로그래밍 언어로 이루어지듯, AI 기반 서비스의 개발은 프롬프트를 통해 이루어집니다. AI의 행동과 반응을 정의하고, 사용자와의 상호작용을 설계하며, 서비스의 품질을 제어하는 것 모두가 프롬프트 엔지니어링을 통해 가능해집니다.

이미 시장에서는 이러한 변화가 감지되고 있습니다. 프롬프트 엔지니

고품질의 AI 프롬프트를 사고팔 수 있는 프롬프트 베이스(PromptBase).

어의 수요가 급증하고 있으며, 이들의 연봉은 때로는 수억 원을 넘어서기도 합니다.

효과적인 프롬프트가 하나의 상품으로 거래되는 마켓플레이스도 등장했습니다. 저 역시 프롬프트 엔지니어로서 다양한 기업들과 협업하며 이러한 변화를 체감하고 있습니다.

초기에는 단순히 AI 도구 활용을 위한 프롬프트 작성 업무가 대부분이었지만, 최근에는 AI 기반 서비스 개발을 위한 프롬프트 설계 등으로 업무영역이 크게 확장되고 있습니다. 특히 주목할 만한 점은 이제 스타트업부터 대기업까지 다양한 규모의 기업들이 프롬프트 엔지니어링의 중요성을 인식하고 있다는 것입니다.

앞으로는 이러한 프롬프트 엔지니어링 역량이 디지털 시대의 필수적인 리터러시가 될 것입니다. 과거 문자를 읽고 쓸 줄 아는 능력이 필수였던 것처럼, AI와 효과적으로 소통하고 협업하는 능력이 새로운 시대의 기본 역량이 될 것입니다. 이는 전문 개발자뿐만 아니라, AI를 활용해 자신의 업무를 개선하고자 하는 모든 이들에게 해당되는 이야기입니다.

슈퍼 개인의 시대, 솔로프리너가 뜬다

AI가 메타 도구로 자리잡으면서 개인의 생산성과 창의성이 크게 확장되고 있습니다. 과거에는 하나의 제품이나 서비스를 만들기 위해 여러 전문가의 협업이 필수였지만, 이제는 한 사람이 AI의 도움을 받아 놀라운 결과물을 만들어낼 수 있게 되었습니다.

예를 들어 온라인 쇼핑몰을 만든다고 생각해 보겠습니다. 기존에는 웹 개발자, 디자이너, 마케터, 콘텐츠 제작자 등 여러 전문가가 필요했습니다.

하지만 이제는 AI의 도움을 받아 한 사람이 이 모든 역할을 수행할 수 있습니다. AI는 코드를 작성하고, 디자인을 생성하며, 제품 설명을 작성하고, 마케팅 전략까지 제안해 줄 수 있기 때문입니다. 실제로 많은 이들이 AI를 활용해 직접 자신만의 웹사이트를 만들고, 콘텐츠를 제작하며, 비즈니스를 운영하고 있습니다.

이러한 변화는 창업과 비즈니스의 패러다임도 근본적으로 바꾸고 있습니다. 더 이상 거대한 자본이나 많은 인력이 없어도, 좋은 아이디어만 있다면 누구나 자신만의 사업을 시작할 수 있게 되었습니다.

실제로 AI를 활용해 1인 기업을 운영하는 '솔로프리너(Solopreneur)'들이 늘어나고 있으며, 이들 중 일부는 대기업 못지않은 매출을 올리기도 합니다. 과거에는 상상하기 어려웠던 '1인 스타트업'이 이제는 현실이 되고 있는 것입니다.

그렉 아이젠버그(Greg Isenberg)가 2020년 설립한 제품 스튜디오 레이트 체크아웃(Late Checkout)의 공식 웹사이트 화면(latecheckout.studio). 초기에 그는 '솔로프리너'로 시작했다.
레이트 체크아웃은 '커뮤니티 퍼스트'란 철학을 바탕으로, 커뮤니티를 먼저 구축한 후 그 커뮤니티를 위한 제품을 개발하는 독특한 전략으로 유명하다. 웹사이트의 디자인은 심플하고 모던하며, 사용자 친화적인 인터페이스를 가지고 있다.

이들의 성공비결은 AI를 단순한 도구가 아닌 '협업 파트너'로 활용한다는 점입니다. AI에게 단순 작업만 맡기는 것이 아니라, 아이디어 구상 단계부터 제품개발, 마케팅, 고객 서비스에 이르기까지 전 과정에서 AI와 긴밀하게 협력합니다. 이를 통해 적은 인력으로도 큰 규모의 비즈니스를 운영할 수 있게 된 것입니다.

우리가 책에서 다룰 커서 AI는 그런 '슈퍼 개인'을 위한 강력한 도구 중 하나입니다. 개발자의 생산성을 높이는 코딩 도우미를 넘어, 이제는 누구나 자신의 아이디어를 현실로 만들 수 있는 진정한 의미의 메타 도구로 발전하고 있기 때문입니다.

더 이상 기술적인 제약이 혁신의 걸림돌이 되지 않는 시대, 커서 AI와 같은 도구들이 이끄는 새로운 변화의 물결, 궁금하지 않으신가요? 이 책을 읽는 독자 여러분이 AI와 함께 자신만의 꿈을 실현하는 '슈퍼 개인'으로 성장해 나가기를 바라며, 조금씩 그 미래의 장을 열어보겠습니다.

우리에게 펼쳐질 미래

지금까지의 내용을 한번 종합해 봅시다. 우리는 도구의 발전과 함께 진화해 왔습니다. 석기시대부터 청동기, 철기시대를 거쳐 컴퓨터 시대에 이르기까지, 새로운 도구는 늘 우리의 능력을 확장시켜 왔죠. 그리고 이제 AI라는 메타 도구의 등장으로, 우리는 또 한 번 큰 변화의 기로에 서 있습니다.

인류 역사상 개인의 힘이 이토록 강화된 적은 없었습니다. 과거에는 상상만 하고 넘어갈 수밖에 없었던 수많은 아이디어들이, 이제는 실제 서비스로 구현될 수 있게 될지도 모릅니다.

2030년쯤이면 소프트웨어 개발의 풍경이 완전히 달라져 있을지도 모르겠습니다. 수십 명의 개발자가 큰 사무실에 모여 코드를 작성하는 대신, 전 세계 곳곳에서 개인들이 AI와 함께 자신만의 서비스를 만들어내는 모습이 일반적인 풍경이 될 수 있겠죠.

아침에 일어나 새로운 아이디어가 떠올랐다고 상상해 보세요. 여러분은 커서 AI와 같은 AI 도구에게 이 아이디어를 설명합니다. AI는 즉시 이해하고, 기술적 구현 방안을 제시하며, 필요한 코드를 생성하기 시작하겠죠. 마치 능력 있는 동료와 대화하듯, 서비스의 세부 사항을 조율하고 실시간으로 피드백을 주고받으며 프로젝트를 발전시켜 나갈 수 있을 것입니다.

이러한 변화는 소프트웨어 산업 전반에 혁명적 변화를 가져올 것입니다. 시장 곳곳에서 다양한 '마이크로 서비스'들이 등장할 것입니다.

필라테스 강사가 자신만의 독특한 트레이닝 방법론을 앱으로 구현하거나, UFO 마니아들을 위한 특화된 커뮤니티 플랫폼이 만들어질 수도 있을 것입니다. 이전에는 시장성이 부족하다고 여겨져 실현되지 못했던 아이디어들이 빛을 보게 될 것입니다.

물론 이러한 변화 속에는 해결해야 할 과제들도 있습니다. 서비스 품질 관리, 보안 이슈, 책임 소재 등의 문제가 대두될 것이며, AI에 대한 과도한 의존이 창의성을 저해하거나 기술적 부채를 누적시키는 위험도 경계해야 합니다.

그럼에도, AI 시대는 인류에게 전례 없는 창조의 자유를 선사할 것입니다. 이제 우리에게 필요한 것은 풍부한 상상력뿐일지도 모릅니다. 기술적 제약에서 벗어나 순수하게 '무엇을 만들까'에 집중할 수 있는 시대, 그리고 그 상상을 현실로 구현해 주는 든든한 협력자로서의 AI가 우리 앞에 있습니다.

이는 새로운 시작에 불과할 것입니다. AI 기술이 발전하고 더 많은 사람들이 이를 활용하면서, 우리는 지금으로서는 상상조차 어려운 혁신적인 서비스와 비즈니스 모델을 목격하게 될 것입니다. 이제 우리에게 남은 과제는 '이 강력한 도구를 어떻게 의미 있게 활용할 것인가?' 하는 것입니다.

커서 AI로
실제로 제작한 것들

여기서는 제가 커서 AI를 활용해 만든 몇 가지 프로젝트를 소개하겠습니다. 단순히 결과물을 나열하는 것이 아니라, 각각의 사례를 통해 AI 도구가 어떻게 우리의 상상을 현실로 만들어 주는지, 그 가능성을 함께 살펴보았으면 합니다. 이 프로젝트들이 여러분에게 새로운 영감이 되고, 자신만의 아이디어를 실현하는 데 하나의 가능성으로서 도움이 되기를 바랍니다.

회사 홈페이지 리뉴얼, 단 1일 만에 완성

유메타랩의 홈페이지(yumeta.kr) 리뉴얼은 커서 AI의 효율성을 직접 체감한 첫 프로젝트였습니다. 작은 규모의 회사 특성상 다양한 외부 프로젝트에 리소스가 집중되다 보니, 정작 회사의 얼굴이라 할 수 있는 홈페이지 리뉴얼은 계속 미루어둘 수밖에 없었습니다. 전문 웹 에이전시에 의뢰하자니 비용이 부담스러웠고, 사내 개발자들은 이미 진행 중인 프로젝트로 바빴죠.

결국 커서 AI를 활용해 하루 만에 새로운 홈페이지를 완성했습니다. 커서에게 회사에 대한 정보를 전달하고, 다음과 같이 요청했습니다.

> 현대적이고 세련된 느낌의 기업 홈페이지가 필요해. 회사 소개, 서비스 소개, 연락처 등이 들어가야 해

그러자 놀랍게도 수준 높은 디자인의 초안이 완성되었습니다.

물론 상세한 회사 소개 텍스트, 서비스 설명, 프로젝트 이미지 등은 직접 넣어야 했지만, 전체적인 레이아웃과 컴포넌트 배치, 반응형 디자인 구현은 모두 커서 AI가 처리해 주었습니다.

특히 인상 깊었던 것은 일본어 버전 제작과정이었습니다. 일본 시장 진출을 고려하며 일본어 홈페이지가 필요했는데, 기존 한국어 버전을 맥락과 함께 커서 AI에게 전달하자 자연스러운 일본어 번역본을 만들어 주었습니다. 다시 감수하는 과정은 필요했지만, 기본적인 번역과 레이아웃 조정까지 AI가 처리해 준 덕분에 작업시간을 크게 단축할 수 있었습니다.

유메타랩 홈페이지

서비스 리뉴얼, 단 3시간 만에 완료

지피테이블(gptable.net)은 우리 회사의 대표 서비스로 프롬프트 엔지니어링 패턴을 공유하는 플랫폼입니다. 3년 전 출시 당시에는 획기적인 서비스였지만, 시간이 흐르면서 디자인이 다소 구식이 되었다는 피드백이 늘어났습니다. 특히 모바일 환경에서의 사용성 개선이 시급했습니다.

커서 AI를 활용한 리뉴얼 과정은 놀라울 정도로 순조로웠습니다. 기존 코드베이스를 커서 AI에게 입력하고 다음과 같이 요청했습니다.

> 모던하고 직관적인 디자인으로 개선해 줘. 특히 모바일 사용성을 신경써 줘.

그러자 순식간에 세련된 디자인의 코드를 제시해 주었습니다. 디자인 커뮤니티의 트렌디한 레퍼런스들을 참고하라고 했더니, 그에 걸맞은 수준 높은 사용자 인터페이스를 구현해 주었습니다.

특히 인상적이었던 것은 작업 속도였습니다. 기존에는 디자이너와 기획자가 와이어프레임을 만들고, 이를 개발자와 조율하는 과정에만 몇 주가 걸렸는데, 커서 AI를 활용하니 실제 프론트엔드 코드 작성에 단 3시간밖에 걸리지 않았습니다. 여러 가지 이유로 아직 최종 배포를 하지 않은 상황이지만 놀라운 일이었습니다.

GPTable, 단 3시간 만에 리뉴얼

회사 관리 프로그램, 단 5일 만에 제작

회사가 성장하면서 업무관리, 인사관리, 프로젝트 관리 등을 통합적으로 처리할 수 있는 백오피스 시스템이 필요해졌습니다. 시중의 솔루션들을 검토해 보았지만, 대부분 과도한 기능이 많고, 우리 회사의 특수한 니즈를 충족시키지 못했습니다.

커서 AI와 함께 개발한 맞춤형 백오피스는 우리 회사의 업무 특성을 정확히 반영했습니다. 출퇴근 관리, 연차 신청, 프로젝트 진척도 관리, 업무 일정관리 등 필수 기능만을 담백하게 구현했습니다. 특히 AI 프로젝트 특성상 리소스 관리가 까다로운데, 이를 효과적으로 추적할 수 있는 기능도 추가했습니다.

역시 놀라운 것은 개발 기간이었습니다.

보통 이런 규모의 시스템을 개발하려면 최소 3~4개월은 필요한데, 커서 AI를 활용하니 5일 만에 기본 기능을 모두 구현할 수 있었습니다. 물론 이후 2주 정도 실제 사용하며 버그를 수정하고 기능을 보완하는 과정이 필요했지만, 전체적인 개발 기간이 획기적으로 단축되었습니다.

이런 백오피스 프로그램의 구현은 비슷한 형태의 관리 프로그램의 제작도 어렵지 않음을 보여줍니다. 비슷한 느낌으로 학사 정보를 관리하는 맞춤형 프로그램이나, 우리 모임에 특화된 회계 프로그램 등을 만드는 것도 가능합니다.

맞춤형 회사 관리 프로그램, 단 5일 만에 제작

게임 제작 〈네오서울 2092〉

다음은 제가 커서 AI를 이용해 제작 중인 게임에 대한 이야기입니다. 평소 사이버펑크 장르를 좋아하던 저는 〈네오서울 2092〉라는 게임을 구상했습니다. 2092년의 서울을 배경으로, 플레이어가 해커가 되어 다양한 미션을 수행하는 2D 픽셀아트 게임이었죠. 하지만 게임 개발은 제게 전혀 새로운 영역이었습니다.

물론 저는 파이썬이라는 프로그래밍 언어를 다룰 줄 알았지만, 그것만으로는 부족했습니다. 파이썬 안에는 수많은 전문 라이브러리들이 있는데, 게임 개발을 위해서는 파이게임(Pygame)이라는 특별한 라이브러리를 새롭게 배워야 합니다. 이는 파이썬으로 게임을 만들 때 가장 널리 사용되는 도구이지만, 저는 한 번도 다루어 본 적이 없었죠. 하지만 커서 AI의 도움으로 이 장벽을 놀랍도록 쉽게 극복할 수 있었습니다.

> 파이게임을 이용해 이러저러한 게임을 만들고 싶어.

커서 AI로 개발 중인 <네오서울 2029> 게임

커서 AI에게 내 아이디어를 설명하자, 기본적인 게임 메커니즘부터 캐릭터 움직임, 충돌 감지, 애니메이션 처리까지 상세한 구현 방법을 알려주었습니다. 특히 인상적이었던 것은, 제가 몰랐던 파이게임의 고급 기능들까지 자연스럽게 활용하는 모습이었습니다. 새로운 기술이나 기능이 필요할 때마다 그때그때 해결책도 내놓았습니다. 픽셀아트 에셋을 다루는 방법, 사운드 효과를 구현하는 코드, 게임 데이터를 저장하고 불러오는 시스템까지, 전문 게임 개발자의 도움 없이도 하나씩 구현해나갈 수 있었습니다. 물론 디자인 에셋들은 별도로 제작하거나 사와야 했지만(이 또한 그림 생성 AI 를 통해 만들 수도 있음), 커서 AI 덕분에 오랫동안 꿈꿔왔던 게임의 프로토타입이 실제로 모습을 갖추게 되었습니다.

나만의 챗GPT, SuhGPT까지!

챗GPT의 폭발적인 인기를 지켜보면서 한 가지 흥미로운 실험을 시작했습니다. SuhGPT는 AI, 철학 등 제가 평소 깊이 있게 다루던 주제들에 대해 심층적인 대화가 가능한 챗봇입니다.

개발과정은 놀라울 정도로 순조로웠습니다. 커서 AI를 활용해 깔끔한 챗 인터페이스부터 만들어 시작했고, 채팅 기록을 저장하고 불러오는 백엔드 로직까지 만들었습니다. 특히 오픈AI API 연동과정이 인상적이었는데, 예전에는 API 문서를 찾아보고 인증방식을 이해하고 에러 처리를 고민하는 등 꽤 많은 작업이 필요했지만, 커서에게 한마디만 하면 모든 게 자동으로 처리되었죠. "GPT-4o 연결해 줘."

프롬프트 엔지니어링 과정도 흥미진진했습니다. 물론 AI의 전문성과 성격을 정교하게 조율하는 작업은 직접 해야 했지만, 커서 AI가 기본적인 프롬프트 틀을 주어 한결 수월했습니다. 덕분에 심층적 답변은 물론, 때로는 위트 있는 대화까지 가능한 자연스러운 AI를 만들 수 있었습니다.

특화된 심층 대화 챗봇(SuhGPT)

앞으로 이런 특화된 AI 비서들을 누구나 쉽게 만들 수 있게 된다면, 각자의 전문 분야에서 어떤 역할을 하게 될지 그려보게 됩니다.

AI 코딩
어디까지 가능할까?

이제 간단하게 커서 AI가 무엇인지, 커서가 나오기까지의 일련의 과정들, 그리고 다른 코딩 AI와 무엇이 다른가를 알아보겠습니다.

커서 AI가 나오기까지

커서 AI가 나오기까지 코딩의 역사를 3단계로 나눠 간단하게 살펴보죠. 왜냐하면 각각의 시대는 동떨어져 있는 것이 아니라 '코드를 쓴다'는 것에 공통 분모를 가지고 있으며, 좀더 쉬운 방식으로 변화해가고 있을 뿐이기 때문입니다. 코딩의 역사에 대한 간단한 지식은 앞으로 AI 코딩 도구를 다루는 데 기초지식이 될 것입니다.

1단계: 천공카드에 구멍을 뚫던 시대

다음의 그림은 1955년 나사(NASA) 소속 계산원들이 아날로그 계산기로 계산을 하며 동시에 오른손으로 검산을 하는 모습입니다. 이 직업을 '계산하다'라는 동사 컴퓨트(compute)에 사람을 의미하는 접미사 er을 붙여 '계산하는 사람들'이란 뜻으로 '컴퓨터(Computer)'라고 했습니다.

전자식 컴퓨터의 등장으로 이 직업은 곧 사라졌지만, '컴퓨터'라는 직업을 가진 사람들이 아예 일자리를 잃었던 것은 아닙니다. 일부는 살아남아 전자식 컴퓨터를 관리하는 직업으로 전직을 했습니다. 요즘은 마우스나 키보드 같은 입력장치가 있지만, 당시 전자식 컴퓨터의 경우 우리가 흔히 아는 OMR 카드의 조상격인 천공카드(펀치드 카드)에 구멍을 하나하나 뚫어 이진법 데이터를 기록했는데, 이들은 이 천공카드를 뚫는(타공하는) 키펀처의 역할을 하게 되었습니다.

키펀처라는 직업은 한때 신문에 컴퓨터 시대가 오고 있으며, 키펀처라는 직업의 한 달 수입이 평균 2만 원 내외라는 기사가 나올 정도로 주목을

나사에서 초기 우주탐사의 성공을 위해 수학 전공자와 뛰어난 계산 능력을 가진 여성들이 우주선의 무게, 로켓의 추진력, 행성의 궤도 동역학 등을 고려해 탐사선의 예정 궤도를 계산하고 있는 모습이다.　　　출처: NASA/JPL-Caltech

받기도 했습니다(매일경제신문, 1970년 5월 7일).

천공카드는 입력장치이자 기억장치이기도 했습니다. 당시 컴퓨터에는 데이터를 별도로 저장하는 임시 램(RAM) 같은 장치가 없었기 때문에, 입력된 내용들을 여기에 기록해 언제든 다시 넣어볼 수 있도록 했습니다.

천공카드는 1달러 지폐 정도의 크기에 총 120바이트를 저장할 수 있었습니다. 영문자만 채워 넣는다면 120자를 저장할 수 있는 것이죠. 그런데 몇 번째 천공카드인지 표시하는 란, 코드 편집기의 행 번호 등을 적는 칸도 필요해서, 실제로는 80자 정도를 기록할 수 있었습니다. 요즘 PC에서 많이 사용되는 메모리 16기가바이트와 비교하면, 정보 저장량이 거의 1억 4천만 배 정도 차이나는 것이죠.

다음의 왼쪽 그림은 당시 미국 국방부에서 사용하던 프로그램의 소스 코드를 천공카드에 찍는 모습입니다. 이 프로그램을 한 번 실행하려면 천공카드들을 4일 동안 집어넣어야 했다고 합니다.

그런데 천공카드에 어떻게 입력을 해서 컴퓨터에 명령을 했을까요? 여기에서도 코딩이 사용되었습니다. 지금은 '코딩'이라고 하면 키보드로

천공카드는 초창기 컴퓨터(~1960)를 위한 입력장치이자 기억장치. 현대 기억장치인 램과 비교하면 약 1억 4천만 배 차이.

뭔가를 입력해서 소스 코드를 쓰는 걸 떠올리지만, 당시에는 옛날 프로그래밍 언어인 포트란이라는 코드를 이 천공카드에 하나하나 구멍을 뚫어 새겼습니다.

포트란 같은 옛날 프로그래밍 언어들을 보면, 앞에 10번, 20번, 30번, 40번, 50번 같은 줄 번호가 있는데, 천공카드의 앞에는 이 줄 번호를 찍는 칸이 있습니다(모눈종이 모양의 왼쪽 하늘색 부분). 그다음 주황색 칸에 R, E, A, D처럼 코드를 하나하나씩 찍어 완성했습니다.

코드를 어떻게 찍는지 볼까요? 카드의 가장 왼쪽에 번호가 12, 11, 0, 1 식으로 있는데, 0번에 구멍을 뚫으면 0이 되고, 1번에 구멍을 뚫으면 1이 되고, 5번에 구멍을 뚫으면 5가 되는 식입니다. 그리고 12번이나 11번을 이용해서 알파벳을 만들 수 있었습니다. 12번에 구멍을 하나 뚫고 1번에 구멍을 뚫으면 A가 됐대요. 이런 식으로 문장을 완성하면서 코드를 작성했던 것이죠. 대단히 불편해 보이죠?

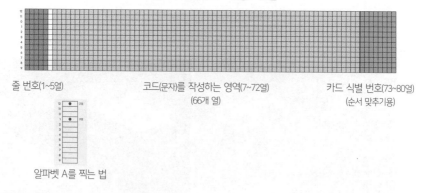

표준 IBM 천공카드 = 12행 × 80열

줄 번호(1~5열)   코드(문자)를 작성하는 영역(7~72열)   카드 식별 번호(73~80열)
(66개 열)   (순서 맞추기용)

알파벳 A를 찍는 법

2단계: 컴퓨터와 대화하기 위해 '코드'를 쓰다

1970년대 이후 브라운관 모니터인 CRT 모니터와 키보드 같은 입력장치가 보편화되면서 키보드로 쉽게 입력할 수 있는 프로그래밍 언어들이 등장하기 시작했으며, C언어 같은 것이 보편화되었습니다. 이들은 기존의 포트란이나 베이직 같은 프로그래밍 언어와는 코드 형태가 다릅니다. 이때부터 프로그래밍이나 코딩을 키보드를 이용해서 직접 쓰는 시대가 된 것입니다.

3단계: AI 코딩 시대가 오다

요즘은 AI에게 "이런저런 코드를 써줄래?"라고 대화하듯이 요청하면, AI가 코드를 척척 만들어 주는 시대가 되었습니다. 예전에는 키보드로 코드를 입력해서 프로그래밍을 하는 걸 당연하게 여겼는데, 이제는 이것 자체가 불편해 보이는 시대가 된 것입니다.

지금까지 코딩의 역사를 크게 3단계로 살펴보았는데, 각각의 시대들이 동떨어져 있는 것이 아닙니다. 결국에는 '코드를 쓴다'는 공통 분모를 가지고 있습니다. 단지, 좀더 쉬운 방식으로 변화해가고 있을 뿐입니다.

마치 우리가 지금 천공카드를 보면서 '예전엔 코딩을 어떻게 저렇게 불편하게 했을까?'라고 생각하는 것처럼, 이제 한 10~15년이 지나면 "그때는 사람이 어떻게 일일이 코드를 작성하면서 코딩을 했을까?"라고 반문하는 시대가 분명히 올 것입니다.

AI 코딩 시대, 아직도 사람이 코드를 직접 짜니?

파이썬 데이터 분석으로 유명한 김영우 님이 어느 날, 페이스북에서 이런 글을 공유했습니다.

 김영우님이 추억을 공유했습니다.
2024년 12월 12일 · ●

2년 전에는 "ChatGPT가 코드도 짜준다니" 하며 놀랐고
1년 전에는 "ChatGPT 없이 코드를 짠다니" 하며 놀랐는데
지금은 "아직도 사람이 코드를 짠다니" 하며 놀란다.

출처: 김영우(「Do it 쉽게 배우는 파이썬 데이터 분석」 저자) 페이스북

이런 우스갯소리가 나올 정도로 AI를 이용한 프로그래밍이 보편화될 것입니다. 왜냐하면 AI가 실제로 코드를 너무 잘 만들거든요.

구글은 2024년 12월 11일 제미나이 2.0 플래시 버전을 출시하면서 성능이나 품질을 비교하기 위한 각종 벤치마크 테스트 결과를 발표했습니다. 그중에서 소프트웨어 엔지니어링 벤치마크로, 챗GPT 같은 언어모델이 코드를 얼마나 잘 짜는지, 코드에 대한 이해도가 얼마나 높은지를 평가하는 시험문제를 내서 풀게 했습니다. 결과를 보면, 최근 나왔던 버전인 구글 제미나이 2.0 플래시가 가장 점수가 높았고, 그다음으로 클로드 소네트, 최근 오픈AI에서 출시한 o1 모델, 그리고 우리가 잘 아는 GPT-4o 순으로 나왔습니다.

그런데 일반적으로는 코딩을 할 때 클로드 소네트를 많이 씁니다. 코드를 굉장히 잘 짜준다는 평가를 받고 있기 때문입니다. 참고로, 이 책에서 다루는 커서 AI도 기본적으로 클로드 소네트 3.5로 설정되어 있습니다.

커서 AI,
무엇이 다른가?

최근 코드를 도와주는 AI 도구들이 많이 나오고 있습니다. 코드 작성에 특화된 AI 도구인 깃허브 코파일럿, AI 코딩 에이전트(조수) 레플릿 등 최근 등장한 AI 코드 도구들을 살펴보고, 커서 AI가 이들과 어떻게 차별되고 어떤 장점이 있는지 알아보죠.

코드 작성에 특화된 AI 도구, 깃허브 코파일럿

가장 유명한 것이 깃허브(Github)에서 나온 코파일럿입니다. 깃허브는 원래 코드 공유 플랫폼으로, 많은 개발자들

이 자기가 만든 소스 코드를 오픈소스(무료 공개 소스)로 올려놓거나, 다른 개발자와 협업하기 위해 저장소로 사용해 왔습니다.

그리고 깃허브는 GPT-4 같은 AI 모델로 코딩을 도와주는(copilot) '깃

허브 코파일럿'을 내놓았습니다. 일부 함수명만 입력하면 코드를 자동으로 완성해 주며, "나 이런 코드가 필요해"라고 하면 코드를 보여주고 추천해 줍니다. 코드 공유 플랫폼답게 기존의 수많은 소스 코드를 기반으로 하는 것이 장점입니다.

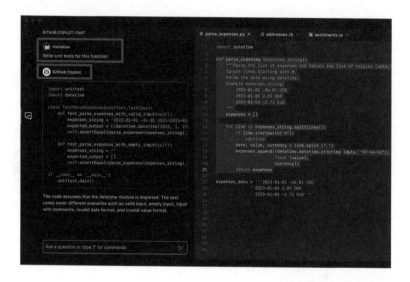

이미 1~2년 전부터 유명했기 때문에 개발자들이 많이 사용해 왔지만 단점도 있습니다. '비주얼 스튜디오 코드'라는 편집기에서 별도의 익스텐션(확장 프로그램)으로 다운받아 써야 하는데, 일반인들이 사용하기는 좀 어렵습니다. 그래도 최근 깃허브 코파일럿도 커서 AI처럼 에이전트를 내장하는 등 업데이트를 하고 있기에 관심을 가져볼 만합니다.

AI 코딩 에이전트, 레플릿

레플릿(replit.com)이라는 서비스는 일종의 AI 코딩 에이전트입니다. 사용자가 요청하면, 알아서 그 업무에 필요한 세부정보를 찾아내고, 어떤 소스 코드나 프로그래밍 언어, 라이브러리를 써야 하는지 추론하고, 그것을 기반으로 필요한 파일들을 만들어 줍니다.

실제 예를 보죠. 레플릿에 접속하여 다음과 같이 요청하고 〈Start building〉 버튼을 누릅니다.

> 네이버 블로그와 유사한 디자인으로, 내 개인 블로그 홈페이지를 만들고 싶어. 한글로만 작성해 줘.

잠시 기다리면, 레플릿이 '다음과 같은 것을 만들어 볼 텐데, 어떤 기능이 필요해?'라고 물어봅니다. 필요한 기능을 체크해 주면 됩니다. 여기서는 '소셜 미디어 공유 기능'을 선택해 보겠습니다.

레플릿 코딩 AI가 알아서 소스 코드를 만들기 시작합니다. "먼저 DB부터 만들어야 되겠네"라고 하고는 DB를 설계한 뒤, 그 DB에 맞게 코드를 알아서 작성합니다. 이렇게 파이썬 프로그램으로 내 개인 블로그 홈페이지를 만들어 줍니다.

여기까지만 보면, 레플릿은 굉장히 혁신적으로 보입니다. 하지만 아직까지 실제 사용에는 어려운 부분들이 많습니다. '모든 걸 알아서 다 해준다'는 콘셉트 자체는 굉장히 혁신적이지만, 아직 그 정도의 성능에 못 미치는 경우들이 많습니다. 그래서 실제로 써보면 만족할 만한 결과를 얻기가 아직은 힘듭니다. 오류가 계속 나서 오히려 손이 더 많이 갈 때도 있습니다. 결론적으로 콘셉트 자체는 혁신적이지만, 아직까지는 실제 사용은 어렵다고 할 수 있는 것이죠.

웹페이지 디자인에 강한 웹심

웹심(Websim)은 웹사이트의 기본적인 프론트 디자인을 할 때 도움을 주는 서비스입니다. 실제 웹브라우저처럼 생겼습니다.

웹심 사이트(websim.ai)에 접속해 화면 상단의 'What would you like to create today?'라고 적힌 입력란에 내가 필요한 사이트를 적습니다. 예를 들어 "스마트북스 출판사 홈페이지를 만들어 줘"라고 적고 〈Enter〉를 칩니다. 그러면 바로 사이트를 생성해 줍니다. 이미지는 아직 빠져 있지만 얼개는 순식간에 만들어 주는 것이죠.

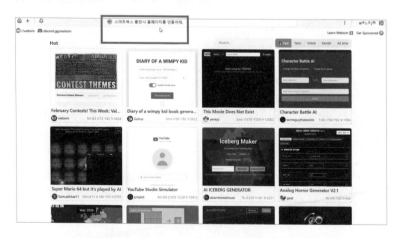

또한 〈신간도서 보러가기〉 같은 버튼을 누르면 바로 그 순간 연결된 페이지를 동적으로 생성합니다. 나중에 소스 코드를 다운받을 수도 있습니다. 재미있는 콘셉트의 사이트죠. 그런데 웹페이지의 디자인 정도만 만들 수 있고, 실제 기능을 만들기에는 좀 어려운 점이 있습니다.

커서 AI, 프로그래밍의 미래를 바꾼다

커서(Cursor) AI는 "프로그래밍의 미래를 바꾸자"는 꿈을 가진 20대 MIT 출

신 개발자들이 2022년에 설립한 애니스피어(Anysphere)라는 회사의 서비스입니다. 이 회사는 처음엔 불안정한 면이 많았지만, 그들의 비전을 알아본 오픈AI가 2023년 말 800만 달러를 투자하면서 본격적인 성장이 시작되었습니다.

그리고 그 성장은 상상을 초월했습니다. 2024년 말, 실리콘밸리에서 가장 영향력 있는 투자사로 꼽히는 앤드리슨 호로위치가 6,000만 달러라는 거금을 투자했고, 이 투자로 회사 가치가 4억 달러까지 올랐습니다.

하지만 이것도 시작에 불과했습니다. 2025년 초에는 미국의 벤처 캐피털 스라이브 캐피털에서 1억 500만 달러를 추가 투자하면서 회사 가치가 무려 25억 달러까지 치솟았습니다. 결국 2024년 말 기준으로 커서 AI는 1억 달러 이상의 연간 수익을 달성했습니다. 개발자들 사이에서 입소문이 퍼지면서 사용자가 폭발적으로 늘어났고, 누구나 무료로 시작할 수 있다는 장점 덕분에 진입장벽도 낮았기 때문입니다. 또한 2025년 3월 블룸버그에 따르면 100억 달러(14조원)의 기업가치로 투자를 유치 중인 것으로 알려졌습니다.

커서 AI가 이렇게 투자를 많이 받고 급성장할 수 있었던 이유가 무엇일까요?

커서 AI, 무엇이 다를까?

커서 AI는 지금까지 나온 AI 코딩 서비스 중에서 가장 사용하기 좋고, 앞에서 소개한 서비스들의 장점을 모두 가지고 있습니다.

대화로 요청하면, 원하는 프로그램을 척척

커서 AI는 AI 기반 코딩 어시스턴트로 정말 똑똑한 코딩 파트너처럼 작동합니다. 우리가 말로 대화하듯이 "이런 기능을 하는 프로그램을 짜 줘"라고 명령하면 순식간에 만들어 줍니다.

오류도 스스로 수정하는 가정교사

"프로그램에 이런 오류가 생겼어"라고 하면, 커서 AI가 알아서 코드를 분석해서 문제를 찾아서 스스로 고쳐 줍니다. 또한 프로그래밍을 잘 모를 경우, "이 코드를 좀 설명해 줘"라고 하면 복잡한 코드도 이해하기 쉽게 설명해 줍니다.

기존 코드에 한 꽤에 통합

특히 재미있는 것은 원하는 코드를 생성해 줄 뿐만 아니라 자동으로 이를 기존 코드와 통합해 준다는 점입니다. 우리는 말로 대화하듯이 명령(프롬프트)을 내린 뒤 통합 여부만 체크해 주면 됩니다.

기존의 깃허브 코파일럿도 간단한 코드 작성이나 자동완성 등은 매우 잘했지만, 커서 AI는 그뿐만 아니라 우리가 작성한 코드를 하나하나 복사하거나 다시 입력하지 않아도 자동으로 옮겨주며 통합하고, 관련된 파일까지 자동으로 생성해 줍니다. 이것이 커서 AI가 깃허브 코파일럿보다 훨씬 좋은 점입니다.

AI 중심 새롭게 설계된 코딩 파트너

커서 AI에서는 개발자들이 많이 사용하는 무료 공유 코드 편집기인 비주얼 스튜디오 코드(VS 코드)의 모든 기능과 확장 프로그램을 그대로 사용할 수 있습니다. 그래서 기존에 이 코드를 쓰던 사람들은 익숙한 환경에서 AI 기능만 더해서 쓸 수 있습니다. 반면 기존의 AI 코딩 도구들은 VS 코드가 대부분 플러그인 형태로 제공되어 기능이 제한적이었습니다. 깃허브 코파일럿도 코드 자동완성 정도만 제공했죠. 즉, 커서 AI는 코드 편집기 자체를 AI 중심으로 새롭게 설계한 것입니다. AI가 코드를 이해하고 설명하며 수정하고 디버깅(프로그램 오류 찾기 및 수정)하는 모든 과정에 자연스럽게 통합되어 있습니다. 따라서 마치 숙련된 선배 개발자가 옆에서 도와주는 것 같은 경험을 할 수 있습니다. 그래서일까요?

전체 프로젝트를 이해하는 탁월한 능력

커서 AI는 전체 프로젝트를 이해하는 능력이 매우 뛰어납니다. "@codebase(전체 코드 저장소) 로그인 기능이 어디 있지?"라고 물어보면, 관련된 코드를 다 찾아서 보여주며, 코드 리뷰도 해주고, 테스트 코드도 만들어 줍니다.

2024년 말에는 슈퍼메이븐(Supermaven)이라는 AI 코딩 도구도 인수했는데, 이 회사의 창립자가 바로 개발자들 사이에서 유명한 탭나인(AI 기반 코드 자동완성 도구)을 만든 제이콥 잭슨입니다. 이런 뛰어난 인재 영입으로, 커서 AI에는 앞으로 더 강력한 AI 기능들이 추가될 것으로 보입니다.

AI 에이전트 기능 탑재

커서 AI에도 아직까지는 단점도 몇 가지 있습니다. 우선 아무래도 새로운 프로그램이다 보니 가끔 불안정할 때가 있습니다. AI가 제안하는 코드가 완벽하지 않을 때도 있고, 응답이 느릴 때도 있긴 합니다.

또한 레플릿과 비교할 때 아쉬운 점이 있습니다. 작업 단계마다 일일이 지시를 해야 한다는 것이죠. 그동안 레플릿 같은 코딩 AI 에이전트를 쓰면 이런 불편함은 없지만, 실제 사용했을 때 오류가 많기 때문에 제대로 쓸 수 없었습니다. 프롬프트를 일일이 적어주는 것이 더 안전하고 좋은 결과물을 얻을 수 있었죠. 그런데 최근 커서 AI에도 에이전트 기능이 추가되었습니다. 많은 AI 서비스들이 '에이전트' 형태를 지향하기 때문에 어쩌면 당연한 결과일 것입니다.

8세 아이가 커서 AI로 프로그램을 뚝딱!

해외의 한 개발자가 8세 딸에게 커서 AI의 사용법을 알려준 뒤 "네가 간단한 걸 한 번 만들어 봐"라고 했더니, 아이가 45분 만에 해리포터와 대화하는 챗봇을 만들었다고 합니다.

아이가 커서 AI의 간단한 세팅을 마치고, "화면 중앙에 '해리포터'라는 글자를 한 번 넣어봐"라고 요청했더니, 커서 AI가 코드를 자동으로 생성했습니다. 아이가 버튼을 눌러 승인한 후 실행해 보니 화면 중앙에 '해리포터'라는 글자가 들어갔습니다.

AI의 도움을 받으면 8살짜리 아이가 45분 안에 무엇을 만들 수 있을까요? 제 딸은 @cursor_ai 로 코딩을 배우고 있는데 정말 놀랍습니다. 🐰

제 딸은 45분만에 CloudflareDev Workers AI 👀 로 구동되는 챗봇을 만들었습니다.

Ricky ✓
@rickyrobinett

Harry Potter

Chat with Harry

8세 아이가 커서 AI로 만든 챗봇 '해리포터'　　　출처: youtube.com/watch?v=o5uvDZ8srHA

아이가 "클라우드플레어(Cloudflare)에 있는 AI를 들고 와 줄래?"라고 요청하자, 커서 AI가 필요한 AI를 가져와 연결해 주었습니다. 아이는 이런 과정을 몇 번 반복하면서 디자인을 만들고 동작이 가능한 AI 챗봇을 만들었습니다.

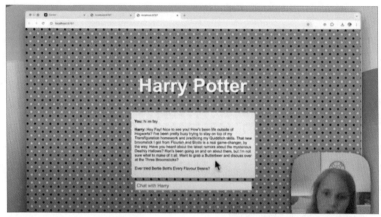

출처: youtube.com/watch?v=o5uvDZ8srHA

코딩을 전혀 모르는 8세 아이도 커서 AI를 가지고 이렇게 예쁜 AI 챗봇을 만들 수 있는 것이죠. 커서 AI는 이처럼 비개발자들도 쉽게 다룰 수 있는 것이 큰 장점입니다.

커서 AI의 모델과 유료/무료 플랜

커서 AI의 서비스는 무료 플랜인 하비(Hobby), 월 20달러의 프로(Pro) 플랜, 사용자당 월 40달러의 비즈니스 플랜이 있습니다.

커서 AI에서 '모델'이란 어떤 엔진(언어모델)을 사용해서 우리의 질문에 답하고 코드를 생성할지를 결정하는 것입니다. 자동차의 엔진을 고르는 것과 비슷합니다. 더 강력한 모델을 선택하면 더 복잡한 코딩 문제를 해결

커서 AI의 유료/무료 플랜

플랜	주요 포함 내용
하비(Hobby) 무료	· 프로 유료 플랜을 2주 동안 무료 체험 가능 · AI 코드 작성 도우미 최대 2,000번 사용 · 느린 프리미엄 요청 50회 가능
프로(Pro) (월 20달러)	· AI의 코드 자동완성 기능 무제한 · 빠른 프리미엄 요청 월 500회 · 느린 프리미엄 요청 무제한
비즈니스 (사용자당 월 40달러)	· 프로 플랜의 모든 기능 포함 · 프라이버시 모드 제공 　(회사 내부 기밀 코드 등 AI 서버에 저장하지 않도록 설정) · 팀 청구 중앙관리 　(한곳에서 모든 팀원의 요금 한 번에 결제) · 관리자 대시 보드 제공 · 보안 기능 강화, 회사 계정으로 안전하게 로그인 가능

하고 더 정확한 답변을 얻을 수 있지만 그만큼 비용이 더 발생합니다. 간단한 코드 설명이 필요하다면 경차 엔진(무료 모델)으로 충분하지만, 복잡한 알고리즘을 설계해야 한다면 SUV 엔진(프리미엄 모델)이 필요한 셈이죠.

커서 AI에서는 무료 모델인 커서 스몰(Cursor-small)부터 시작해서 클로드 3.7 소네트, 클로드 3.5 소네트, GPT-4o, GPT-4o 미니, o3 미니-하이 같은 프리미엄 모델까지 다양하게 쓸 수 있습니다. 커서 AI는 월 구독제 형태로 요금을 청구하기 때문에, 프리미엄 언어모델을 사용한다고 해서 별도의 요금을 더 지불해야 하는 것은 아닙니다.

커서 구독자들은 이들 AI 모델을 사용할 수 있지만, 응답 속도에 차이가 있습니다. 프로(Pro)나 비즈니스 플랜의 경우 매달 500개의 '빠른 응답'을 받을 수 있고, 이 한도를 넘으면 응답이 느려지며, 필요하다면 추가 요금을 내고 더 많은 빠른 응답을 구할 수도 있습니다.

무료 사용자도 처음 2주 동안은 프리미엄 기능을 체험할 수 있으며, 이후에도 제한된 횟수(50회)의 느린 응답을 받을 수 있어 기본적인 기능은 계속 이용 가능합니다. 다만, 가격정책은 바뀔 수 있으니, 최신 정보는 커서 공식 사이트에서 확인하는 것이 좋습니다(www.cursor.com/pricing).

커서 AI 팀의 다른 행보: 에디터(편집기)와 VS 코드

커서 사용법을 본격적으로 익히기 전에 에디터(편집기)와 비주얼 스튜디오 코드부터 알아보죠.

에디터(Editor)는 글이나 코드를 작성하고 수정할 수 있는 프로그램으로, 우리가 흔히 쓰는 윈도우의 메모장이 가장 기본적인 에디터입니다.

비주얼 스튜디오 코드(Visual Studio Code)는 마이크로소프트에서 만든 코드 편집기인데, 그냥 'VS 코드'라고도 합니다. 코딩에 특화되어 있어 전 세계 개발자들이 가장 많이 사용합니다. 코드를 예쁘게 보여주고 자동완성도 해주며 오류도 찾아줍니다. 특히 누구나 수정하고 발전시킬 수 있도록 오픈소스로 공개되어 있는 것이 장점입니다.

커서 AI 팀은 이 VS 코드의 오픈소스를 가져와서 훌륭한 AI 코딩 비서 프로그램을 만들어 큰 투자까지 받았습니다. 정말 놀라운 일이죠?

기존의 스타트업들은 대체로 처음부터 끝까지 자기들이 직접 서비스와 모델을 개발해 사업을 하는 경우가 많았습니다. 그런데 AI 시대에는 이런 공식이 더 이상 절대적이지 않음을 보여주는 좋은 예입니다. 커서는 VS 코드를 기반으로 만들었기에, 기존에 프로그래밍을 조금이라도 해본 사람이라면 익숙한 환경에서 AI 기능까지 사용할 수 있는 것입니다.

Part

2

커서 AI 워밍업
_K-팝 소개 사이트

Cursor AI

커서 AI로 초보자도
웹서비스를 뚝딱!

우리는 매일 웹사이트를 방문합니다. 뉴스를 확인하고, 제품을 검색하고, 때로는 새로운 기술을 배우기 위해 사이트를 탐색하죠. 그런데 문득 이런 생각이 듭니다.

'나도 이런 웹페이지를 만들 수 있을까?'

그동안 코딩은 어렵고 복잡해서 엄두도 안 난다고 생각했다면, 새로운 가능성을 발견할 수 있을 것입니다. 커서를 이용하면 초보자도 쉽게 코드를 작성하고 웹사이트를 제작할 수 있습니다. 우리가 대화하듯이 말로 요청하면, 커서가 알아서 코드를 생성하며 멋진 웹사이트를 만들어 주거든요.

앞으로 K-팝 사이트, 제품 소개 랜딩 페이지, 온라인 명함, 투 두 리스트, 설문조사 폼, 웹 게시판, 인스타그램 클론, 카톡 같은 AI 채팅 봇, AI 이메일 작성기 등 다양한 웹 기반 서비스를 만들어 볼 것입니다.

코드나 프로그램을 전혀 몰라도 걱정하지 마세요! 커서를 이용하면 이 모든 과정을 타이핑 몇 번, 마우스 클릭 몇 번으로 할 수 있습니다.

30년 전쯤 기업의 홈페이지 제작이 대중화되던 초창기에는 출판사 홈페이지 하나를 만드는 데도 2개월 이상이 걸렸고, 최소 1,000만원 이상이 들었다고 합니다. 그런데 이제 커서와 함께하면 초보자라도 몇 시간이면 금방 만들 수 있습니다. 직접 따라해 보면 '와, 이렇게 간단하다고?'라는 감탄이 절로 나올 것입니다.

커서와 함께 웹 개발을 해보겠습니다. 그 전에 초보자를 위한 준비운동부터 살펴보죠.

꼭 알아야 할 최소한의 웹사이트 기초상식

우리는 여기서 인터넷에서 동작하는 홈페이지나 웹서비스를 만들어 볼 것입니다. 네이버, 구글, 인스타그램처럼 우리가 매일 사용하는 서비스들이 모두 웹 개발로 만들어진 것이죠.

웹 개발에는 여러 가지 언어와 기술이 필요한데, 여기서는 커서로 그 중에서도 가장 기초가 되는 HTML과 간단한 자바스크립트, 서버 쪽에서 작동하는 PHP 코드를 작성해 볼 것입니다. 몇 가지 개념들을 살펴보죠.

웹페이지를 짓는 뼈대, HTML

HTML(HyperText Markup Language)은 웹페이지의 뼈대를 만드는 기본 언어로, 텍스트·이미지·링크 등을 배치하는 구조를 만듭니다. "여기는 제목", "여기까지 한 문단", "이 문장은 링크", "여기에는 그림이 들어갑니다" 같은 것을 HTML 태그라는 기호를 이용해서 정의해 주는 것이죠. 태그는

꺽쇠(〈 〉)로 둘러쌓여 있는데, 예를 들어 '〈h1〉 커서 〈/h1〉'과 같이 작성하면 '커서'라는 글자가 웹브라우저에서 큰 제목으로 보입니다. 그러니까 HTML 문서를 구글 크롬 같은 웹브라우저가 읽어들일 때 문서 속의 태그를 해석해 화면 상에 배치해 주는 것이죠.

웹페이지의 디자인과 스타일, CSS

웹페이지를 HTML로만 만들면 글자와 이미지가 원하는 위치와 형식으로 배치되어 나타나지만, 전체적으로 볼 때 깔끔하고 세련된 디자인이 나오기는 힘듭니다.

CSS(Cascading Style Sheets)는 웹페이지의 HTML을 예쁘게 꾸미는 역할을 합니다. 배경색, 글자 크기, 정렬, 여백 정리, 버튼 디자인 등을 훨씬 세밀하게 지정할 수 있습니다.

CSS는 우선순위가 높은 디자인 요소의 스타일을 바꾸면, 낮은 순위의 스타일까지 자동으로 조절됩니다. 예를 들어 홈페이지 배경색을 파랑에서 흰색으로 바꾸면 버튼이나 메뉴의 색도 자동으로 다 바뀌는 것이죠. 또한 웹 디자인을 쉽게 만들 수 있도록 미리 버튼, 폰트, 레이아웃 등이 준비된 CSS 프레임워크도 많이 사용됩니다.

사용자의 웹브라우저에서 반응하는 기능, 자바스크립트

자바스크립트(JavaScript)는 웹페이지에 동적인 기능을 추가할 때 씁니다. HTML이 집을 짓는 설계도라면, 자바스크립트는 사람이 버튼을 클릭하면 불이 켜지거나 문이 열리는 것처럼 '반응하는' 기능을 만듭니다. 이를테

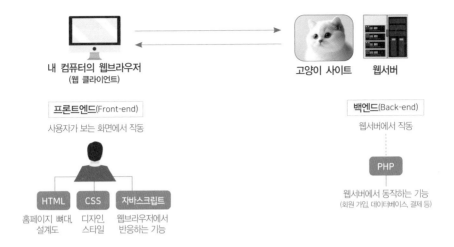

내 컴퓨터의 웹브라우저
(웹 클라이언트)

고양이 사이트   웹서버

프론트엔드(Front-end)

사용자가 보는 화면에서 작동

HTML   CSS   자바스크립트

홈페이지 뼈대,   디자인,   웹브라우저에서
설계도   스타일   반응하는 기능

백엔드(Back-end)

웹서버에서 작동

PHP

웹서버에서 동작하는 기능
(회원 가입, 데이터베이스, 결제 등)

면 웹페이지에서 버튼을 클릭했을 때 버튼이 쑥 눌려지거나, 마우스를 올렸을 때 메뉴가 나타나거나, 폼에 입력한 내용을 검증하는 등의 작업을 웹브라우저에서 직접 처리하게 합니다.

꼭 서버 쪽에서 실행해야 하는 기능은 PHP

HTML이나 CSS, 자바스크립트 파일은 웹서버가 이 파일을 특별한 처리 없이 통째로 내 컴퓨터로 보내주면, 내 컴퓨터의 웹브라우저가 코드를 해석해서 실행해 줍니다. 웹서버에 부하를 주지 않고, 웹 클라이언트가 업무를 처리하는 것이죠. 웹서버는 수천, 수만의 웹 클라이언트들의 요청에 답해야 하므로, 웬만한 것들은 웹 클라이언트가 처리하게 하는 것이 효율적입니다. 그런데 불가피하게 웹서버가 처리해야 하는 일도 있습니다.

PHP(Hypertext Preprocessor)는 웹서버에서 실행되는 코드를 작성하는 프로그래밍 언어입니다. 예를 들면 회원 가입 정보를 데이터베이스에 저장하고, 사용자가 로그인을 하면 그 정보를 확인해 접속을 허용합니다. 만약 게시판에 글을 쓰면 데이터베이스에 저장하고, 게시판을 방문하는 사람들을 위해 데이터베이스에서 게시물 목록을 불러와서 보여줍니다. 쇼핑몰이라면 상품 목록을 보여주고 주문을 처리하고 결제까지 할 수 있게 해주죠.

2000년대 초반에는 '나만의 홈페이지 만들기' 열풍이 불었는데, 많은 사람들이 PHP로 웹사이트를 만들었습니다. 흥미롭게도, 페이스북도 처음에는 PHP로 만들어 시작했습니다. 그래서 지금도 무료 웹호스팅 서비스에는 PHP가 기본으로 설치된 경우가 많은데, 이는 초보자 입장에서는 정말 좋은 환경입니다.

웹서비스는 프론트엔드(Front-end, 사용자가 보는 화면)와 백엔드(Back-end, 서버에서 돌아가는 부분)를 나누어 개발하는 것이 트렌드입니다. 하지만 이 경우 두 가지 다른 언어를 배워야 하고, 개발환경도 따로 설정해야 하며, API도 만들어야 해서 초보자에게는 꽤 어려운 일입니다. 반면, PHP는 하나의 언어로 화면도 만들고 서버 작업도 할 수 있습니다. 그래서 HTML과 함께 사용하면 초보자도 전체 웹 개발 과정을 이해하기가 훨씬 쉽습니다.

우리는 커서 AI의 도움을 받아가며, 이 언어들로 웹서비스를 만들 것입니다. 커서가 코드를 쓰고 설명도 해주니, 프로그래밍을 하나도 모르는 초보자라도 걱정하지 않아도 됩니다. 차근차근 따라오다 보면, 어느새 자신만의 웹서비스를 만들 수 있을 것입니다. 이제 K-팝 소개 사이트를 만들러 가보죠.

커서 AI 준비하기

이제 커서 AI와 함께 첫 번째 프로젝트를 시작해 봅시다. K-팝 소개 사이트를 만들면서 자연스럽게 AI 기반 코딩의 원리를 이해하고, 웹 개발의 기본을 익히는 흥미로운 여정이 될 것입니다.

<K-팝 소개 사이트 만들기>

1. **커서 AI 설치 및 설정:** 커서를 쉽고 빠르게 내 컴퓨터에 설치하는 방법을 알아봅니다.

2. **새 프로젝트 및 파일 생성:** 프로젝트 폴더를 만들어 우리가 작업할 공간을 설정하고, 새 작업 파일을 만듭니다.

3. **HTML 기본 페이지 생성:** 커서에게 요청하여 K-팝 소개 사이트의 기본 틀을 만듭니다.

4. **홈페이지 디자인 개선:** 단순한 HTML 페이지를 테일윈드(Tailwind) CSS 같은 도구를 활용해 멋지게 꾸며 봅니다.

5. **상호작용 추가:** 웹페이지에 애니메이션 효과를 넣어 더욱 생동감 있게 만들어 봅니다.

6. **J-팝 등의 메뉴 및 페이지 추가:** 메뉴를 여러 개 만들어 K-팝뿐만 아니라 J-팝, US-팝 등 세계 여러 나라의 대중음악을 소개하는 페이지를 만들어 연결합니다.

7. **PHP 활용:** 기본적인 서버 측 기능을 추가해 더 고급스러운 사이트를 만듭니다.

우선 커서를 설치부터 해보겠습니다.

커서 AI 설치하기

1. 커서 사이트(cursor.com)로 접속한 뒤 〈Download for Windows〉 버튼을 누르세요. 설치 파일이 내 컴퓨터로 다운로드되면 클릭해서 설치하세요.

2. 커서의 설치가 끝나면, 자동으로 실행되고 다음과 같은 설정 화면이 나타납니다.

'Language for AI' 옵션에 우리가 사용하는 언어로 '한국어'를 입력합니다. 이 경우 커서의 사용자 인터페이스(UI)는 그대로 영어로 나타나지만, 커서 안에 내장되어 있는 AI 모델이 답변을 할 때 한국어로 해줍니다. 키보드 등 나머지 옵션들은 기본값으로 그대로 두고 〈Continue〉를 누르세요.

잠깐만요 **이미 비주얼 스튜디오 코드를 사용해 왔다면**

만약 여러분이 비주얼 스튜디오 코드[개발자용 IDE(통합개발) 환경]를 사용 중이었다면, 여기서 사용하던 익스텐션(extension)을 그대로 복사할 것인지 묻는 화면이 나올 수 있습니다. 〈OK〉를 눌러 그냥 옮겨도 됩니다. 물론 새 환경에서 새로 시작하고 싶다면 복사하지 않겠다고 대답하면 됩니다.

3. '데이터 설정' 대화상자가 나타납니다. 'Help Improve Cursor(커서 개발 기여)'는 우리가 여기서 작성하는 코드나 데이터들을 커서의 기능을 향상시키는 데 이용해도 좋다고 허락하는 옵션입니다. 여기서는 커서가 별도로 학습하거나 저장하지 않도록 'Privacy Mode'를 선택하고 〈Continue〉를 누르겠습니다.

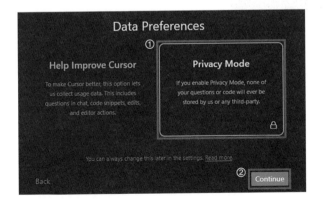

4. 모든 준비가 끝났다(You're
all set!)는 메시지가 뜨면서
로그인을 하라고 합니다.

그런데 우리는 이제 막 커서를 설치했으므로 회원 가입을 위해 ⟨Sign
Up⟩을 누릅니다.

5. '회원 가입' 대화상자가 나타나면 이메일 주소를 입력하고 ⟨Continue⟩
를 누릅니다. 그런데 구글 계정으로도 로그인을 할 수 있습니다. 여기
서는 ⟨Continue with Google⟩을 누르겠습니다. 그러면 앞으로 커서 데
스크톱으로 로그인을 할 때 이 계정으로 로그인을 하겠냐고 묻는데
⟨Yes, Log In⟩을 눌렀습니다.

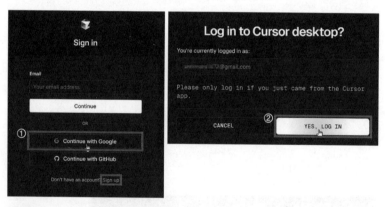

잠깐만요 **구글 계정이 없다면**

구글 계정이 없다면, 커서 화면 아래쪽의 ⟨Sign up⟩을 눌러 회원 가입을 한 뒤 로그인하세요.
커서에 처음 회원 가입을 하면 유료인 커서 프로 플랜을 2주간 무료로 사용할 수 있습니다.

6. 모든 준비가 끝났으니 다시 커서

로 돌아가라는 메시지(All set! Feel

free to return to Cursor)가 뜹니다.

7. 이제 설치가 끝났나요? 설치 과정에서 이미 커서가 실행되어 있습니

다. 커서 실행 창으로 이동하면 됩니다.

이제 윈도우의 시작 메뉴나 바탕화면에도 '커서' 바로

가기 아이콘이 등록되어 있습니다. 이후로는 '커서' 바

로가기 아이콘을 더블클릭해 실행하면 됩니다.

프로젝트 폴더와 파일 만들기

웹사이트를 만들다 보면 HTML, PHP 등의 소스 코드나 이미지 등 많은

파일이 생깁니다. 이런 파일들을 잘 정리하지 않으면, 나중에 어떤 파일이

어디에 있는지 찾기 어렵고 관리하기도 힘듭니다. 그래서 내 컴퓨터에서

도 별도의 프로젝트 폴더를 만들고, 그 안에 체계적으로 파일을 정리해야

합니다.

특히 웹사이트의 첫 페이지는 보통 'index.php' 또는 'index.html'이라

는 이름을 사용합니다. 이는 웹브라우저(웹 클라이언트)가 특별히 파일 이름

을 특정해서 요청하지 않았을 때, 웹서버가 자동으로 보내주는 기본 파일

이기 때문입니다. 예를 들어 'www.mysite.com'과 같이 웹서버 이름(도메인

네임)까지만 입력해도, 웹서버는 자동으로 'index.php' 파일을 찾아서 전송

해 주는 것이죠.

웹사이트의 파일들은 보통 이런 트리 구조로 정리합니다.

```
my-website/              # 프로젝트 메인 폴더
├── index.php            # 메인 페이지
├── images/              # 이미지 파일들
│   ├── logo.png
│   └── banner.jpg
├── css/                 # 스타일 파일들
│   └── style.css
└── pages/               # 다른 페이지들
    ├── about.php
    └── contact.php
```

폴더로 이렇게 구분해서 정리하면, 나중에 파일을 찾기 쉽고, 다른 사람과 협업할 때도 각자 파일의 위치를 쉽게 알 수 있습니다. 또한 웹서버에 파일을 올릴 때도 이 구조 그대로 올라가기 때문에 관리가 편리합니다.

다행히도 커서 AI는 이미 웹 개발에서 사용하는 이런 파일 구조들을 잘 알고 있습니다. 그래서 우리가 새로운 파일이나 폴더를 만들 때, 웹 개발에 최적화된 구조로 자연스럽게 만들어 줍니다. 심지어 파일명이나 폴더명도 웹 개발의 관례를 따라 적절하게 제안해 줍니다.

예를 들어 커서에게 다음과 같이 요청했다고 해보죠.

로그인 페이지를 만들어 줘.

그러면 커서는 자동으로 'login.php'라는 파일을 적절한 위치에 만들고, 필요한 경우 'css' 폴더에 스타일 파일도 추가해 줍니다. 즉, 우리는 처음에 프로젝트를 시작할 폴더만 잘 설정해 주면 됩니다. 그 이후부터는 커서가 알아서 파일들을 체계적으로 관리해 줍니다.

이는 마치 경험 많은 선배 개발자가 옆에서 "이 파일은 이쪽에 두는 게 좋겠어"라고 조언해 주는 것과 비슷합니다. 이제 커서의 도움을 받아가며 웹사이트를 효율적으로 만들어 보겠습니다.

1. 커서를 설치한 후 맨 처음 커서 화면으로 가면, 다음과 같은 화면이 나타납니다. 〈Open project(프로젝트 열기)〉 버튼을 누르세요.

2. 다음과 같이 'Open Folder(폴더 열기)' 대화상자가 나타납니다. 지금부터 할 프로젝트를 저장할 폴더를 만듭니다. 새로운 프로젝트를 할 때마다 새로운 폴더를 만들어 관리하는 게 좋습니다.

저는 D 드라이브에 'MyProject'라는 폴더를 만들고, 앞으로 매 실습마다 이 폴더 아래에 하위 폴더를 만들겠습니다. 이번 장에서는 'Kpop'이라는 하위 폴더를 만들었습니다. 'Kpop' 폴더를 선택하고 〈폴더 선택〉 버튼을 누릅니다.

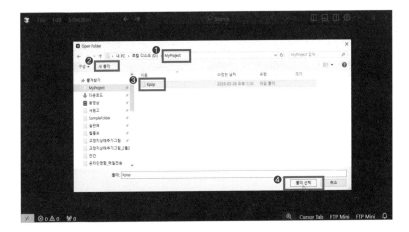

3. 이제 커서 화면 왼쪽의 프로젝트 탐색기에 'Kpop' 폴더가 나타납니다. 이 영역은 우리가 흔히 쓰는 윈도우 탐색기처럼 생겼다고 생각하면 됩니다.

잠깐만요

커서를 처음 설치하면 왼쪽 프로젝트 탐색기 위쪽에 'Welcome' 탭이 나오는데, 굳이 필요하지 않으므로 〈X〉를 눌러 닫으세요.

4. 'Kpop'이라고 된 폴더 이름 오른쪽의 'New File' 아이콘을 누르세요. 또는 프로젝트 탐색기에서 마우스 오른쪽 단추를 클릭한 후 **New File**을 눌러도 됩니다.

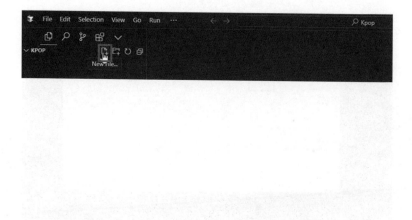

5. 새로 만들 파일의 이름을 입력합니다. 여기서는 파일 이름을 "index.html"로 입력하겠습니다. 'index'는 홈페이지에서 처음으로 열리는 대문 역할을 하는 페이지의 이름이며, 확장자는 '.html'로 만들면 됩니다. 이제 〈Enter〉를 치세요. 그러면 'Kpop' 폴더에 'index.html' 문서가 만들어집니다.

잠깐만요 유료 플랜에 가입하려면

커서를 설치하고 회원 가입을 하면, 유료 서비스인 커서 프로 플랜을 2주 동안 쓸 수 있습니다. 만약 커서를 계속 사용하고 싶다면 유료로 가입하면 됩니다. 화면 상단 오른쪽의 'Settings(설정)' 아이콘(톱니바퀴 모양)을 누른 후 설정 화면에서 'Upgrade to Pro'를 누르면 됩니다. 커서 프로 플랜은 월 20달러입니다. 더 자세한 내용은 53쪽을 참조하세요.

커서 AI
한눈에 보기

앞에서 우리는 K-팝 소개 페이지를 만들기 위해 커서를 설치하고, 프로젝트 폴더와 파일을 만들었습니다. 이제 커서의 기본 화면을 열고 4가지 영역과 기능에 대해 살펴보겠습니다.

AI 사이드바 열기

커서를 처음 설치하면 다음과 같은 화면이 나타납니다. 화면 중앙에 코드를 직접 입력할 수 있는 공간인 코드 편집창이 나옵니다. 그런데 우리가 직접 코드 편집창에 코드를 입력하지는 않을 것입니다. 커서에게 "K-팝 웹페이지를 만들어 줘" 식으로 말로 요청해서 웹페이지나 프로그램을 만들 것이거든요.

1. 이제 커서 AI에게 일을 시킬 공간을 열어보죠. 키보드에서 〈Ctrl+I〉 단축키를 누르세요.

2. 그러면 화면 오른쪽에 AI 사이드바가 열립니다. 여기서 커서와 대화하면서 웹페이지나 프로그램을 만들 수 있습니다. 이 창에서 "나의 온라인 명함을 만들어 줘", "게시판을 만들어 줘" 등 말로 요청하면 커서가 코드를 작성해 줍니다. 혹시 화면 오른쪽의 AI 사이드바가 보이지 않으면, 화면 위쪽의 'AI 사이드바 토글'을 누르세요. 또는 단축키 〈Ctrl+I〉를 다시 눌러도 됩니다.

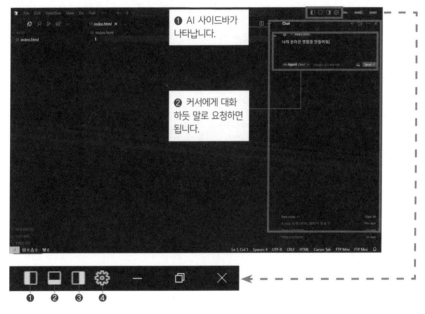

❶ **프로젝트 탐색기 토글:** 화면 왼쪽의 프로젝트 탐색기를 열거나 닫습니다. 단축키는 〈Ctrl+B〉입니다.

❷ **터미널 창 토글:** 화면 중앙 하단의 터미널 창을 열거나 닫습니다. 단축키는 〈Ctrl+J〉입니다.

❸ **AI 사이드바 토글:** 화면 오른쪽의 AI 사이드바를 열거나 닫습니다. 단축키는 〈Ctrl+I〉.

❹ **설정:** 커서 설정 창을 열어 설정을 합니다.

커서에서 꼭 알아야 할 4가지 영역

커서의 화면은 크게 4가지 영역으로 구분할 수 있습니다. 각 영역의 이름과 기능을 알아보겠습니다. 뒤에서 하나하나 실습을 해가면서 따라하는 과정에서 중요한 메뉴와 아이콘에 대해서는 자연스럽게 익히게 될 것입니다.

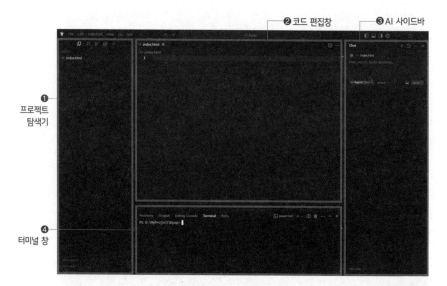

❶ **프로젝트 탐색기**: 프로젝트 폴더와 파일의 구조를 보여줍니다. 트리 구조로 되어 있으며, 윈도우 탐색기와 흡사합니다. 또한 하단에 현재 파일의 구조를 시각적, 계층적으로 표시해 주는 아웃라인(Outline), 파일의 변경 내역 기록을 보여주는 타임라인(Timeline) 등 다양한 작업 도구가 나타나서 선택할 수 있습니다.

❷ **코드 편집창**: 커서의 메인 영역으로, 코드를 직접 작성하거나 수정할 수 있습니다. 하지만 우리는 이 코드 편집창에서 직접 코드를 작성하지 않고, ③번 AI 사이드바에서 커서에게 코드를 작성해 달라고 해서 웹페이지나 프로그램을 만들 것입니다.

❸ **AI 사이드바**: 커서에게 대화로 요청을 하면, 커서가 코드를 생성하거나 대체 코드를 추천해 줍니다. 이곳에서 커서가 작성한 코드를 승인해 주면, 그 코드가 ②번 코드 편집창으로 들어갑니다.

❹ **터미널 창**: 우리가 만든 웹페이지나 프로그램 등의 실행 결과를 보여줍니다. 소스 코드를 실행했을 때 이 터미널 창에 그 결과가 나타납니다. 화면에 터미널 창이 보이지 않으면 [View] 메뉴의 Terminal을 선택하세요. 또는 화면 오른쪽 상단에서 '터미널 창 토글'을 클릭해도 됩니다.

커서의 3가지 모드

커서를 제대로 활용하기 위해서는 3가지 주요 모드를 알아야 합니다. AI 사이드바의 입력란 하단에서 모드를 선택할 수 있습니다. 버전에 따라 사용자 인터페이스가 조금씩 다른데, 각 모드를 여는 방법을 한 번 알고 나면 설혹 버전이 바뀐다고 하더라도 쉽게 사용할 수 있을 것입니다.

에이전트 모드

에이전트(Agent) 모드는 커서에서 가장 강력한 모드입니다. 커서 화면을 열면 AI 사이드바에 기본적으로 에이전트 모드가 열립니다. 또는 에이전트 모드는 〈Ctrl+I〉 단축키를 누르면 열리는데, 커서 버전에 따라 〈Ctrl+I〉(맥의 경우 ⌘I) 단축키를 누른 후 〈Agent〉 버튼을 눌러 여는 경우도 있습니다.

에이전트 모드는 사용이 쉬워서 일반인들이 쓰기 좋습니다. 우리가 사람과 대화하듯이 커서에게 요청하면, 코드를 짜주고 프로그램을 척척 만들어 줍니다. 여러 메뉴들을 동시에 이용하면서 외부에 있는 정보나 여러 맥락들도 자동으로 배치해 더 쉽게 개발을 할 수 있게 도와줍니다. 필요에 따라 터미널 명령을 실행하거나, 웹을 검색하는 등 다양한 도구들을 활용하여 복잡한 개발작업을 자동화할 수도 있습니다.

애스크 모드

애스크(Ask) 모드는 간단한 코드 생성과 코드에 대한 질문이나 설명 요청에 특화되어 있으며, 주로 홈페이지에서 하나의 화면만 만들 때 사용하기 좋습니다. 홈페이지의 메인 랜딩 페이지를 디자인하거나, 단일 기능만을 개발하는 등의 일이 대표적입니다. 대화와 지정해 둔 맥락 내에서만 파일을 읽고 쓸 수 있습니다. 커서 AI가 새로운 파일을 자동으로 생성하지는 않습니다. 작업 결과를 적용하려면, 사용자가 직접 버튼을 눌러 통합하는 등 수동 작업이 필요합니다. 즉, 코드 변경사항을 더 신중하게 검토하고 적용하고 싶을 때 유용한 모드입니다.

매뉴얼 모드

매뉴얼(Manual) 모드는 특히 코드 수정에 특화되어 있습니다. 버전에 따라 AI 사이드바에서 직접 〈Edit〉 버튼을 눌러서 열 수 있습니다.

개발자들이 여러 메뉴들을 동시에 만들 때 사용하기 좋으며, 복잡한 애플리케이션 구조를 개발할 때 효율적입니다. 여러 파일을 오가면서 동시에 편집할 수 있고, 필요에 따라 새로운 파일을 생성하고 이를 자동으로 통합하는 기능까지 제공합니다. 예를 들어 웹사이트의 메뉴 바, 사이드바, 메인 콘텐츠 등 여러 구성요소를 한 번에 설계할 때 사용하면, 여러 파일 간의 연결과 일관성을 유지하기 쉽습니다.

커서 AI의 각 모드는 서로 다른 상황에 맞게 설계되어 있어 작업의 규모와 복잡성에 따라 적절한 모드를 선택하면 작업 효율을 크게 높일 수 있습니다. 이 책의 구성은 주로 '에이전트' 모드를 통한 작업으로 이루어져 있으니, 이 모드에 익숙해지면 좋겠습니다.

커서 AI를 처음 접하는 분이라면 조금 생소해 보일 것입니다. 하지만 걱정하지 마세요. 이 책의 다양한 프로젝트들을 따라하는 과정에서 중요한 메뉴와 아이콘, 모드가 자연히 익혀질 테니까요.

커서 AI를 사용해 보면 은근히 재미가 있습니다. AI와 함께 웹페이지나 프로그램 같은 것을 한 단계씩 수정을 요청하며 차근차근 만들어가다 보면 재미를 느끼게 됩니다. 이제 준비운동이 끝났습니다. 뒤에서 실습에 들어가 보죠.

K-팝 소개
사이트 만들기

이제 본격적으로 커서 AI의 도움을 받아 K-팝 소개 사이트를 만들어 보겠습니다. 코딩을 하나도 몰라도 커서의 도움을 받아 뚝딱 만들 수 있습니다.

코드 생성에는 대부분 에이전트나 매뉴얼 모드를 많이 쓰지만, 여기서는 '에이전트' 모드로 만들어 볼게요. '에이전트' 모드는 우리가 챗GPT와 대화를 나누는 일반적인 채팅 모드와 같습니다.

1. 먼저 K-팝 소개 사이트를 만들 폴더와 파일을 만들어 줍니다. 우리는 앞에서 'MyProject→Kpop' 폴더를 만든 뒤 새로 만들 프로젝트의 파일 이름을 'index.html' 파일로 입력했습니다(67쪽 참조). 'index'라는 파일 이름은 홈페이지를 만들 때 처음으로 열리는 대문 같은 역할을 하는 페이지의 이름이라고 했죠?

2. 이제 AI 사이드바의 입력란에 K-팝 소개 페이지를 만들어 달라고 요청합니다. 다음과 같이 요청하고 〈Enter〉 키를 누르거나 입력란 아래쪽의 〈Send〉 버튼을 누릅니다.

> K-팝을 소개해 주는 HTML 페이지를 간단하게 만들어 줘.

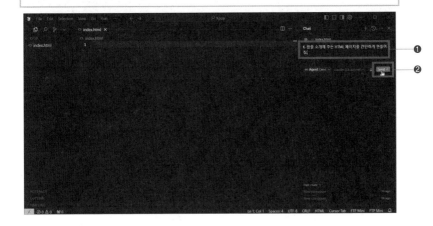

3. 커서가 직접 코드를 작성합니다. 코드를 보면, 웹페이지의 구조를 정의하는 코딩 언어인 HTML 코드를 만들고, 웹 디자인을 꾸밀 때 사용하는 스타일시트 언어인 CSS로 디자인까지 합니다. 잠시 기다리세요. 커서의 코드 작성이 끝나면, 이 코드에 대한 간단한 설명까지 해 줍니다.

4. 화면 중앙의 코드 편집창에 방금 커서가 만든 코드가 초록색 블록으로 들어가 있습니다. 이렇게 커서가 작성한 코드가 맘에 들면 AI 사이드바의 〈Accept(승인)〉 버튼을 누릅니다.

〈Accept〉나 〈Accept all〉 버튼은 현재 하나 또는 여러 개의 파일을 동시에 다루고 있을 때 전체 변경 사항을 한꺼번에 적용하는 승인 버튼이며, 초록색 코드 블록에 있는 〈Accept File〉 버튼은 현재 보고 있는 이 파일의 변경사항만 적용하는 버튼입니다. 지금은 'index.html' 파일 하나만 편집 중이기 때문에 어느 버튼이든 효과의 범위는 같습니다.

잠깐만요 〈Reject〉 버튼과 〈Revert〉 버튼

AI 사이드바의 〈Reject〉 버튼은 AI가 제안한 변경사항을 거부하고 새로운 제안을 요청하고 싶을 때 누릅니다. 코드 편집창의 〈Revert〉 버튼은 현재의 파일에서 지금 수정한 변경사항을 취소하고, 가장 최근에 저장한 상태로 되돌아가고 싶을 때 누릅니다.

5. 이제 코드 블록의 초록색 색상이 사라지고, 방금 작성한 코드가 적용됩니다.

6. 커서가 여태까지 만들어 준 K-팝 소개 페이지를 저장해 보죠. 상단 메뉴에서 [File]→Save를 누르세요(또는 〈Ctrl+S〉 단축키를 눌러도 됩니다). 그러면 이 코드가 'index.html'에 저장됩니다.

7. 지금까지 만든 K-팝 소개 페이지를 확인해 보죠. 탐색기를 열어 'Kpop' 폴더에서 'index.html' 파일을 더블클릭하세요.

8. 이제 K-팝 소개 페이지가 열립니다(저는 크롬 브라우저로 열었습니다). 생성형 AI로 만든 것이라 여러분의 화면은 좀 다를 수 있습니다. 어쨌든 우리가 커서에 말로 요청했는데도 바로 크롬 등의 브라우저에서 실행되는 사이트를 만들어 준 것입니다.

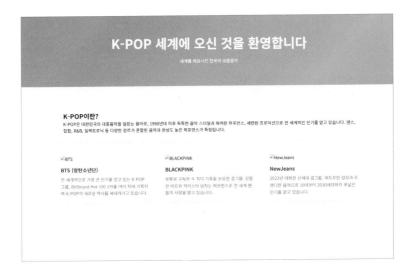

9. 그런데 커서가 만든 K-팝 소개 페이지가 디자인이 별로 예쁘지 않고, 웹페이지의 기본 영역에 그냥 텍스트만 뿌려준 느낌이네요. 화면 오른쪽에서 AI 사이드바의 입력란에 이렇게 요청하고 〈Send〉를 눌러보죠.

> 지금 디자인이 너무 단조로워. 파란색 계열의 색상을 넣어 조금 더 예쁘게 바꿔줘.

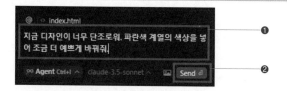

10. 커서가 디자인을 더 세련되게 바꾸겠다면서 코드를 수정하기 시작합니다. 코드 수정이 끝나면 한글로 주요 변경 사항을 간단히 정리해서 알려줍니다.

잠깐만요 **한 수만 물려줘! 〈Restore Checkpoint〉 버튼**

코드를 여러 번 수정하다 보면 이전의 상태가 더 좋았다고 느낄 때가 있습니다. 이럴 때는 AI 사이드바의 위쪽으로 올라가서 해당 시점을 찾아 〈Restore Checkpoint〉 버튼을 누르세요. 그 시점으로 코드를 되돌릴 수 있습니다.

11. 코드 편집창을 보면, 방금 커서가 수정한 대체 코드가 추가되고 초록색으로 나타납니다. 지워야 하는 이전 코드는 빨간색으로 표시됩니다. 대체 코드를 승인하려면 〈Accept〉 버튼을 누르세요.

12. 다시 상단 메뉴에서 [File]→Save(또는 《Ctrl+S》)를 눌러 저장하세요.

13. 이제 K-팝 소개 사이트에서 '새로고침' 아이콘(단축키는 《F5》)을 누르면

파란색 계열로 좀더 예쁘게 바뀐 것을 볼 수 있습니다.

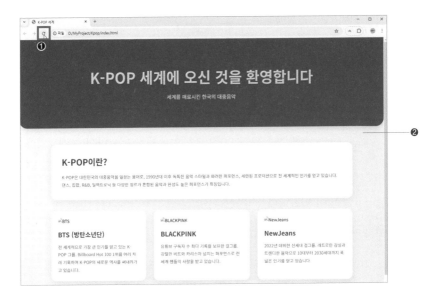

프레임워크와
라이브러리 사용하기

웹사이트에는 여러 파일들이 유기적으로 연결되어 있습니다. 홈페이지의 설계도인 HTML, 디자인을 도와주는 CSS, 이미지 파일들, 그리고 PHP처럼 서버 측에서 실행되는 프로그램 코드가 서로 연결되어 있죠.

커서의 에이전트 모드는 지금 열려 있는 파일만 다룰 수 있는 것이 아니라, 스스로 알아서 새로운 파일을 만들고 통합하거나 저장하는 등 다 자동으로 처리해 줍니다.

이제 K-팝 소개 사이트의 디자인을 좀더 세련되게 바꿔 보겠습니다. 웹 디자인을 전혀 모르는 초보자가 단번에 좋은 디자인 페이지를 만드는 편리한 방법이 있습니다. 디자이너들이 사용하는 '용어'나 '키워드'를 사용해서 커서에게 지시하면 됩니다.

10년 전까지만 하더라도 이런 일을 하려면 코드를 일일이 입력해야 했는데, 요즘은 개발 추세가 바뀌고 있습니다. 마치 레고블록을 조립하는 것처럼, 사람들이 미리 만들어 공유하거나 파는 코드를 집어넣어 코딩을 하는 경우가 많습니다. 예를 들어 CSS 프레임워크 중에서 테일윈드(Tailwind) CSS는 미리 만들어진 디자인 스타일시트인데, 굉장히 잘 만든 디자인들이 많이 들어 있어서 개발자들도 많이 불러다 씁니다.

1. AI 사이드바의 입력란에 디자인을 바꿔 달라고 요청합니다. 이때 테일윈드(Tailwind) CSS라는 키워드만 써줘도 예쁘게 잘해 줍니다.

> 여전히 디자인이 별로 예쁘지 않아. 테일윈드(Tailwind) CSS를 이용해서 좀더 세련된 디자인으로 바꿔 보자.

2. 커서가 테일윈드 CSS를 불러와서 써주기 때문에 코드가 훨씬 정연해지고 코드 길이도 전체적으로 짧아졌습니다. 코드 바로 위에 '+81 −173'이 보이는데, 새로 추가된 행이 81행이고, 삭제된 행이 173행이라는 뜻입니다.
추천 코드 아래쪽에 있는 〈Accept〉 버튼을 눌러 코드를 승인합니다. 지금은 파일이 한 개여서 실감이 안 나지만 〈Accept〉 버튼을 누르면 코드를 통합하고 자동으로 저

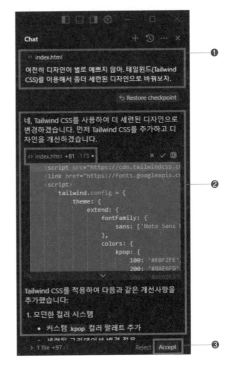

장까지 다 해주므로, 〈Ctrl+S〉 단축키를 눌러 따로 저장할 필요도 없

습니다.

3. 이제 K-팝 소개 사이트의 디자인이 어떻게 바뀌었는지 볼까요? 크롬
브라우저에서 열려 있는 K-팝 소개 페이지(index.html)에서 '새로고침' 아
이콘을 누르니 다음과 같이 페이지의 디자인이 바뀌었네요.

시각적으로 크게 바뀐 게 없는 것처럼 보이지만, 내부적으로 코드가 굉
장히 단축되었고, 웹페이지를 더 예쁘게 만들 수 있는 준비가 된 상태
입니다.

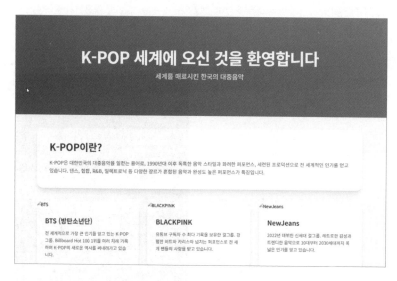

다양한 프레임워크, 라이브러리 실습 파일 사용법

개발에 도움이 되는 기본적인 지식, 프레임워크나 라이브러리들을 알아두면 큰 도움이 됩니다. 예를 들어 커서에게 요청할 때 '프레임워크' 같은 키워드를 언급해 주면 훨씬 더 뛰어난 결과물을 얻을 수 있습니다.

1. 제 홈페이지(seowan.net)에 접속한 후 최하단부에서 '커서 AI'를 누르세요.

2. 이 책의 실습에 필요한 자료나 기초지식을 올려두었습니다.

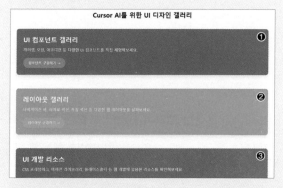

❶ UI 컴포넌트 갤러리: 버튼, 카드, 툴팁, 대화상자, 입력란, 드롭다운 메뉴 같은 UI 컴포넌트의 모양과 이름을 알 수 있습니다.
컴포넌트(Component)란 사용자 인터페이스(UI)를 구성하는 독립적인 작은 블록입니다. 예를 들어 예쁜 버튼 컴포넌트를 한 번 만들어 두면, 개발과정에서 누구든 불러다 재사용할 수 있기에 개발속도를 높일 수 있습니다. 일종의 레고블록 개념이라고 보면 됩니다.

❷ 레이아웃 갤러리: 웹사이트 개발 시 메뉴, 본문을 구성하는 여러 섹터의 개념, 푸터 등의 각 요소들을 알 수 있습니다. 신문이나 잡지의 레이아웃 개념과 비슷한데 좋은 웹 디자인의 가장 기초적인 지식입니다.

❸ UI 개발 리소스: 웹 개발에 필요한 다양한 리소스를 소개합니다. 웹사이트 디자인과 레이아웃을 쉽게 만들 수 있는 CSS 프레임워크, 아이콘 라이브러리, 더미 이미지나 텍스트(개발단계에서 사용하는 임시 가짜 이미지나 텍스트) 등을 제공하는 플레이스홀더를 소개합니다. 이후 이 책의 실습을 통해서 계속 사용하게 됩니다.

AI로 디자인 스타일 한 번에 적용하기

K-팝 소개 사이트의 디자인을 좀더 예쁘게 만들어 보죠. 우리가 실제 사용자 인터페이스 디자인을 할 때 많이 사용하는 디자인 스타일을 이용해 보겠습니다.

1. K-팝 소개 사이트를 글래스모피즘 느낌으로 바꿔보죠. 글래스모피즘 (Glassmorphism)은 유리 같은 반투명한 요소를 활용하는 디자인 스타일입니다. 제 홈페이지(seowan.net) 하단에서 '커서 AI'를 누른 후 '글래스모피즘'을 클릭하면 미리 체험해 볼 수 있습니다.

2. 이제 커서의 AI 사이드바 입력란에 '글래스모피즘'이라는 디자인 키워드를 넣어 다음과 같이 요청합니다. 더불어 위키미디어에서 국기를 가지고 와서 넣으라고 합니다.

> 글래스모피즘 느낌으로 디자인을 바꿔주고, 위키미디어에서 대한민국 국기도 가져와서 넣어줘.

잠깐만요 **커서에게 지시를 했는데, 응답이 없을 때**

요청 후에 화면에 장시간 변화가 없을 때는 오류가 난 것일 수 있습니다. 이럴 때는 방금 요청한 메시지 입력란의 〈Stop Generating〉 버튼을 누른 후 다시 요청을 해보세요.

3. 잠시 기다리면 커서가 글래스모피즘 스타일로 코드를 수정합니다. 저는 첫 결과가 너무 약해 보여서 좀더 두꺼운 유리 효과를 요청했습니다. 그랬더니 화면에 불러들여지는 본문의 각 섹터를 두껍고 입체적인 유리 카드처럼 보이게 했다고 정리해 주었습니다. 〈Accept〉를 눌러 커서의 대체 코드를 승인합니다.

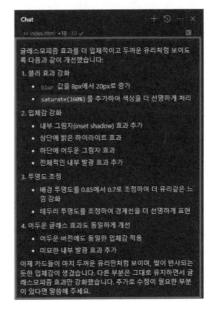

4. 다시 K-팝 소개 페이지에 들어가서 '새로고침' 아이콘을 누르면, 이제 웹페이지 상단에 국기가 나오고, 웹페이지의 디자인이 글래스모피즘 스타일로 바뀐 것을 볼 수 있습니다.

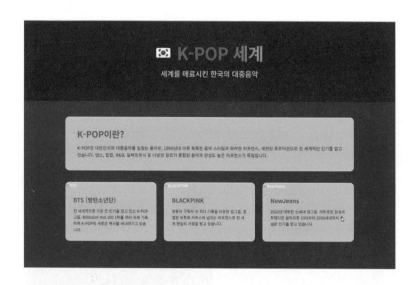

생성형 AI는 같은 요청에도 조금씩 다르게 만들어 줍니다. 다음은 다른 사용자가 같은 요청을 했을 때 커서가 만들어 준 화면입니다.

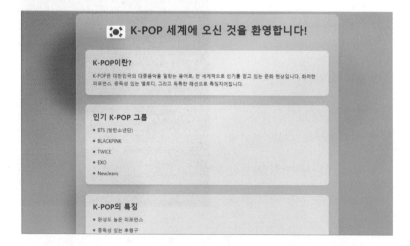

그렇지만 여러분이 따라 만든 웹페이지 또한 글래스모피즘 스타일의 유리 같은 반투명 효과가 나타날 것입니다. 이런 식으로 커서에게 여러분이 원하는 것을 요청하면서 웹페이지 디자인의 완성도를 높일 수 있습니다.

AI로 애니메이션
효과 주기

지금까지 K-팝을 소개하는 사이트를 만들었는데, 아직 상호작용 기능 등을 넣지 않아 심심합니다. 먼저, 방문자가 이 사이트에 들어왔을 때, 웹페이지에서 메뉴나 헤드라인 등 각 요소들이 시간 차이를 약간 두고 서서히 나타나는 애니메이션 효과를 주어 보겠습니다.

1. AI 사이드바의 입력란에 다음과 같이 애니메이션 효과를 주라고 요청합니다. 애니메이션 관련 키워드를 많이 알면 좋습니다. 예를 들어 웹페이지의 요소들이 점차 뚜렷해지는 '페이드 인(Fade in)'이나 점차 흐릿해지는 '페이드 아웃(Fade out)' 같은 키워드를 주면 됩니다. 말로 길게 설명하는 것보다 정확한 용어를 넣어주는 것이 효과적입니다.

> 애니메이션 효과를 부여해서, 각 요소들이 서서히 뜨도록 만들어 줘. 페이드 인(Fade in) 효과를 부여해.

2. 그러면 커서가 애니메이션을 사용하여 페이드 인 효과를 추가하기 위해 코드를 수정합니다. 수정이 끝나면 주요 변경사항을 설명해 줍니다. 커서가 모든 파일을 다 점검하고 대체 코드를 만들 때까지(〈Accept〉 버튼이 나올 때까지) 기다리세요.

커서가 이전 코드를 대체할 초록색 영역의 새로운 코드를 생성하면, 그 대체 코드를 확인하고 〈Accept〉를 눌러 승인하세요.

3. 크롬 브라우저의 K-팝 소개 사이트에서 '새로고침' 아이콘을 누르세요.

4. K-팝 소개 페이지의 각 요소들이 처음 나타날 때 애니메이션 효과가 보입니다. 현재 K-팝 소개 페이지에는 내비게이션 바, 헤더 섹션 등 모두 6개의 글래스모피즘 효과가 적용된 카드가 있는데, 각 요소들이 0.2초 간격으로 순차적으로 나타납니다.

사실 코딩을 잘 모르더라도, 커서가 만들어 준 코드를 훑어보면 눈치로 무슨 의미인지 알 수 있습니다. 코드 안에서 웹페이지의 각 요소들이 순차적으로 나타나는 시간차를 직접 수정하고 저장해도 됩니다. 커서에게 코드의 의미를 물어보고 직접 수정할 수도 있습니다.

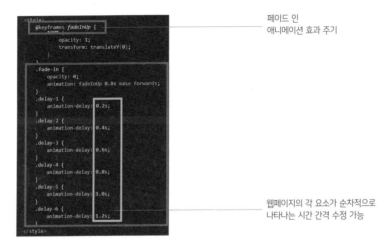

페이드 인
애니메이션 효과 주기

웹페이지의 각 요소가 순차적으로
나타나는 시간 간격 수정 가능

여기에서 재미있는 게 뭐냐면, 커서에게 K-팝 소개 사이트를 만들어 달라고 하면, 여러분이 K-팝 관련 정보를 주지도 않아도 알아서 내용을 채운다는 것입니다. 커서 안에 기본값으로 대화형 AI인 클로드(Claude) 등이 들어 있기 때문입니다. 물론 여러분이 관련된 내용을 잘 정리해서 텍스트 파일로 올려주고, 커서에게 직접 지시해서 만들면 더 좋습니다.

AI로 최신 정보
확충하기

최신 정보 추가하기

K-팝 소개 사이트에서 만약 클로드가 만든 정보가 맘에 들지 않고 더 다양한 정보를 넣고 싶다고 해보죠. K-팝 소개 사이트에 한국의 최신 K-팝 관련 뉴스를 검색해 반영해 보겠습니다.

1. AI 사이드바의 입력란 위쪽에서 〈@(골뱅이)〉 버튼을 누르면 다음과 같은 메뉴가 뜹니다.

2. 이 펼쳐진 하위 메뉴에서 Web을 선택하세요. 클로드는 좀 지난 학습 정보를 기반으로 하기에 가장 최신 정보를 제공하지 못합니다. 그런데 커서에서 요청할 때, @로 태그한 뒤 Web 메뉴를 체크하면 최신 정보를 재구성해서 K-팝 사이트에 반영할 수 있습니다. 이 펼쳐진 하위 메뉴를 이용하면, 내 파일이나 폴더, 또는 깃허브에 있는 정보 등을 가져올 수도 있습니다.

@Web 명령어는 곧 사라질 예정

요즘 커서가 빠르게 업그레이드 중입니다. 이 책이 출간되는 시점에는 여전히 @Web 명령어가 유용하게 사용되고 있지만, 곧 AI가 자동으로 웹 검색 도구를 활용하여 최신 정보를 찾을 수 있게 된다고 합니다. 이렇게 되면 에이전트 모드에서 자연스럽게 요청하면 될 것입니다.

3. 커서에게 최근 한국의 K-팝 뉴스를 검색하고 그 내용을 사이트에 반영해 달라고 요청합니다.

> 최근 한국의 K-팝 관련 뉴스를 검색해 보고 그 내용을 반영해서 홈페이지에도 넣어줘.

4. 커서가 '최신 K-팝 소식' 섹션을 추가하겠다고 합니다. 수정 코드가 나오면 〈Accept〉를 누릅니다.

5. 크롬 브라우저의 K-팝 소개 사이트에서 '새로고침' 아이콘을 누르세요. 페이지의 아래쪽에 '최근 K-팝 소식'이라는 새 섹션이 추가된 것을 볼 수 있습니다.

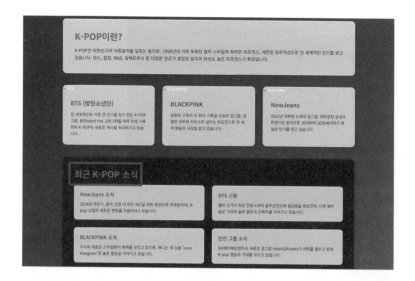

위키백과 정보 가져오기

1. 네이버나 구글에서 'K-팝'을 검색한 후 위키백과 페이지의 URL을 복사해서 AI 사이드바의 입력란에 붙이세요. 그러면 첫 자리에 '@'가 자동으로 붙습니다.

> @https://ko.wikipedia.org/wiki/K-POP
> 이 위키백과 사이트의 내용을 반영해서 홈페이지의 내용을 더 많이 채워줘.

2. 커서가 K-팝의 역사와 특징 등 다양한 정보를 위키백과에서 가지고 와서 보여주겠다고 합니다. 〈Accept〉를 눌러 승인합니다.

3. 크롬 브라우저의 K-팝 소개 사이트에서 '새로고침' 아이콘을 누르세요. K-팝의 역사, K-팝의 특징 등 훨씬 더 자세한 내용이 들어간 것을 볼 수 있습니다.

커서가 멀쩡한 섹션을 날려먹었다면

커서에서 작업을 하다 보면, 가끔씩 이미 만들어 놓은 웹페이지 요소 등 멀쩡한 부분을 없애버리는 경우가 있습니다. 이런 경우에는 그냥 다시 요청하면 됩니다. 커서가 이미 해당 프로젝트의 맥락을 이해하고 있기 때문입니다.

지금 우리는 커서에게 하나의 채팅 안에서 계속 요청을 하고 있죠? 따라서 커서가 위에서 우리가 요청했던 맥락도 기억을 하고 있는 것이죠.

예를 들어 커서가 웹페이지를 만들 때, 위키백과에서 가져온 내용을 보완하면서 이전 단계에서 추가했던 '최근 K-팝 소식' 섹션을 날려먹었다고 해보죠. 이런 경우에는 그냥 커서에게 누락된 최신 소식을 다시 가져오라고만 요청하면 됩니다.

> 아까 전에 '최근 K-팝 소식'을 가져온 내용이 이번에 누락된 것 같아. 방금 위키백과에서 가져온 내용도 유지하면서 최신 뉴스도 다시 넣어줘.

새로 사이트의 메뉴와
하위 페이지를 한 방에!

이번에는 K-팝 소개 사이트에 해외의 팝을 소개하는 메뉴를 만들어 보겠습니다. 제 홈페이지(sewan.net)에 접속한 후 화면의 하단부에서 '커서 AI→레이아웃 갤러리'를 열어보세요. 이 갤러리에는 홈페이지를 만들 때 레이아웃에 들어가는 요소들의 이름을 정리해 두었습니다.

AI에게 사이트 영역의 이름을 명확하게 주려면

다음 그림처럼 화면 상단에 있는 메뉴를 내비게이션 바(Navigation Bar)라고 합니다. 줄여서 'Navbar'라고도 많이 씁니다. 그다음 위쪽의 큰 영역을 히어로 섹션(Hero Section), 그 다음 영역을 피처스 섹션(Features Section), 어바웃 섹션(About Section), 그리고 쭉 내려가다가 화면 가장 아래에 있는 영역을 푸터(Footer)라고 합니다. 커서에게 웹 디자인을 시킬 때 최소한의 용어는 알아두는 것이 좋습니다.

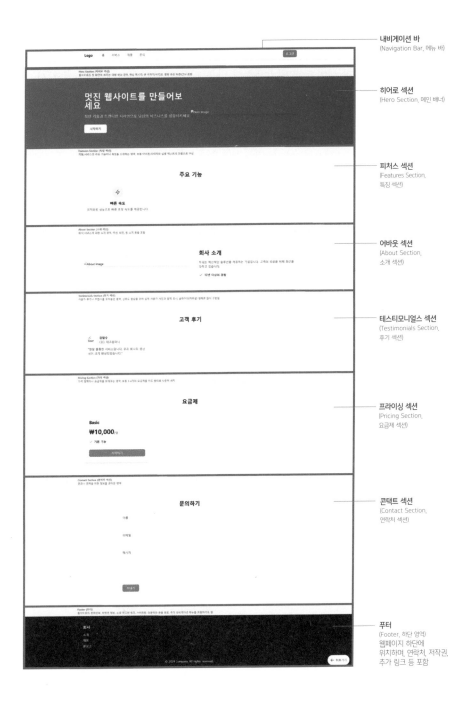

히어로 섹션
(Hero Section, 메인 배너)

피처스 섹션
(Features Section,
특징 섹션)

어바웃 섹션
(About Section,
소개 섹션)

테스티모니얼스 섹션
(Testimonials Section,
후기 섹션)

프라이싱 섹션
(Pricing Section,
요금제 섹션)

콘택트 섹션
(Contact Section,
연락처 섹션)

푸터
(Footer, 하단 영역)
웹페이지 하단에
위치하며 연락처, 저작권,
추가 링크 등 포함

내비게이션 바 만들기

K-팝 소개 사이트에 내비게이션 바를 만들어 보겠습니다. 그런데 커서에게 그냥 메뉴를 만들라고 하면, 옆에 붙는 사이드 메뉴가 나올 때도 있고, 스크롤을 따라 움직이는 플로팅 메뉴, 버튼을 클릭하면 나타나거나 사라지는 토글 메뉴가 나올 수도 있습니다. 그래서 '내비게이션 바'라고 분명하게 요청해야 합니다.

1. AI 사이드바의 입력란에 미국, 영국, 일본, 라틴 팝을 소개하는 내비게이션 바를 만들어 달라고 요청합니다. 이때 한글로 '내비게이션 바'라고 적어도 되지만, 영어로 'navbar'라고 적어주면 커서가 더 잘 알아먹습니다.

> 이번에는 해외의 다른 나라 중 개성적인 팝 문화가 있는 미국 팝, 영국 팝, 일본 팝, 라틴 팝을 소개하는 페이지를 만들고 싶은데, 우선 navbar에 이 메뉴를 디자인해 줘.

2. 커서가 글래스모피즘 스타일에 맞게 내비게이션 바를 추가하겠다면서 코드를 작성해 줍니다. 데스크톱 컴퓨터에서는 가로로 나열된 메뉴로, 모바일에서는 '햄버거' 메뉴 버튼으로 만들었다고 하네요. 〈Accept〉를 눌러 승인하세요.

3. K-팝 소개 페이지에서 '새로고침' 아이콘을 누르세요. 화면 위쪽에 메뉴가 생겼죠? 커서가 아까 요청한 디자인 스타일인 글래스모피즘을 기억하고 그 느낌으로 내비게이션 바를 만들어 주었습니다.
   K-팝뿐만 아니라 세계의 유명 팝을 소개하는 페이지로 성격이 바뀌면서 전체 웹사이트의 제목도 'Global Pop'으로 바꾸었네요. 만약 사이트

이름을 'K-팝'으로 두고 싶으면, 커서에게 원래대로 바꿔 달라고 하면 됩니다. 아직 'US-팝'이나 'UK-팝' 등과 연결된 페이지를 만들기 전이라서, 이들 메뉴를 클릭해도 아무 반응이 없습니다.

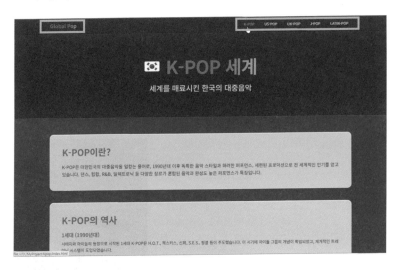

메뉴에 링크 페이지 추가하기

이제 US-팝 등의 메뉴와 연결된 페이지를 만들어 보겠습니다. 에이전트 모드를 사용하면, 커서가 각 메뉴와 연결되는 다른 파일들까지 모두 알아서 한꺼번에 만들거나 수정해 줍니다.

1. AI 사이드바의 입력란에 K-팝 사이트의 각 메뉴를 클릭했을 때 나타나는 페이지들을 만들어 달라고 요청합니다.

    이때 'K-팝 페이지랑 똑같은 디자인'으로 만들고, 그것을 '내비게이션 바(navbar)에 링크로 연결하라'고 명시적으로 적어주는 것이 좋습니다.

    보통은 이렇게 안 해도 사이트 디자인의 느낌이 유지되긴 하지만, 제가 테스트를 많이 해보았더니, 커서가 가끔 디자인 스타일 적용을 누락하거나,

페이지만 만들고 메뉴에 링크를 안 넣는 경우들도 있었기 때문입니다.

> 지금 각각의 메뉴들에 페이지가 연결되지 않았는데, 현재 K-팝 페이지랑 똑같은 디자인으로 각 나라들의 페이지도 만들어 주고, 각 페이지를 내비게이션 바(navbar)의 메뉴에 링크로 연결해 줘.

2. 커서가 먼저 US-팝 페이지를 예시로 만든 뒤, 이어서 다른 나라 페이지도 스스로 만들었습니다. 커서의 코드 수정이 끝나면 〈Accept all〉을 눌러 승인합니다.

3. 커서 화면 왼쪽의 프로젝트 탐색기를 보면, 'Kpop' 폴더에 'index.html' 외에도 미국, 영국, 일본, 라틴 팝 등 4개의 파일이 만들어진 것을 볼 수 있습니다.

4. 이제 K-팝 소개 페이지를 열고 '새로고침' 아이콘을 누르세요. 그런 다음 'US-팝' 메뉴를 누르세요. 그러면 US-팝 페이지가 열립니다.

5. 이번에는 내비게이션 바에서 '라틴-팝' 메뉴를 클릭하세요. 그러면 라틴-팝 페이지가 열립니다. 앗, 그런데 라틴-팝에는 푸에르토리코, 콜롬비아, 멕시코, 쿠바 순으로 영향력이 큰데, 히어로 섹션의 제목 앞에 스페인 국기가 들어가 있네요.

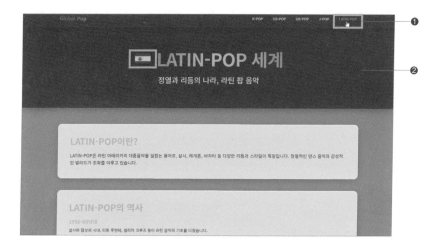

6. 커서에게 오류에 대해 명확하게 설명해 주세요. 여기서는 라틴-팝 페이지에서 스페인 국기 대신 라틴 음악의 대표적인 타악기인 '콩가'를 넣으라고 해보겠습니다.

다음 그림의 위쪽에 'Edited 5 files'라는 게 보이죠? 커서의 에이전트 모드는 지금 작업 중인 5개 파일의 맥락을 모두 파악하고 있습니다. 그래서 바로 요청 사항을 입력하고 〈Enter〉를 치면 알아서 다 고쳐줍니다.

7. 커서가 코드를 수정하면 〈Accept〉 버튼을 눌러 승인합니다.

8. 이제 K-팝 페이지에서 '새로고침' 아이콘을 누른 뒤 '라틴–팝' 메뉴를 누르세요. 스페인 국기 대신 콩가 악기 이미지가 나타납니다.

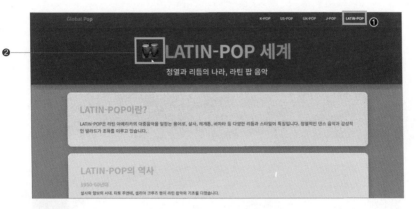

에이전트 모드 잘 쓰는 법

에이전트 모드도 가끔씩 실수를 합니다. 예를 들어 다른 나라 팝 페이지에서는 내비게이션 바가 잘 들어갔는데, J-팝 페이지에서는 내비게이션 바가 통째로 빠져 있을 수도 있습니다.

이런 경우에도 커서에게 차근차근 말로 오류를 설명하며 수정을 요청하면 됩니다.

> 지금 J-팝 페이지로 가면 내비게이션 바가 사라졌고, US-팝 페이지로 가면 내비게이션 바가 다른 페이지와 달리 가운데 정렬이 되어 있어. 둘 다 K-팝 페이지와 같은 디자인으로 통일해 줘.

웹페이지의 한글 글자가 깨진다면

커서를 사용할 때 한 가지 주의할 점이 있습니다. 가끔 커서가 만든 홈페이지 같은 결과물에서 한글이 깨질 때가 있습니다. 저도 아직 해결 방안을 못 찾았고, 지금은 수동으로 수정하고 있습니다. 쉽게 수정하는 방법을 설명하겠습니다.

1. 커서로 만든 웹페이지 같은 결과물에서 한글이 깨진 글자를 마우스로 드래그해서 복사합니다.
2. 프로젝트 탐색기에서 'Search' 아이콘을 누르세요.
3. 'Search' 입력란이 뜨면, 이곳에 깨진 글자를 붙여넣은 뒤 검색하세요.

4. 그러면 커서가 해당 프로젝트 폴더 안의 모든 파일을 검색해서 해당하는 깨진 글자를 찾아줍니다. 코드 편집창에서 깨진 글자를 제대로 된 한글로 입력해 수정하세요.

현재로서는 이렇게 일일이 찾아 수정해 주는 수밖에 없습니다. 커서에게 "한글 글자가 깨졌으니 수정하라"고 해도 제대로 못하더라고요. 한글이나 일본어 같은 유니코드, 비라틴계 언어들만 이런 현상이 간혹 나타납니다.

K-팝 소개 사이트 서버로 업로드하기

앞에서는 커서에서 간단한 HTML 홈페이지를 쉽게 만드는 방법을 알아보았습니다. 보통 이 정도의 홈페이지는 HTML과 CSS, 그리고 자바스크립트 정도만으로 만듭니다.

그런데 게시판이나 쇼핑몰처럼 서버에 데이터가 저장되고 사용자들이 그것을 조회해야 한다면, 웹서버 외에 별도의 데이터베이스 서버가 필요하고, 두 서버가 서로 데이터를 주고받아야 합니다. 이런 환경을 만들려면 서버 관련 설정이 필요합니다. 그런데 초보자가 웹서버를 구축하고, 데이터베이스 서버와 연결하는 것은 쉽지 않습니다. 그래서 이 책에서는 이 과정을 최대한 단순화해서 쉽게 따라할 수 있게 했습니다.

가장 쉬운 방법은 서버 환경을 만들어 공간을 대여해 주는 '웹호스팅' 서비스를 이용하는 것입니다. 여기서는 웹호스팅 사이트에서 계정을 만들어 서버 환경을 쉽게 만들어 보겠습니다.

한편, 내 컴퓨터에서 만든 HTML 등의 파일을 웹서버 공간에 올릴 때는 FTP(File Transfer Protocol) 프로그램도 필요합니다. 파일질라나 알FTP 같은 프로그램을 많이 사용합니다. 이 책에서는 저희가 개발한 가볍고 편리한 FTP 프로그램인 FTP−미니(Mini)라는 익스텐션(확장 프로그램)을 사용해 업로드하는 방법을 알아보겠습니다. 초보자도 내가 만든 사이트를 쉽게 서버에 올릴 수 있을 것입니다.

웹호스팅 서비스로 웹서버 만들기

먼저 웹호스팅 서비스를 이용해 웹서버부터 구축해 보죠. 여기서는 '닷홈'이라는 서비스를 이용해 보겠습니다. 닷홈에 회원 가입을 하면 6개월 동안 무료로 호스팅을 제공해 줍니다. 물론 용량 제한과 한 번에 접속할 수 있는 접속자 수 제한 등이 있지만, 무료로 서버 공간을 빌려 실습할 수 있어 좋습니다. 우리 집에 있는 내 컴퓨터에 웹서버 및 데이터베이스를 구축하고 직접 설정하려면 꽤 어려운데, 닷홈 같은 웹호스팅 업체에서 제공하는 서버 컴퓨터에는 이런 환경이 이미 다 준비되어 있습니다.

1. 닷홈 사이트(dothome.co.kr)에 접속해 회원 가입을 하고 로그인을 하세요.

2. 화면 상단에서 **웹호스팅**을 클릭한 후 '무료 호스팅'을 누르세요.

3. 무료 호스팅 옵션이 나오면 기본 사양의 〈신청하기〉 버튼을 누르세요. 내가 가진 별도의 도메인 주소를 붙이려면 월 500원을 내야 하고, 닷홈이 기본으로 주는 도메인을 쓰는 경우는 무료입니다.

4. 안내문이 나오면 동의하고 〈무료 호스팅 신청하기〉를 누릅니다.

5. '웹호스팅 설정 정보 입력' 화면이 열립니다.

FTP 아이디와 비밀번호는 1번 단계에서 회원 가입을 할 때 만든 계정 정보와 같은데, 보안을 위해 별도로 만들어도 됩니다. 여러분이 평소에 자주 쓰지 않는 아이디나 비밀번호를 추천합니다. 참고로, 여러분의 기본제공 도메인 네임(웹 주소)은 'ftpID.dothome.co.kr'과 같은 형태로 만들어집니다. 만약 FTP 아이디가 'cursorlab'이라면 도메인 네임은 'cursorlab.dothome.co.kr'이 되는 것이죠.

PHP 버전과 'CMS 자동 설치' 옵션은 그냥 기본값 그대로 두면 됩니다.

나중에 실습할 때 필요한 DB명과 DB 아이디도 회원 가입 시 설정한 ID와 같습니다. 아래쪽의 '확인 단어 입력'에 제시된 문자를 입력하고, 이메일 주소를 입력한 후 이메일 인증을 하세요.

6. 여러분의 이메일 주소로 닷홈의 무료 호스팅 메일 인증 코드가 오면, 이 코드를 복사한 후 웹호스팅 설정 정보에 넣어 이메일 인증을 해주세요. 이후 화면의 지시에 따라 절차를 진행하면 됩니다.

7. 이제 무료 호스팅 신청 절
차가 마무리되었다는 메시
지가 나타납니다. 참고로,
나중에 여러분의 웹서버로

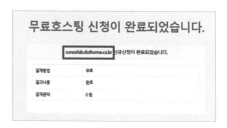

접속할 때는 'ftpID.dothome.co.kr'로 들어가면 됩니다.

8. 닷홈 사이트에서 화면 오른쪽 상단의 **마이닷홈** 링크를 클릭하세요. 그러
면 웹호스팅 목록에서 내가 방금 만든 계정 정보를 볼 수 있습니다. 도
메인 항목에 있는 링크를 클릭하세요.

9. 내 홈페이지로 연결됩니다. 현재 이 공간에는 닷홈에서 넣어둔 HTML
파일이 기본값으로 들어가 있어서 아래와 같은 화면이 열립니다. 이후
에 우리가 만든 웹사이트 파일로 대체할 것입니다.

10. 이제 닷홈 호스팅 세팅이 완료되었습니다.

FTP-미니로 내 컴퓨터와 웹서버 동기화하기

예전에는 내 컴퓨터에서 HTML이나 PHP로 코딩을 해서 파일로 저장한 뒤, FTP 프로그램을 실행해서 내 서버 공간으로 업로드를 해야 했습니다. 파일을 수정할 때마다 일일이 수동으로 서버에 업로드하는 것이 여간 귀찮지가 않았습니다. 그래서 더 편한 방법을 소개할게요.

앞으로 커서에게 코딩을 시켜 HTML이나 PHP 같은 파일을 생성하고 내 컴퓨터에 저장하면, 이 파일을 바로 '자동으로' 복사해서 내 서버 공간으로 올리도록 만들어 보겠습니다.

1. 커서에서 [File]→Open Folder를 누르세요.

2. 새로운 프로젝트 폴더를 만듭니다. 여기서는 앞에서 해봤던 것처럼 프로젝트 탐색기에서 'MyProject' 폴더 아래에 'ServerTest'라는 새 폴더를 만든 뒤 〈폴더 선택〉 버튼을 누르겠습니다. 지금부터 만들 프로젝트는 내 컴퓨터의 'ServerTest' 폴더에 저장될 것입니다.

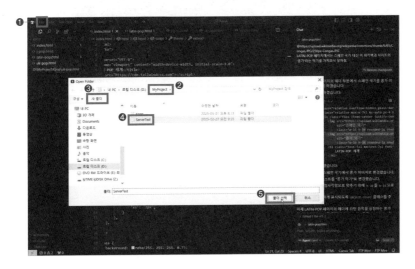

3. 프로젝트 탐색기에서 'Extension(확장 프로그램)' 아이콘(블록 모양)을 누릅니다. 또는 메뉴에서 [View]→Extension을 선택해도 됩니다.

4. 아이콘 바로 아래의 입력란에 "FTP Mini"라고 입력하고 검색하세요. 'FTP-미니'는 저희가 만든 프로그램으로 미리 커서에 익스텐션(확장 프로그램)으로 등록해 둔 것입니다. 자주 쓰이는 핵심 기능만 넣은 간단하고 가벼운 FTP 프로그램입니다. FTP-미니가 검색되면 〈Install〉을 눌러 설치하세요.

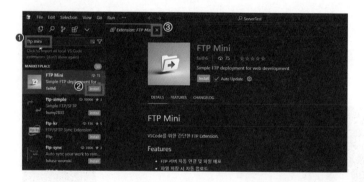

5. FTP-미니가 설치되었나요? 그러면 FTP-미니 창 위쪽의 〈×〉 버튼을 눌러 창을 닫으세요.

6. 이제 메뉴 표시줄 아래의 첫 번째 아이콘을 눌러 커서의 메인 화면으로 돌아옵니다.

7. 이번에는 키보드에서 〈F1〉 키를 누르세요. 명령어를 입력할 수 있는 프롬프트 행이 생기면, "ftp"까지만 입력하세요. 아래쪽에 'FTP Mini: 연결 설정'이 나타납니다. 이 옵션을 클릭하세요.

8. FTP 서버 주소를 입력합니다(앞서 실습한 닷홈 사이트에서 내 도메인 항목 참조. FTP 프로토콜을 사용하기 때문에 'HTTP'라는 글자는 입력하면 안 됩니다).

9. 다음으로 FTP 계정의 사용자 이름, 비밀번호 등을 물으면, 앞에서 설정했던 대로 입력해 줍니다.

10. 마지막으로 '/html'이라는 폴더명을 보여주는데, 내 홈페이지가 들어갈 홈폴더의 이름이므로 그냥 〈Enter〉를 눌러 승인합니다.

11. 이제 내 컴퓨터의 'SeverTest' 폴더, 그리고 닷홈 사이트에서 빌린 내 웹서버 공간이 '동기화' 설정이 되었습니다. 이후부터는 내 컴퓨터에서 파일을 수정하고 저장하면, 이 파일이 내가 임대한 서버 공간으로 실시간 복사되어 둘이 동기화가 될 것입니다.

12. 이제 커서의 프로젝트 탐색기를 보면, 'ServerTest' 폴더에 'setup-finish.html'이라는 파일이 보입니다. 닷홈 사이트에서 웹호스팅을 설정할 때 보았던 바로 그 서버에 있는 기본값 파일입니다(동기화 때문에 기본값 파일이 내 컴퓨터의 폴더로 들어온 것이죠). 필요 없으니, 이 파일 위에서 마우스 오른쪽 단추를 눌러 Delete를 선택해 지우세요.

이제 작업을 시작할 준비가 끝났습니다. 앞으로는 커서에게 웹페이지 파일을 만들게 하고 저장만 하면, 자동으로 이 서버 공간으로 업로드되고, 내 컴퓨터의 웹페이지 파일들과 동기화가 될 것입니다.

13. 이제 'New File' 아이콘을 누른 뒤 파일 이름을 "index.php"라고 입력하세요. 앞에서는 HTML로만 작업했는데, 이 경우 홈페이지의 뼈대를 만들고 거기에 몇 가지 기능을 붙이는 것은 되지만, 서버 쪽에서 처리할 좀더 고급스러운 기능을 만들기 위해서는 PHP 코딩이 필요합니다. 그래서 파일의 확장자를 'php'로 만든 것입니다.

FTP-미니로 웹페이지 업로드하기

앞에서 FTP-미니로 내 컴퓨터에 있는 웹사이트 파일과 웹서버를 동기화하는 방법을 알아보았죠. 이제 간단한 웹페이지를 만들어 웹서버로 올려서 테스트를 해보겠습니다.

1. 커서의 AI 사이드바 입력란에 다음과 같이 요청합니다.

> 처음에 접속하면 화면에 '안녕하세요'가 출력되게 만들어 줘.

2. 커서가 PHP 코드를 생성하기 시작합니다. 잠시 기다리세요. 커서가 짧은 코드를 만들어 주네요. 〈Accept〉를 눌러 승인하세요.

3. 앞에서 FTP-미니를 설치하고, 내 컴퓨터의 'ServerTest' 폴더와 웹서버를 동기화해 놓았기 때문에, 내 컴퓨터의 이 폴더에 있는 'index.php' 파일에 이 코드가 저장되면서 '자동으로' 내 웹서버에 업로드가 됩니다.

4. 이제 커서 화면 중앙 하단부에 열린 터미널 창에서 'Output' 창을 열어보면, 프로그램의 실행 결과가 나타납니다. '파일 업로드 성공: index.php'라는 메시지가 보입니다. 조금 전에 설정했던 FTP-미니가 잘 작동하고 있는 것입니다.

5. 크롬 브라우저에서 여러분의 서버 공간(ftpID.dothome.co.kr)으로 접속한 후 '새로고침' 아이콘을 누르세요.

6. 화면에 '안녕하세요'라는 글자가 나타납니다. 만약 다른 사람에게 나의 이 웹서버 주소(URL)를 알려주면, 그가 다른 공간에서 이 공간으로 들어와도 내가 보는 것과 같은 화면을 보게 되겠죠? 이곳에 'index'라는 파일 이름으로 저장하기만 하면, 특정 파일을 지정하지 않는 한 이 파

일이 기본값으로 첫 화면에 호출되어 나타납니다.

7. 이제 우리가 앞에서 만든 K-팝 소
개 사이트를 나의 웹서버 공간으로
올려 보겠습니다.

우선, 방금 만들어 올린 'index.
php' 파일을 삭제하세요. 화면 왼
쪽 프로젝트 탐색기의 'index.php'
파일 위에서 마우스 오른쪽 단추를
클릭한 후 Delete를 눌러 지우면 됩
니다.

8. [File]→Open Folder를 누른 후 우리가 실습했
던 'MyProject→Kpop' 폴더를 선택합니다. 그
러면 다음과 같이 5개의 실습 파일이 보일 것
입니다. 이 상태에서 〈F1〉 키를 누른 후, 111
쪽의 7~10번 단계를 따라해 현재 선택한 폴

더와 웹서버의 동기화 설정을 새로 해줍니다(앞으로도 작업 폴더가 바뀌면, 그
때마다 바뀐 폴더에 맞게 동기화 설정을 새로 해주어야 합니다).

9. 동기화 설정이 끝났다면, 파일 5개를 하나씩 선택한 뒤 〈Ctrl+S〉 키를
눌러 저장하세요. 그때마다 저장된 파일이 웹서버로 업로드됩니다.

10. 이제 크롬 브라우저에서 여러분의 닷홈 웹서버 주소(ftpID.dothome.co.kr)를 입력하고 〈Enter〉를 쳐보세요. 닷홈 사이트의 내 웹서버 공간에 올려놓은 K-팝 소개 사이트가 열립니다. 'UK-팝' 메뉴를 누르세요.

11. UK-팝 페이지가 열립니다. 우리가 만든 K-팝 소개 사이트가 잘 업로드되었고, 다른 메뉴 페이지도 정상적으로 잘 열리는 것입니다.

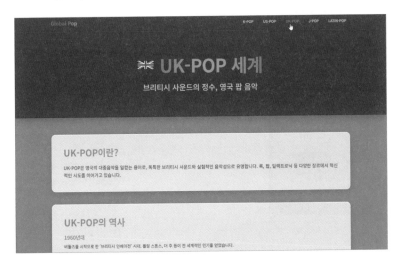

12. 이번에는 모바일에서 열어보겠습니다. 모바일에 있는 인터넷 앱을 실행한 뒤, 여러분의 닷홈 웹서버 주소(ftpID.dothome.co.kr)를 입력해서 접속해 보세요. K-팝 소개 사이트가 모바일 환경에서도 잘 열리고, 메뉴를 클릭하면 다른 페이지로 잘 이동합니다. 데스크톱 컴퓨터에서 내비게이션 바로 구현된 메뉴는 모바일에서는 '햄버거' 메뉴로 변화되었네요.

웹서버 공간 깔끔하게 관리하기

다음 장에서는 '온라인 명함'을 만들어 닷홈의 내 웹서버 공간으로 올릴 예정인데요. 그러려면 지금 웹서버 공간에 올린 K-팝 관련 파일은 깔끔하게 삭제하는 것이 좋습니다. 그래야 서버 공간에서 프로젝트 파일들이 뒤섞이지 않을 것입니다.

1. 커서의 프로젝트 탐색기에서 첫 번째 파일을 클릭한 뒤 〈Shift〉 키를 누른 채 마지막 파일을 클릭하면 모든 파일이 선택됩니다.

2. 이제 파일 위에서 마우스 오른쪽 단추를 눌러 Delete를 누르면, 선택한 모든 파일들이 삭제됩니다.

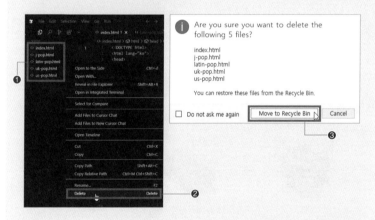

여러분이 만든 K-팝 관련 최종 프로젝트 파일은 모두 여러분 컴퓨터의 'Kpop' 폴더에 저장되어 있으므로, 이 폴더를 잘 관리하면 될 것입니다.

커서에서 AI 모델 영리하게 바꾸는 법

각 AI 모델의 성능을 비교하기 위해 사용하는 측정 기준이나 테스트를 '벤치마크'라고 하며, 그 벤치마크 결과를 기준으로 줄을 세운 것을 '리더보드'라고 합니다.

2024년 10월 즈음 앤트로픽에서 발표한 벤치마크 자료에 따르면, 클로드 3.5 소네트와 GPT-4o, 제미나이 등을 비교했을 때 코딩은 클로드가 훨씬 잘하는 걸로 나왔습니다. 그런데 2024년 12월 오픈AI에서 출시한 o1(오원) 모델의 코딩 실력은 클로드 3.5 소네트를 뛰어넘은 것으로 나타났습니다.

커서는 마치 자동차와 같습니다. 자동차가 달리기 위해서는 엔진이 필요하죠? 마찬가지로 커서도 작동하기 위해서는 'AI 언어모델'이라는 '엔진'이 필요합니다. 자동차 한 대에 여러 종류의 엔진을 바꿔 끼울 수 있는 것처럼, 커서에서도 상황에 따라 다른 AI 언어모델을 선택해서 사용할 수 있습니다.

엔진	차체+여러 부품+옵션	완성형 자동차
언어모델	사용자 인터페이스(UI),	**커서 AI**
클로드 3.5 소네트,	사용자 경험(UX),	
GPT-4o, o1…	다양한 기능들	

챗GPT, 클로드 등 각각의 언어모델은 마치 다른 특성을 가진 자동차 엔진처럼 저마다 특징이 있습니다. 예를 들어 어떤 엔진은 연비가 좋고, 어떤 엔진은 힘이 좋은 것처럼요.

커서 AI는 기본적으로 앤트로픽의 클로드 3.5 소네트 모델을 사용합니다. 특히 코딩 작업에서 뛰어난 성능을 보여주는 모델이죠. 그래서 대부분의 상황에서는 이 기본 모델만으로도 충분합니다. 마치 자동차가 일반적인 도로에서는 일반 엔진으로도 충분한 것처럼요.

하지만 가끔 특별한 상황이 생길 수 있습니다.

· 코드에서 발생하는 버그를 찾지 못할 때
· 특정 기능이 계속 만들어지지 않을 때
· 더 창의적인 해결책이 필요할 때
· 복잡한 로직을 이해하고 설명해야 할 때

이럴 때는 커서가 사용하는 AI 모델을 다른 모델로 바꿔보면 좋습니다. 이는 마치 자동차가 험한 길을 가기 위해 더 강력한 엔진으로 바꾸거나, 레이싱을 위해 고성능 엔진으로 교체하는 것과 비슷합니다.

커서의 AI 사이드바 입력란에서 프롬프트를 입력할 때 AI 모델을 쉽게 바꿀 수 있습니다. AI 모델을 바꾸었다고 해서 요청을 처음부터 새로 해야 하는 것은 아닙니다.

클로드 모델을 쓰다가 도중에 o1이나 GPT-4o 모델로 바꿀 수 있고, 그 반대도 가능합니다. 이때 기존의 맥락 또한 유지됩니다.

──────── AI 사이드바의 입력창

가장 추천하는 것은 오픈AI의 'o1' 모델을 사용해 보는 것입니다. 커서에서 언어모델을 바꾸려면, AI 사이드바의 입력란 밑의 언어모델 부분을 클릭한 후 선택하면 됩니다.

오픈AI의 o1 모델은 추론에 특화된 모델입니다. 그래서 복잡한 문제해결, 고급 알고리즘이나 추론이 필요한 상황에서 놀라운 능력을 보여줍니다. 클로드가 해결하지 못한 문제를 o1 모델이 해결하는 경우가 종종 있습니다.

각각의 언어모델은 자신만의 강점이 있습니다.

· **클로드 3.5 소네트:** 안정적인 코딩과 설명에 강점
· **GPT-4o:** 안정적인 문제 분석 및 제안
· **o1:** 복잡한 로직 추론과 디버깅에 특화

커서를 사용할 때, 상황에 따라 적절한 언어모델을 선택해서 쓰면 더 효율적으로 작업을 할 수 있습니다. 한 언어모델로 해결되지 않는 문제도, 다른 언어모델의 관점에서 보면 새로운 해결책을 찾을 수 있는 것이죠.

Part

3

온라인 명함, 제품 소개 랜딩 페이지,
투 두 리스트, 설문조사 폼 만들기

Cursor AI

커서와 톡톡, 멋진 개인 온라인 명함이 뚝딱!

비즈니스 미팅, 컨퍼런스, 또는 SNS에서 누군가가 내게 연락을 하고 싶어 할 때, 보통은 종이 명함을 건네거나 이메일을 교환하지만, 디지털 시대에는 온라인 명함이 더욱 효과적인 대안이 될 수 있습니다. 여기서는 코딩을 전혀 몰라도, 커서를 활용해 누구나 손쉽게 나만의 온라인 명함을 만드는 방법을 알아봅니다.

우리가 해야 할 일은 단순합니다. 커서에게 원하는 형태의 온라인 명함을 만들어 달라고 요청하고, 디자인과 내용을 조정하면서 완성도를 높이면 됩니다. 이 장을 따라가다 보면 단순한 온라인 명함 이상의 온라인 프로필을 제작할 수 있습니다. 커서와 함께라면 개발 경험이 전혀 없어도 멋진 개인 웹페이지를 만들 수 있는 것이죠.

\<나만의 온라인 명함 만들기\>

1. **커서 AI와 새로운 작업 시작:** 새로운 온라인 명함 프로젝트를 위한 폴더와 파일을 생성합니다.

2. **디자인 참조:** 원하는 명함 스타일이 있다면, 커서에게 화면 캡처 이미지로 올리거나 직접 설명합니다.

3. **기본 틀 제작:** 커서에게 HTML과 테일윈드 CSS를 활용해 기본적인 온라인 명함 페이지를 만들라고 합니다.

4. **프로필 이미지 추가:** 페이지 디자인 시 프로필 이미지 자리에 자동으로 더미 이미지를 가져오게 하거나, 또는 직접 업로드를 해줍니다.

5. **개인정보 입력:** 이름, 직업, 연락처 등을 쉽게 수정하고 반영하게 합니다.

6. **디자인 커스터마이징:** 온라인 명함의 배경색을 변경하거나 화면 전환 기능을 추가합니다.

7. **포트폴리오 및 프로젝트 추가:** 나의 주요 경력과 프로젝트를 세련되게 구성하게 합니다.

8. **연락처 및 메일 송신 기능 구현:** 실제로 이메일을 받을 수 있도록 PHP 코딩으로 메일 전송 기능을 추가합니다.

앞에서 우리는 웹서버 공간을 확보한 뒤 PHP 페이지를 만들어 업로드했는데, 온라인 명함도 만들어 이 웹서버 공간에 올려 보겠습니다.

내 온라인 명함의 기준으로 삼고 싶은 디자인 모델이 있다면 더 쉽게 만들 수 있는데요. 여기서는 서승완의 개인 홈페이지를 기준으로 이와 비슷하게 온라인 명함을 만드는 법을 알아보겠습니다. 여러분도 마음에 드는 디자인 모델을 찾아보고, 이와 흡사한 멋진 온라인 명함을 만들어 보세요.

프레임워크로 온라인 명함 디자인 쉽게 하기

1. 먼저 새로운 작업을 하기 위해 커서에서 [File]→Open Folder를 누른 다음 'MyProject' 폴더 아래에 'eBusinessCard'라는 폴더를 만듭니다.

2. 작업 폴더를 바꾸면, FTP-미니 연결 설정 다시 | 앞에서 FTP-미니를 이용해 커서에서 저장한 파일을 자동으로 업로드되게 했죠? 여기서 프로젝트 폴더를 바꾸었으므로 앞 장의 해당 부분(111쪽)을 참고하여 FTP-미니 연결 설정을 다시 해주세요. 이후로도 프로젝트 폴더가 바뀌면 항상 이 과정을 새로 해주어야 합니다.

3. 'New File' 아이콘을 누른 후 'index.php' 파일을 새로 만드세요.

4. 이제 AI 사이드바를 여세요. 〈Ctrl+I〉 단축키를 누르면 됩니다.

5. 맥락에 새 파일 추가 | 새로운 프로젝트를 할 경우, 커서에서 새로운 맥락을 시작하는 것이 좋습니다. 만약 이전 프로젝트의 맥락이 계속 살아 있으면 AI도 사람처럼 헷갈릴 수 있기 때문입니다.

AI 사이드바 입력란의 오른쪽 상단에서 〈+〉 버튼을 누르세요. 또는 〈Ctrl+N〉 단축키를 눌러도 됩니다.

그러면 이제 새로운 맥락이 시작됩니다.

6. 온라인 명함을 만들 때 모델로 삼고 싶은 페이지가 있다면, 커서에게 보여주고 참조하라고 하면 원하는 결과를 더 쉽게 얻을 수 있습니다. 여기서는 서승완 홈페이지(seowan.net)에서 윗부분을 캡처했습니다.

7. 커서에서 AI 사이드바 입력란에 캡처한 이미지를 붙여넣으세요(또는 ⟨Send⟩ 버튼 왼쪽의 ⟨image⟩ 버튼을 눌러 이미지를 불러와도 됨). 그러면 입력란 위쪽에 'image'가 추가되는데 마우스를 갖다대면 붙여넣은 그림이 보입니다. 이 이미지와 유사한 온라인 명함을 테일윈드 CSS 프레임워크를 이용해 만들라고 요청합니다.

> [참고 화면 캡처 붙여넣기]
> Tailwind CSS를 이용해서 내가 첨부한 이미지와 유사한 온라인 명함을 만들어 줘.
> 기본적인 기능만 이용해서 PHP로 만들어 줘.

8. 커서가 알아서 코드를 죽 작성합니다. 커서의 설명을 읽어보니, 모바일과 데스크톱을 스스로 인식해서 작동하는 반응형 디자인으로 만들었고, 유명한 아이콘 라이브러리인 폰트어썸(Font Awesome)에서 무료 아이콘을 가져왔다고 하네요. 커서가 작성한 코드를 검토했다면 〈Accept〉를 눌러 승인합니다.

9. 이제 나의 웹페이지(ftpID.dothhome.co.kr)에서 '새로고침' 아이콘을 누르세요.

10. 온라인 명함이 제 홈페이지와 비슷하게 만들어졌습니다. 다만, 원래 사이트(제 홈페이지)에 있는 이미지 등은 가져오지 못하기 때문에 이미지 영역은 비어 있습니다.

11. 이제 온라인 명함에 올릴 이미지를 가져와 볼게요. 제 홈페이지(seowan. net) 하단부에서 '커서 AI→UI 개발 리소스→플레이스홀더'로 들어가 보세요. 여기에는 여러 더미 데이터(Dummy data, 테스트용 임시 가짜 데이터)들이 있는데, 이 중에서 'randomuser.me'에서 사진을 가져와 넣어 보겠습니다.

아이콘 라이브러리

웹사이트에서 사용할 수 있는 다양한 아이콘 모음

Font Awesome	Material Icons
가장 많은 아이콘을 보유한 라이브러리	구글의 깔끔한 디자인 아이콘(텍스트 지향)
웹사이트 방문 ↗	웹사이트 방문 ↗

플레이스홀더(더미 데이터)

개발 단계에서 사용할 수 있는 임시 데이터 서비스

Placehold.co	Picsum	DiceBear
크기별 회색 견본 이미지	실제 고품질 랜덤 이미지	여러 스타일의 아바타 아이콘
웹사이트 방문 ↗	웹사이트 방문 ↗	웹사이트 방문 ↗

randomuser.me
실제 인물 사진 랜덤

12. AI 사이드바 입력란에서 'randomuser.me'에서 임시로 남자 사진을 가져와 넣어달라고 요청합니다. 그냥 남자 사진을 하나 가져오라고 할 때보다, 이렇게 정확하게 지정하면 품질이 훨씬 좋게 나옵니다.

> 지금 사람 사진이 안 보이니까, randomuser.me를 이용해서 남자 사진을 하나 가져와 줘.

13. 커서가 이미지 부분의 코드를 수정해서 보여줍니다. 'randomuser.me' API를 사용하여 프로필 이미지를 추가하겠다면서 추천 코드를 보여 줍니다. 〈Accept〉를 눌러 승인하세요.

14. 이제 내 웹페이지에서 '새로고침' 아이콘을 누르세요.

15. 온라인 명함을 보면, 화면 중앙에 임의의 남자 사진이 들어갔습니다. 이미지가 마음이 들지 않으면, 다시 커서에게 고쳐달라고 요청하면 됩니다. 본인 사진을 넣고 싶다면 사진 파일을 웹서버 공간으로 올린 후(147쪽 참조) 커서에게 요청하면 됩니다.

온라인 명함의 약력, 소개글 수정하기

이번에는 온라인 명함에서 사진 아래쪽의 내 이름 등 기본정보를 수정해 보죠.

1. 커서 코드 편집창의 소스 코드에서 내 이름이 포함된 간단한 약력 부분을 마우스로 드래그하여 선택하세요. 그러면 〈Add to Chat〉과 〈Edit〉 버튼이 뜨는데, 여기서는 〈Edit〉 버튼을 클릭해 보겠습니다(〈Ctrl+K〉 단축키를 눌러도 됩니다).

2. 코드 편집 입력란이 열립니다. 나는 홍길동이라면서 온라인 명함의 내용을 수정해 달라고 요청하고 〈Submit Edit〉 버튼을 누릅니다.

> 나는 서승완이 아니라 홍길동이고 의적이야. 조선에 살고 있어. 이 내용을 반영해서 수정해 줘.

```
① 나는 서승완이 아니라 홍길동이고 의적이야. 조선에 살고 있어. 이 내용을 반영해서 수정해
줘|
② ⏎ Submit Edit        ⟲ quick question        ⌄ claude-3.5-sonnet    Ctrl+Shift+K to toggle
<div class="text-blue-500 mb-2">Prompt Engineer</div>
<h1 class="text-4xl font-bold mb-2">Suh Seungwan</h1>
<p class="text-xl text-gray-400 mb-4">서승완 · 徐承完 · ソ・スンワン</p>
<p class="text-gray-400 mb-6">유메타랩(주) 대표이사 · 프롬프트 엔지니어링 Founder</p>
```

3. 커서가 알아서 온라인 명함에 기본 소개 정보를 작성해 줍니다. 한자까지 찾아서 홍길동, 조선의 의적, 백성의 영웅이라고 소개글을 써주었네요. 코드 편집창에서 코드를 수정했으면 〈Ctrl+S〉 단축키를 눌러 파일을 저장하세요.

```
30          <div class="text-center">
                <div class="text-blue-500 mb-2">Prompt Engineer</div>
                <h1 class="text-4xl font-bold mb-2">Suh Seungwan</h1>
                <p class="text-xl text-gray-400 mb-4">서승완 · 徐承完 · ソ・スンワン</p>
                <p class="text-gray-400">유메타랩(주) 대표이사 · 프롬프트 엔지니어링 Founder</p>
31              <div class="text-blue-500 mb-2">의적</div>
32              <h1 class="text-4xl font-bold mb-2">Hong Gil-dong</h1>
33              <p class="text-xl text-gray-400 mb-4">홍길동 · 洪吉童</p>
34              <p class="text-gray-400">조선의 의적 · 백성의 영웅</p>
35          </div>
```

4. 이제 온라인 명함 페이지에서 '새로고침' 아이콘을 누르세요. 사진 밑의 기본정보가 홍길동으로 바뀌었습니다.

그런데 상단 왼쪽의 영문 이름이 바뀌지 않았고, 오른쪽 메뉴에서 'Yumeta Lab'이라는 메뉴도 그대로 남아 있네요. 커서에게 '활빈당'으로 고쳐 달라고 다시 수정을 요청했습니다.

화면 상단의 Yumeta Lab을 활빈당으로 고쳐줘.

5. 온라인 명함의 소개글이 홍길동(Hong Gil-dong)으로 수정되고, 메뉴도 '활빈당'으로 바뀐 것을 볼 수 있습니다.

온라인 명함에 비디오 섹션 만들기

이번에는 내 소개글 아래쪽에 비디오 섹션을 넣어 보죠.

1. 커서의 AI 사이드바 입력란에서 온라인 명함의 소개글 아래에 3개의
   영상 화면을 가로로 나란히 배치해 달라고 요청했습니다. 이때 제 홈페
   이지(seowan.net)에서 비디오 섹션 부분을 참고하라고 캡처해서 올려주었
   습니다.

> [참고 비디오 섹션 캡처 붙여넣기]
> 이 이미지처럼 비디오 섹션 부분도 넣어줘. 하나의 행에 3개의 열이 들어가도록
> 그리드로 만들어 줘.

2. 커서가 영상 3개를 그리드 형태로 배치하는 코드를 써줍니다. 코드를
   보면, 웹페이지가 화면 크기에 따라 자동으로 모양을 바꾸는 '반응형'
   디자인을 사용했습니다. 그래서 모바일에서는 동영상이 1열로 나타날
   것입니다.

또한 이 온라인 명함 페이지에 영상을 직접 삽입하도록 '임베디드 (embedded, 끼워넣는) 방식'의 코드를 알아서 써주었습니다. 사용자들이 외부 사이트로 이동하지 않고 이 페이지에서 바로 영상을 볼 수 있게 하는 것입니다. 커서의 코드 작성이 끝나면 〈Accept〉를 눌러 승인합니다.

3. 이제 온라인 명함 페이지에서 '새로고침'을 하세요. 그러면 비디오 섹션이 추가된 것을 볼 수 있습니다. 물론 지금은 자리만 잡은 상태이고, 실제 영상이 나오지는 않습니다.

화면 전환 기능 넣기

그런데 온라인 명함 페이지가 좀 어둡네요. '화면 전환' 아이콘을 누르면, 화면 배경을 다크 모드, 또는 라이트 모드로 바꿀 수 있게 만들어 보겠습니다. 이런 기능들은 대개 서버가 아니라 클라이언트에서 처리하는 방식, 즉 자바스크립트로 구현합니다.

1. AI 사이드바 입력란에 다음과 같이 요청해 보죠.

> 지금 배경의 전반적인 디자인이 어두워. 다크 모드와 라이트 모드를 서로 오갈
> 수 있게 해줘. 전환하는 버튼을 하단에 아이콘으로 만들어 줘.

2. 커서가 코드를 수정합니다. 화면의 중앙에 있는 코드 편집창에 수정한
코드가 초록색으로 표시됩니다. 이 부분을 보면 자바스크립트로 짠
toggleTheme( )라는 함수를 볼 수 있습니다. 웹사이트나 앱에서 토글
버튼으로 온/오프, 또는 다크/라이트 모드를 전환하는 기능을 하는 함
수입니다. 커서의 코드 수정이 끝나면 〈Accept〉를 누르세요.

```
    </button>
  </div>

<script>                          Accept Ctrl+Shift+Y    Reject Ctrl+N
   function toggleTheme() {
       const html = document.documentElement;
       if (html.classList.contains('dark')) {
           html.classList.remove('dark');
           localStorage.theme = 'light';
       } else {
           html.classList.add('dark');
           localStorage.theme = 'dark';
       }
   }

   // 페이지 로드 시 저장된 테마 적용
   if (localStorage.theme === 'dark' || (!('theme' in localStorage) && wi
       document.documentElement.classList.add('dark');
   } else {
       document.documentElement.classList.remove('dark');
   }
</script>
```

3. 온라인 명함 페이지에서 '새로고침'을 하세요. 화면 오른쪽 하단에 '화
면 전환' 아이콘이 생겼습니다. '태양' 아이콘을 누르면 화면이 라이트
모드로 바뀌고, '초승달' 아이콘을 누르면 다크 모드로 바뀝니다.

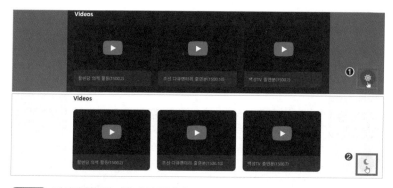

잠깐만요 커서의 작업이 마음이 안 든다면

AI 사이드바 입력란에서 다크/라이트 모드 요청 명령 아래에 있는 〈Restore Checkpoint〉
버튼을 누르면 이전의 상태로 되돌아갑니다. 위의 경우에는 '화면 전환' 아이콘이 사라지
고, 다시 이전의 검은색 배경이 나옵니다.

온라인 명함에 영상 삽입하기

1. 비디오 섹션에 넣을 영상부터 구해야겠죠? 여기서는 유튜브에서 '홍길
   동'을 검색해서 링크를 복사해 보겠습니다(실습이 아니라, 실제로 사용할 때는
   저작권을 침해하지 않도록 주의하세요).

2. AI 사이드바 입력란에 다음과 같이 요청합니다. 영상 클릭 시 유튜브로
   이동하지 않고 이 페이지에서 바로 재생되도록 합니다. '임베드(embed,
   끼워넣다)'라는 말을 영어로 써주면, 커서가 더 잘 알아듣습니다. 입력란
   에 영상의 주소(URL)를 입력하면, 자동으로 앞에 @이 붙습니다.

> 지금 비디오 섹션의 영상 내용이 비어 있는데, 아래 유튜브를 연결해서 임베드
> (embed) 해줘. 직접 내 사이트에서 재생할 수 있도록 사이즈에 맞게 넣어줘.
> @https://홍길동 관련 유튜브 주소 1
> @https://홍길동 관련 유튜브 주소 2
> @https://홍길동 관련 유튜브 주소 3

3. 커서가 코드를 작성해 주면 ⟨Accept⟩를 눌러 승인해 주세요.

4. 이제 온라인 명함 페이지에서 '새로고침'을 하세요. 영상 섹션에 영상이 들어간 것을 볼 수 있습니다. 첫 번째 영상을 클릭하세요.

5. 그러면 유튜브로 이동하지 않고, 내 온라인 명함 페이지의 프레임 안에서 바로 영상이 재생됩니다.

온라인 명함의 메뉴 바꾸기

1. 온라인 명함의 상단 메뉴들을 바꾸고 예쁜 아이콘도 넣어 보겠습니다. 이때 원하는 메뉴를 명확하게 말해주는 것이 좋습니다. 또한 아이콘 라이브러리인 폰트어썸(Font Awesome)을 이용하라고 하면, 커서가 알아서 메뉴와 어울리는 아이콘을 넣어줍니다.

> 'About Me'로 시작하는 메뉴의 구성을 '소개', '약력', '프로젝트', '연락'으로 바꿔주고, 'Font Awesome'을 이용해서 아이콘도 붙여줘.

2. 커서가 상단 메뉴를 바꾸고 아이콘을 넣는 코드를 작성해 줍니다. 〈Accept〉를 눌러 승인해 주세요.

3. 이제 온라인 명함 페이지에서 '새로고침'을 하세요. 메뉴가 '소개', '약력', '프로젝트', '연락'으로 바뀌었고 아이콘도 붙여주었습니다.

북스, 커리어, 학력 섹션 추가

1. 서승완 홈페이지(seowan.net)에서 다음과 같이 '북스', '커리어', '학력' 섹션을 열고 캡처를 했습니다.

2. AI 사이드바 입력란에 캡처 화면을 붙여넣은 후, 이와 비슷하게 만들라고 합니다. 이때 복사한 페이지의 구성이 복잡하면 설명을 추가하는 것이 좋습니다. 특히 행(Row), 섹션(Section), 그리드(Grid, 디자인 배치 격자) 등

디자인 키워드를 넣어주면, 커서가 더 잘 알아듣습니다.

[Books, Careers, Education 섹션 캡처 붙여넣기]
지금 업로드한 이미지를 참고해서 Video 섹션 밑에 Books 섹션과 Careers 섹션, Education 섹션을 만들어 줘.
- Books 섹션에는 한 행(row)에 6권의 책이 들어가도록 그리드(grid)를 만든 뒤 6권의 가상 표지를 넣어주고, 책 밑에는 구입 링크도 넣어줘. 책의 제목은 가상으로 만들어서 넣어줘.
- Careers 섹션과 Education 섹션은 업로드한 이미지와 비슷한 형태로 만들어 줘. 홍길동의 활동을 상상해서 Careers를 만들고, 학력도 조선시대 학제를 참고해서 가상으로 만들어 줘.

3. 커서가 코드를 작성해 줍니다. 〈Accept〉를 눌러 승인하세요.

4. 이제 온라인 명함 페이지를 열고 '새로고침'을 하세요. 북스 섹션, 타임라인 형태의 커리어와 학력 섹션이 나오네요. 지금 커서가 '홍길동'이라는 맥락을 가지고 있기에 알아서 내용을 채운 것입니다.

5. 그런데 북스 섹션에서 책 표지 그림이 없으니 좀 허전합니다. 이 부분만 화면 캡처를 해서 커서에 올려주고 수정해 달라고 합니다. 참고로, 픽썸(Picsum)은 무작위 이미지 제공 사이트로, 개발자나 디자이너가 웹

사이트나 앱, 디자인 시안을 만들기 위해 임시 이미지가 필요할 때 자주 사용합니다.

[Books 섹션 캡처 붙여넣기]
책의 표지 사진은 픽썸(Picsum)에서 랜덤으로 가져와서 넣어줘. 그리고 현재의 책 제목은 책 표지 아래에 넣어주고, 제목 아래에 구입 링크 등을 배치해 줘.

6. 커서가 책의 표지가 나오도록 코드를 수정합니다. 잠시 기다리세요. 코드가 나오면 〈Accept〉를 눌러 승인하세요.

7. 이제 온라인 명함 페이지를 열고 '새로고침'을 하세요. 다음과 같이 책 6권의 표지가 나왔습니다. 표지 이미지는 그냥 예쁜 이미지를 픽썸 사이트에서 자동으로 가져온 것입니다.

프로젝트, 연락 섹션 만들기

1. 이번에는 커리어 섹션 아래에 프로젝트(Projects) 섹션을 만들어 볼게요. 별도의 이미지를 주지 않고, 커서에게 알아서 카드 형태로 만들어 보라고 요청했습니다.

> Careers 섹션 아래에 Projects 섹션을 만들어 줘. Books 섹션과 유사하게 이미지와 설명이 조합된 Card 형태로, 2행 4열로 프로젝트를 배치해 줘.

2. 커서가 프로젝트 섹션을 만드는 코드를 작성하기 시작합니다. 코드가 나오면 〈Accept〉를 눌러서 승인하세요.

3. 이제 온라인 명함 페이지에서 '새로고침' 아이콘을 누르세요.

커서가 홍길동에 대한 이야기를 바탕으로 해서 프로젝트로 '백성 구제 사업, 무예교실, 세금개혁' 등을 뽑아 주었네요. 그리드를 2행 4열로 만들어 프로젝트를 배치했고, 북스 섹션과 유사하게 하느라 픽썸(Picsum)에서 이미지를 랜덤으로 가지고 온 것을 볼 수 있습니다.

4. 이번에는 연락(Contacts) 섹션을 만들고, 이 섹션을 클릭하면 구글 맵 API를 불러오도록 해볼게요(API 키를 발급받아야 구글 맵이 제대로 뜰 수 있습니다). AI 사이드바 입력란에서 다음과 같이 요청합니다.

> 이번에는 마지막에 Contacts 섹션을 만들어 줘. 왼쪽에는 제목과 이메일 주소, 내용을 입력하게 하고, 오른쪽에는 임의의 구글 맵 지도와 주소를 표시해 줘.

5. 커서가 연락 섹션을 위한 코드를 작성하면 〈Accept〉를 누릅니다.

6. 이제 온라인 명함 페이지에서 '새로고침' 아이콘을 누르세요. 홍길동의 온라인 명함에 연락 섹션이 추가되었습니다.

화면 오른쪽에는 구글 맵이 뜨는데, 커서가 알아서 임의로 표시한 지도입니다. 내가 주소를 정확하게 주어도 그대로 반영해 주는 것은 아닙니다. 구글 맵에서 별도로 좌표를 찾아서 알려주어야 합니다(143쪽).

온라인 명함에 앵커 링크 넣기

온라인 명함 페이지의 상단에 '소개', '약력', '프로젝트', '연락' 메뉴가 있는데, 아직 제대로 동작을 안 합니다. 여기서는 각 메뉴를 누르면, 아래로 긴 웹페이지에서 자동으로 스크롤이 넘어가 해당 위치를 보여주게 만들어 보겠습니다. 이처럼 웹페이지 내의 특정 섹션으로 바로 이동하는 기능을 '앵커 링크(Anchor Link)'라고 합니다.

1. AI 사이드바 입력란에 다음과 같이 요청합니다.

> 상단의 메뉴 바가 동작하지 않는데, '소개', '약력', '프로젝트', '연락' 메뉴를 누르면 스크롤이 이동하면서 올바른 섹션에 가도록 해줘.

2. 커서가 웹페이지에서 각 메뉴를 누르면 해당 위치를 보여주는 코드를 작성하기 시작합니다. 코드 작성이 끝나면 〈Accept〉를 누르세요.

3. 이제 온라인 명함 페이지에서 '새로고침' 아이콘을 클릭하세요. 메뉴가 잘 동작하는지 확인해 보죠. 상단 메뉴에서 '프로젝트'를 누르세요.

4. 온라인 명함 페이지의 화면이 '프로젝트' 섹션으로 잘 이동합니다.

잠깐만요 '프로젝트' 메뉴를 클릭했을 때 자동으로 스크롤이 넘어가 해당 섹션을 보여주긴 하는데, 커서가 코드를 수정하면서 실수로 위쪽 '커리어' 섹션과 '북스' 섹션을 지우는 경우가 있었습니다. 이럴 때는 커서가 맥락을 알고 있기에 추가로 요청하면 됩니다.

> Careers 섹션과 Books 섹션이 다 사라졌는데 추가해 줘.

커서가 다시 해당 섹션의 내용과 코드를 찾아 넣어줍니다. 간혹 복원은 되었는데, 책이 2~3권만 나오는 경우도 있습니다. 그럴 때는 재요청을 하면 됩니다.

> 책이 6권 나오도록 해줘.

온라인 명함에 메일 전송 기능 넣기

온라인 명함에 메일 전송 기능을 추가하면, 사용자가 한 번의 클릭으로 내게 쉽게 연락할 수 있어 편리합니다. 단순한 기능이지만, 연락을 더 원활하게 만들고 나의 네트워크를 확장하는 데 도움이 됩니다.

그런데 지금까지 만든 온라인 명함 페이지에서 '연락' 섹션에 메일 내용을 입력하고 〈보내기〉 버튼을 눌러도, 실제로 동작을 하지는 않습니다. 메일이 전송되려면, PHP로 코딩을 해서 메일 전송만 처리하는 페이지를 별도로 만들어야 합니다. 코딩을 몰라도 커서에게 요청하면 쉽게 만들 수 있습니다. 앞에서도 언급했듯이, PHP는 웹서버에서 실행되는 스크립트 파일로, 웹사이트의 동적 기능(로그인, 데이터 처리 등)을 구현하는 데 사용됩니다.

1. AI 사이드바 입력란에 방문자가 '연락' 섹션에서 쓴 메일이 내 이메일 주소로 전송되도록 해달라고 요청합니다. PHP에서 메일 전송에 필요한 메일(mail) 함수를 이용하라고 하고, 메일을 받을 주소도 입력합니다. 메일이 정상적으로 오는지 체크하려면, 본인의 메일 주소를 입력해야겠죠?

> 하단의 Contacts 섹션에서 방문자가 실제 메일을 보낼 수 있도록 해주면 좋겠어. 별도의 메일 송신을 담당하는 파일을 만들어서 연결해 줘. PHP에서 mail 함수를 써서 입력한 내용이 ○○○@gmail.com으로 전송되게 구현해 줘.

2. 커서가 메일 전송과 관련된 코드를 작성하기 시작합니다. 코드 작성이 끝나면 〈Accept all〉을 눌러 승인하세요.

3. 프로젝트 탐색기를 보면, 프로젝트 폴더 안에 'send_mail.php' 파일이 새로 생깁니다. 메일 송신을 담당하는 파일을 별도로 만든 것입니다. 이

처럼 간단한 요청만으로, 커서가 온라인 명함 페이지에 메일 전송 기능을 넣어주는 것입니다.

4. 이제 온라인 명함 페이지에서 '새로고침' 아이콘을 누르세요. 그런 다음 '연락' 섹션에서 메일을 작성하고 〈보내기〉 버튼을 누르세요.

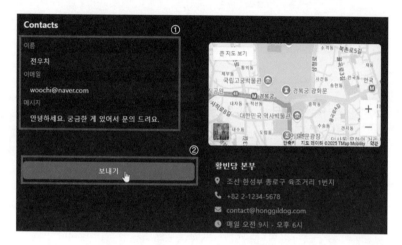

5. 여러분의 메일함을 확인 해 보세요. 온라인 명함 페이지에서 쓴 메일이 정 상적으로 전송된 것을 볼 수 있습니다.

이처럼 커서를 이용하면 온라인 명함 페이지를 쉽게 만들고, 메일 전송 기능까지 연결할 수 있습니다. 무척 편리한 기능이죠? 이제 새로운 실습을 위해 서버 공간에 있는 이전 실습 파일들을 지워주세요.

구글 맵에서 좌표 알아내는 법

1. 컴퓨터나 스마트폰에서 구글 맵을 여세요.
2. 검색창에 찾고자 하는 장소의 이름이나 주소를 입력하고 〈Enter〉를 누르세요.
3. 이제 좌표를 확인해 주어야 합니다. 검색 결과로 나온 핀(위치 마커)을 마우스 오른쪽 단추로 누른 후 **이 위치 공유**(컴퓨터)를 선택하면 됩니다. 스마트폰은 핀을 길게 누르고 있으면 화면 상단에 좌표가 뜹니다. 이 좌표는 다양한 앱이나 내비게이션 시스템에서 활용할 수 있습니다.
4. 이제 이 좌표를 복사한 후 커서에게 알려주면, 온라인 명함의 '연락' 섹션에 구글 맵으로 내 사무실 등의 위치를 표시해 줍니다.

핵심만 쏙쏙, 제품 소개
랜딩 페이지

온라인에서 제품을 소개해야 한다면 간단한 텍스트 설명만으로는 부족하겠죠? 눈길을 사로잡는 멋진 이미지, 직관적인 구성, 그리고 신뢰감을 주는 디자인이 필요합니다. 여기서는 커서를 활용해 제품을 효과적으로 소개하는 랜딩 페이지를 만들어 보겠습니다.

랜딩 페이지(Landing Page)는 사이트 방문자가 광고나 검색 결과, 메일 링크 등을 클릭했을 때 처음 도착하는 웹페이지로, 브랜드의 첫인상을 결정짓는 중요한 요소입니다.

보통 랜딩 페이지는 구매, 회원가입, 다운로드 등 방문자의 특정 행동을 유도하는 데 초점을 맞추기 때문에 불필요한 메뉴나 복잡한 요소를 최소화합니다. 그래서 제품 이미지, 특징, 가격, 구매 버튼 정도로 구성됩니다.

여기서는 맛있는 사과를 예제로 삼아 매력적인 제품 소개 랜딩 페이지를 만들어 보겠습니다. 특별한 코딩 지식이 없어도 걱정하지 마세요. 커서가

<**제품 소개 랜딩 페이지 만들기**>

1. **랜딩 페이지 기본 틀 만들기:** 프로젝트 폴더를 생성하고 기본적인 구조를 설정합니다.

2. **제품 이미지 추가:** AI로 제품 이미지를 생성하거나, 내 컴퓨터에서 가져와서 랜딩 페이지에 배치합니다.

3. **히어로 섹션 구성:** 방문자의 시선을 사로잡을 멋진 메인 배너를 제작합니다.

4. **제품 특징 강조:** 아이콘과 간략한 설명을 활용해 제품의 장점을 부각합니다.

5. **내비게이션 바 설정:** '홈페이지, 제품, 스토리, 문의' 등의 메뉴를 만듭니다.

6. **영문 페이지 제작:** 다국어 지원을 위해 동일한 디자인으로 영문 페이지를 추가합니다.

7. **반응형 웹 적용:** 모바일, 태블릿에서도 최적화된 화면을 제공하도록 합니다.

자동으로 HTML과 테일윈드 CSS를 활용해 디자인을 완성해 줄 것입니다.

이제 커서와 함께 완성도 높은 랜딩 페이지를 만들어 봅시다. 이 과정을 따라가다 보면, 단순한 HTML 페이지를 넘어서 실제 사용할 수 있는 수준의 제품 소개 랜딩 페이지를 제작할 수 있을 것입니다.

랜딩 페이지를 위한 준비운동

1. 먼저 새 프로젝트를 저장할 작업 폴더부터 만들어 보죠. 여기에서는 사과를 홍보하는 페이지를 만들 것이기에 'MyProject' 폴더 아래에 'Apples'라는 폴더를 만들겠습니다.

2. 우선 제품 소개 랜딩 페이지에 넣을 이미지부터 AI로 만들어 보겠습니

다. 저는 미드저니에게 요청해서 아침 이슬을 머금은 사과를 그렸습니다. 미드저니 사용자가 아니라면, 다음과 같이 챗GPT에게 맛있는 사과 이미지를 그려 달라고 해도 되겠죠? 일단 사과 그림을 조금 전에 만든 'Apples' 폴더에 'apple.png'라는 이름으로 저장했습니다.

아침 이슬을 머금은 고품질 사과 2개를 실사 느낌으로 그려줘.

3. 지금까지 우리는 커서에서 코드를 저장하면, 'FTP-미니'라는 확장 프로그램을 이용해서 자동으로 웹서버 공간으로 이 파일을 업로드하게 했습니다. 그런데 이미지 파일은 FTP-미니를 이용해 업로드가 안 됩니다. 따라서 따로 올려 주어야 합니다. 보통 FTP 프로토콜을 이용한 파일 업로드는 파일질라나 알FTP 등을 이용하는데, 우리는 이미지 파일만 올리면 되므로 윈도우 탐색기를 이용하겠습니다.

우선 탐색기에서 조금 전 저장해 둔 사과 이미지를 복사한 다음, 탐색기 상단부 경로표시줄에 나의 FTP 주소를 다음과 같이 적어주고

〈Enter〉를 칩니다.

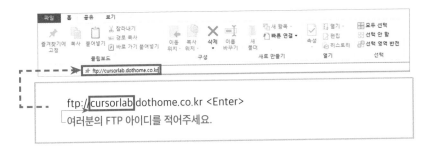

ftp://cursorlab.dothome.co.kr 〈Enter〉
여러분의 FTP 아이디를 적어주세요.

4. 웹호스팅 업체인 닷홈 가입 시 설정했던 아이디와 비밀번호를 묻는 대
   화상자가 나오면 입력해 주세요.

5. 그러면 'html' 폴더만 보이는 곳으로 들어갑니다. 이 'html' 폴더가 여러
   분의 웹서버 홈 공간입니다. 이 폴더를 더블클릭하세요.

6. 'html' 폴더 안에 앞에서 복사한 '사과' 이미지를 붙여넣으세요.

7. 이제 커서로 가서 [File]→Open Folder 메뉴를 클릭하여 'Apples' 폴더를
   선택하세요.

8. 새 프로젝트를 시작할 경우, 커서에서 파일을 저장하면 서버로 자동 전

송하여 동기화해 주는 FTP-미니 연결도 다시 설정해 주어야 합니다. 111쪽 7~10번 단계를 참조해 FTP-미니 연결을 설정하세요.

9. 'New File' 아이콘을 클릭한 후 새 파일 이름을 "index.php"라고 입력합니다.

10. AI 사이드바 입력란 상단부의 〈+〉 버튼을 눌러 주세요. 그러면 새로운 맥락이 만들어집니다. 이처럼 이전 작업의 맥락을 지워주면 커서가 맥락을 더 잘 파악합니다.

이제 사과 제품 소개 랜딩 페이지를 만들기 위한 준비가 끝났습니다.

랜딩 페이지, 히어로 섹션 만들기

1. 이제 커서로 사과를 소개하는 랜딩 페이지를 만들어 보겠습니다. 우선 간단한 디자인부터 해보겠습니다. AI 사이드바 입력란에서 다음과 같이 단순하게 요청해 보죠.

> Tailwind CSS로 사과 제품을 소개하는 랜딩 페이지를 만들 거야. 붉은 색 계열로 디자인해 줘. PHP 파일로 만들어 줘.

2. 커서가 사과 제품을 소개하는 랜딩 페이지를 만들기 위해 코드를 알아서 작성합니다. 코드가 나오면 〈Accept〉를 눌러 승인하세요.

3. 앞에서 FTP-미니의 연결을 설정했다면, 'index.php' 파일이 내 컴퓨터에 저장되는 동시에 내 웹서버 공간으로도 올라갑니다.

4. 이제 웹브라우저로 닷홈 사이트에 있는 내 웹서버 주소(ftpID.dothome. co.kr)로 접속해 보세요. 커서가 만든 랜딩 페이지가 뜹니다. 위에서부터

내비게이션 바, 히어로 섹션, 피처스 섹션(제품 소개), 그리고 푸터(Footer)의 순으로 배치했네요.

5. 그런데 히어로 섹션이 너무 넓게 나왔습니다. 히어로 섹션을 조금 줄이고, 왼쪽에는 제품 소개 페이지의 제목과 설명, 오른쪽에는 사진을 넣어보겠습니다. AI 사이드바 입력란에서 다음과 같이 요청합니다.

참고로, 앞에서 사용했던 픽썸(Picsum) 사이트는 무작위로 이미지를 가져오는 곳이고, 플레이스홀더(Placehold) 사이트는 상하로 이미지의 자리만 잡아줍니다.

> 지금 히어로 섹션의 상하로 여백이 너무 많아. 조금 좁혀주고, 왼쪽에는 제목과 설명, 오른쪽에는 사진을 넣어줘. 사진은 300*300픽셀 정도이면 좋겠고, 플레이스홀더(placehold.co)를 이용해.

6. 커서가 코드를 수정하면 〈Accept〉를 눌러 승인하세요.

7. 이제 제품 소개 랜딩 페이지에서 '새로고침' 아이콘을 누르세요. 다음과

같이 히어로 섹션의 공간이 줄어들고, 왼쪽에는 '자연이 선물한 최고의 달콤함'이라는 제목과 아울러 간단한 설명이 나옵니다. 오른쪽에는 이미지가 들어갈 위치를 만들어 주었네요.

TIP

이미지 자리를 둥글게 만들려면

사진을 원형으로 넣고 싶다면 다음과 같이 요청해 보세요.

> 그림 자리를 둥근 원형으로 표시해 줘. 플레이스홀더(placehold.co)를 이용해.

플레이스홀더가 원형 이미지를 지원하는 게 아니라, 플레이스홀더에서 사각형 이미지를 가져와 CSS가 원형으로 바꿔주는 것입니다.

8. 히어로 섹션의 이미지 위치에 앞에서 준비한 사과 이미지를 넣어보죠.

> 히어로 섹션의 왼쪽 영역과 오른쪽 영역이 너무 떨어져 있는 것 같으니 좀 가깝게 조정해 줘. 그리고 현재 플레이스홀더(placehold.co)로 자리잡은 그림은 같은 폴더에 있는 'apple.png'로 바꿔줘.

9. 커서가 코드를 수정하면 〈Accept〉를 눌러 승인해 주세요.

10. 이제 제품 소개 랜딩 페이지에서 '새로고침' 아이콘을 누르세요. 히어로 섹션에서 왼쪽 영역과 오른쪽 영역이 좀더 붙어서 자연스럽게 보입니다. 그리고 우리가 미드저니나 챗GPT로 그려서 웹서버

에 넣어두었던 사과 이미지가 삽입된 것을 볼 수 있습니다.

푸터 영역 다듬기

푸터(Footer) 영역의 세 항목에 아이콘을 넣어 보겠습니다. 여기서는 무작위 이미지 사이트인 폰트어썸(Font Awesome)이 아니라 구글의 머티리얼 아이콘(fonts.google.com/icons) 사이트를 이용해 보겠습니다.

1. AI 사이드바 입력란에서 푸터 영역의 3가지 항목에 아이콘을 넣어 달라고 요청합니다.

> Footer 영역에 있는 '맛있는 사과', '연락처', '팔로우'에 아이콘을 추가해 줘. 아이콘은 구글의 Material Icons에서 적당한 걸 가져와 바꿔줘.

2. 커서가 '맛있는 사과' 메뉴에 'Eco' 아이콘, '연락처' 메뉴에 'Contact_phone' 아이콘, '팔로우' 메뉴에 'Share' 아이콘을 추가하겠다고 하며, 코드를 수정하기 시작합니다. 수정 코드가 나오면 〈Accept〉를 눌러 승인하세요.

3. 이제 사과 제품 소개 랜딩 페이지에서 '새로고침' 아이콘을 누르세요. 커서가 푸터 영역에 다음과 같이 아이콘을 넣고, 텍스트 표현도 좀더 효과적으로 바꿔 준 것을 볼 수 있습니다.

잠깐만요 요즘은 아이콘을 다운받아서 웹페이지에 넣기보다는, 이처럼 자동으로 링크를 걸어 사용하는 추세입니다. 인터넷 속도가 워낙 빠르기 때문에, 콘텐츠가 어디에 있는지에 따른 차이를 느끼기 어려울 정도이기 때문입니다. 이런 것을 'CDN(Content Delivery Network)'이라고 합니다.

메뉴에 연결된 페이지 만들기

1. 이번에는 내비게이션 바의 '홈', '제품', '스토리', '문의하기' 메뉴에 연결되는 페이지를 만들어 보죠. AI 사이드바 입력란에서 다음과 같이 요청합니다.

> 같은 디자인으로 제품을 소개하는 페이지를 만들고, 그것을 내비게이션 바에도 링크해 줘.

2. 커서가 각 메뉴에 해당하는 페이지를 만드는 코드를 작성합니다. 잠시 기다린 후 코드 작성이 끝나면 〈Accept all〉을 눌러 승인하세요.

3. 이제 사과 제품 소개 랜딩 페이지에서 '새로고침' 아이콘을 누르세요. 그런 후 페이지가 갱신되면, 내비게이션 바에서 '제품' 메뉴를 누르세요.

4. 제품 소개 페이지(products.php)가 열리고, 3개의 제품 카드(생사과, 생사과즙, 사과칩)가 나타납니다. 커서에게 같은 디자인으로 만들어 달랬더니, 랜딩 페이지와 동일한 스타일로 만들어 주었네요. 내비게이션 바에서 '홈'과 '제품' 메뉴를 누를 때마다 페이지의 전환도 잘 되었습니다.

5. 커서에게 앞과 같은 방식으로 '스토리'와 '문의하기' 메뉴 관련 파일도 만들어 달라고 하면 됩니다. '문의하기' 페이지의 경우, 뒤에 게시판을 만드는 방법을 소개하는 장이 있으니 그곳을 참고해서 만들면 됩니다.

커서가 맥락을 더 잘 알아듣게 하는 법

지금까지 제품 소개 랜딩 페이지를 만들기 위해 AI 사이드바에서 랜딩 페이지의 'index.php' 파일에서만 작업을 하다가, 조금 전에 제품 소개 페이지의 'products.php' 파일이 만들어졌습니다.

이런 경우 커서의 에이전트 모드는 기존 파일뿐만 아니라 새로운 파일의 내용과 구조까지 자동으로 컨텍스트(Context) 그룹에 넣어 전체 맥락을 통합적으로 이해합니다. 다음의 그림을 보면 2개 파일을 편집 중이라는 것을 알 수 있습니다. 빨간색 글자 위에 마우스 포인트를 갖다 대면 'product.php' 파일도 함께 보입니다. 참고로 뒤쪽의 숫자는 추가된 코드행의 수와 삭제된 코드행의 숫자입니다.

그런데 어제 작업하던 'index.php' 파일을 오늘 열어 편집하려고 하면, 현재 파일만 컨텍스트에 포함되어 있습니다. 이런 경우에는 @ 표시를 눌러 "produ"까지만 입력해도 아래쪽에 'products.php' 파일이 뜹니다. 이 파일을 클릭해서 컨텍스트에 넣어주면 됩니다.

영문 페이지를 한 방에!

1. 사과 제품 소개 랜딩 페이지와 똑같은 내용과 디자인의 영문 페이지를 만들어 보죠. AI 사이드바 입력란에서 다음과 같이 요청하세요.

> index.php와 똑같은 디자인과 내용을 유지하되, 그대로 영어로 번역해서 English 페이지를 만들어 줘. 그리고 내비게이션 바에도 기존 메뉴는 유지하면서 English 메뉴를 추가로 만들어서 연결해 줘.

2. 커서가 영문 페이지를 위해 코드를 수정하면 〈Accept all〉을 누릅니다.

3. 이제 사과 제품 소개 랜딩 페이지를 열고 '새로고침' 아이콘을 누르세요. 내비게이션 바에 있던 메뉴의 위치가 조정되면서 오른쪽에 'English' 메뉴가 새로 만들어졌습니다. 이 'English' 메뉴를 클릭하세요.

4. 영문의 사과 제품 소개 랜딩 페이지가 열립니다. 커서에게 말로 간단하게 요청만 해도 영문 랜딩 페이지가 뚝딱 만들어진 것입니다.

5. 영문 페이지에서는 '제품', '스토리' 같은 메뉴가 사라졌는데, 커서가 맥락을 알고 있으므로 이 메뉴들의 링크를 넣어달라고 요청하면 됩니다.

> 영문 페이지의 내비게이션 바도 한글 페이지와 같은 위치에 홈, 제품, 스토리, 문의하기 메뉴를 넣어줘.

6. 커서가 코드를 수정하면 〈Accept all〉을 누르세요.

7. 다음과 같이 '홈', '제품', '스토리', '연락' 등의 영문 메뉴가 추가됩니다.

랜딩 페이지 디자인 다듬기

1. 사과 제품 소개 랜딩 페이지의 디자인을 좀 바꿔 보죠. 우선 글자체(폰트)를 바꿔 볼게요. 그냥 바꿔 달라고 해도 커서가 알아서 예쁘게 바꿔주지만, 여기서는 '구글 폰트'에서 가져오라고 해보겠습니다.

> index 페이지의 폰트가 너무 별로인데, 구글 폰트에서 정갈하고 예쁜 한국어 폰트를 하나 가져와서 그걸로 모든 내용을 반영해 줘.

2. 커서가 코드를 수정하면 〈Accept〉를 누르세요.

3. 이제 사과 제품 소개 랜딩 페이지에서 '새로고침' 아이콘을 눌러보세요.

다음과 같이 한글 폰트가 예쁘게 바뀌었네요. 구글 폰트에는 예쁜 한글 폰트들이 많습니다. 이 랜딩 페이지에서는 커서가 한글은 'Noto Sans KR' 폰트를, 영문은 'Poppins' 폰트를 적용해 주었습니다.

4. 이번에는 다른 서체를 사용해 볼까요? 구글 폰트 사이트(fonts.google. com)에 접속한 후 Language에서 'Korean'을 선택하면 다양한 한글 폰트가 나옵니다. 'Black Han Sans' 폰트를 이용해 보죠.

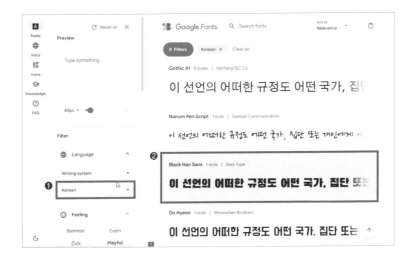

5. AI 사이드바 입력란에서 히어로 섹션의 폰트를 바꿔 달라고 요청합니다.

> 히어로 섹션에서는 구글 폰트 중에서 Black Han Sans 폰트를 써줘.

6. 커서가 코드를 수정하면 〈Accept〉를 누르세요.

7. 히어로 섹션의 폰트가 지정한 구글 폰트로 바뀐 것을 볼 수 있습니다.

내 웹페이지의 파비콘 지정하는 법

파비콘(Favicon)은 인터넷 웹브라우저의 주소창에 표시되는 웹사이트나 웹페이지를 대표하는 작은 아이콘입니다.

1. 만약에 파비콘을 바꾸고 싶다면, 일단 원하는 이미지를 파비콘 사이즈로 바꿔야 합니다. 구글에서 '파비콘'으로 검색하면, 내가 업로드한 이미지를 16×16, 32×32, 48×48, 64×64 사이즈 등 다양한 파비콘 이미지로 바꿔 주는 곳이 많습니다.
   여기서는 그냥 챗GPT에게 사과 이미지를 업로드한 뒤, 파비콘 이미지로 바꿔 달라고 했습니다.

> [이미지 파일 업로드]
> 지금 업로드한 이미지를 파비콘 파일로 만들어 줘.

2. 챗GPT가 파비콘 파일(favicon.ico)을 만들면 다운받으세요.

3. 다운로드 받은 파비콘 파일을 내 웹서버의 사과 제품 소개 랜딩 페이지를 만드는 폴더에 올리세요. 이 실습의 앞에서 탐색기를 이용해 이미지를 올렸던 방법을 참조하세요(147쪽 참조).

4. 커서에게 다음과 같이 요청합니다.

> 같은 폴더에 있는 favicon.ico 파일을 내 웹페이지의 파비콘으로 설정해 줘.

5. 커서가 코드를 수정하면 〈Accept all〉을 눌러 승인하세요.

6. 이제 사과 제품 소개 랜딩 페이지에서 '새로고침' 아이콘을 누르세요. 다음과 같이 사과 파비콘이 나타납니다.

디스플레이 크기에 반응하는 웹페이지

웹페이지를 큰 모니터로 보는 사람도 있고, 태블릿이나 스마트폰으로 보는 사람도 있겠죠? 어떤 크기의 디스플레이든, 웹페이지를 그에 맞춰 보여주는 것을 '반응형 웹'이라고 합니다. 디바이스 디스플레이 종류에 반응하여 그에 맞도록 적절하게 사용자 인터페이스(UI)의 요소를 유기적으로 배치하도록 설계하는 것이죠.

앞에서 만든 사과 제품 소개 랜딩 페이지도 테일윈드(Tailwind) CSS를 사용했기에, 기본적으로 모바일 화면에 맞춰 나타납니다. 그런데 내비게이션 바의 메뉴가 많으면, 줄이 바뀌면서 메뉴 형태가 어그러지거나, 기존 메뉴들이 없어지거나 밀리는 경우가 생길 수 있습니다. 이런 문제를 해결해 보죠.

햄버거 메뉴 만들기

1. 우리가 자주 사용하는 카톡 등에서도 햄버거 메뉴(Ham- burger Menu)를 볼 수 있죠? 햄버거처럼 생겨서 '햄버거 메뉴'라고 하는데, 이 메뉴를 누르면 아래로 메뉴들이 펼쳐집니다[서승완 홈페이지(seowan.net)의 '커서 AI→UI 컴포넌트 갤러리'].

2. 커서의 AI 사이드바 입력란에 모바일 페이지에서는 내비게이션 바 메뉴를 햄버거 메뉴 형태로 만들어 달라고 요청합니다.

> 모바일 페이지에서는 내비게이션 바가 짧아서 메뉴가 깔끔하게 보이지 않아. 모바일 페이지에서는 '햄버거 메뉴'를 배치해서 클릭하면 메뉴가 보이게 해줘.

3. 커서가 코드를 수정해 줍니다. 〈Accept all〉을 눌러 승인합니다.

4. 사과 제품 소개 랜딩 페이지에서 '새로고침' 아이콘을 누르세요. 모바일 화면이 훨씬 깔끔해졌습니다. 이제 '햄버거' 메뉴를 누르면 메뉴들이 펼쳐집니다.

5. 그런데 모바일 페이지에서 '제품' 메뉴를 클릭했더니, 제품 페이지는 '햄버거' 메뉴로 수정이 되지 않았습니다. 이런 경우 다음처럼 요청합니다.

> 모바일의 index 페이지에서는 햄버거 메뉴가 잘 보이는데, '제품' 메뉴의 모바일 페이지에서는 햄버거 메뉴가 구현되지 않았어. 이 페이지도 index 페이지와 같은 형태로 햄버거 메뉴를 구현해 줘.

6. 커서가 코드를 수정하면 〈Accept〉를 눌러 승인하세요.

7. 그러면 모바일 페이지에서 '제품' 메뉴를 클릭했을 때도 '햄버거' 메뉴가 구현되어 깔끔하게 보이게 됩니다.

모바일과 데스크톱의 문구를 다르게!

1. 이번에는 모바일과 데스크톱 방문자들에게 서로 다른 메시지가 보이도록 해보겠습니다.

> '청정지역에서 정성껏 키운 프리미엄 사과를 만나보세요'라는 메시지를 모바일
> 에서는 '모바일에서도 주문 가능합니다'로 뜨도록 해줘.

2. 커서가 코드를 수정하면 〈Accept〉를 눌러 승인하세요.

3. 그러면 다음과 같이 컴퓨터와 모바일에서 웹페이지
의 문구가 달라집니다. 모바일선 '모바일에서도 주
문 가능합니다'라는 메시지가 보이죠?

독립된 파일로 삽입하기

지금까지 우리가 만든 사과 제품 소개 랜딩 페이지에서는 내비게이션 바
와 햄버거 메뉴 기능 등이 각 페이지마다 코딩이 따로 되어 있습니다. 그
런데 이 경우 각 페이지마다 디자인이 일치하지 않으며, 특정 부분을 수정
하려면 모든 파일의 해당 부분을 고쳐야 하는 등의 문제가 있습니다.

제품 소개 랜딩 페이지를 더 잘 만들려면, 내비게이션 바와 푸터 등 모
든 페이지에서 공통적인 요소를 별도로 독립된 파일로 만들고, 다른 페이
지들에 이 독립된 파일을 인클루드(include, 삽입)해 주는 것이 좋습니다. 이
렇게 하면, 사용자가 사과 제품 소개 랜딩 페이지를 재방문할 때, 내비게
이션 바나 햄버거 메뉴 기능이 이미 캐시에 들어가 있기 때문에 속도가 더

빨라집니다. 또한 이를테면 메뉴를 개선할 때 'nav.php' 파일만 수정하면, 모든 페이지에 함께 적용되기 때문에 아주 편리합니다.

1. 우선 사이트의 여러 파일을 한꺼번에 수정하기 위해서는 AI 사이드바에서 해당 파일들을 맥락 리스트에 넣어 주어야 합니다. 맥락 리스트에서 빠진 파일이 있으면 맥락에 추가하세요.

2. 그리고 AI 사이드바의 입력란에 다음과 같이 요청합니다.

> 지금 모든 페이지에 내비게이션 바가 들어가야 하는데, 서로 디자인이 일치하지 않아. index에 있는 내비게이션 바와 햄버거 메뉴 기능 등을 별도의 파일로 독립시키고, 각각의 파일에 삽입(include)해 줘.

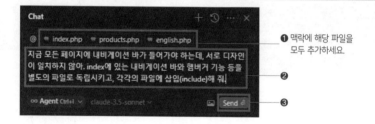

❶ 맥락에 해당 파일을 모두 추가하세요.
❷
❸

3. 커서가 코드를 수정하기 시작합니다. 모든 페이지에 공통으로 들어가는 내비게이션 바를 독립된 별도의 파일(nav.php)로 만드네요. 그다음에 각각의 페이지 안에 공통의 요소(nav.php)를 인클루드(삽입)합니다. 코드 수정이 끝나면 〈Accept all〉을 눌러 승인하세요.

4. 사과 제품 랜딩 페이지에서 '새로고침' 아이콘을 누르세요. '햄버거' 메뉴를 눌러보면 속도가 빨라진 것을 느낄 수 있을 것입니다.

5. 이제 다음 프로젝트를 위해 서버에 올린 실습 파일들을 지워 주세요.

공통 기능 누락 페이지와 오류 해결하기

제품 소개 랜딩 페이지의 각 페이지에서 내비게이션 바나 햄버거 메뉴 등이 잘 나타나는지 테스트를 해봤더니, 기능이 적용되지 않은 페이지가 있다고요?

AI 사이드바 입력란에서 누락된 파일의 이름을 알려주고, 이들 페이지에도 똑같이 인클루드(삽입)해 달라고 요청하면 됩니다.

> Products 페이지엔 내비게이션 바와 햄버거 메뉴 기능이 잘 안 돼.
> index에 있는 내비게이션 바와 햄버거 메뉴 기능 등을 저장한 파일을
> 이 페이지에도 삽입(include)해 줘.

또 결과 화면에서 '새로고침' 아이콘을 눌렀을 때 오류가 난다면, 터미널 창의 오류 메시지를 복사하세요. 그런 다음 AI 사이드바의 입력란에 오류 메시지를 붙여넣은 뒤, 커서에게 어떤 오류가 나는지 설명하고 해결해 달라고 요청하면 됩니다.

> [오류 메시지 붙여넣기]
> 이런 오류 메시지가 나와. 이 오류를 해결해 줘.

오늘의 할 일,
투 두 리스트(To do List) 만들기

아침에 일어나면 누군가는 먼저 커피 한 잔을 마시며 하루의 계획을 체크하고, 또 누군가는 스마트폰을 열어 일정 앱을 확인할 것입니다. 하지만 대부분은 하루 동안 해야 할 일을 머릿속에만 떠올리고, 결국 몇 가지는 깜빡 잊어버리곤 하죠. 투 두 리스트(To do List)는 매일 해야 할 일들을 정리하고 쉽게 관리할 수 있는 목록입니다.

여기서는 커서를 활용해 투 두 리스트 웹 애플리케이션을 만들어 보겠습니다. 커서에게 단순히 "멋진 투 두 리스트를 만들어 줘"라고 지시하는 것이 아니라, 기능을 조금씩 추가하고 수정하면서 우리가 원하는 결과를 얻는 과정이 중요합니다. 마치 AI와 함께 협업하듯이, 나만의 앱을 만들어가는 경험을 하게 될 것입니다.

투 두 리스트를 내 컴퓨터에 저장하는 방식

투 두 리스트는 내가 모월 모일 모시에 어떤 일을 해야 하는지 기록하고, 그 일정을 완료하면 체크할 수 있어야겠죠? 그러려면 내가 입력한 일정 정보가 저장되고, 특정 일정을 체크하면 수행 상태도 저장되어야 합니다.

웹사이트의 데이터를 저장하는 방법은 크게 두 가지가 있습니다. 앞에서 실습한 닷홈 같은 웹호스팅 업체의 서버에 저장하는 것, 그리고 내 컴퓨터에 저장하는 것입니다. 여기서는 내 컴퓨터에 저장하는 법을 알아보죠.

웹사이트의 데이터를 내 컴퓨터에 저장하는 방법도 크게 3가지가 있는데, 쿠키, 로컬 스토리지, 세션 스토리지 방식입니다.

내 컴퓨터에 웹사이트 데이터 저장하는 방식

	쿠키	로컬 스토리지	세션 스토리지
데이터 저장 위치	브라우저 + 서버 전송 가능	브라우저 내부 저장소	브라우저 내부 저장소
데이터 유지 기간	만료일 설정 가능 (기본적으로 영구적 아님)	삭제하지 않으면 영구 저장	브라우저 탭을 닫으면 삭제
데이터 크기 제한	약 4KB	약 5~10MB	약 5~10MB
서버와의 통신	서버로 자동 전송됨 (HTTP 요청 시 포함)	서버에 자동 전송되지 않음	서버에 자동 전송되지 않음
보안 수준	상대적으로 낮음 (세션 탈취 가능)	비교적 안전 (Same-origin* 정책 적용)	비교적 안전 (Same-origin 정책 적용)
사용 목적	로그인 정보 유지, 사용자 설정 저장, 광고 추적	장기적인 사용자 설정 저장, 캐싱 데이터 유지	현재 세션 동안 임시 데이터 저장 (예: 폼 입력값)

* Same-origin 정책: 웹브라우저에서 실행되는 스크립트(자바스크립트 등)는 같은 출처(Same-origin, 도메인+프로토콜+포트번호)에서만 리소스에 접근하도록 제한하는 것

쿠키 | 전통적으로 사용하던 저장 방식입니다. 예를 들어 로그인을 할 때 아이디나 비밀번호를 저장할지를 체크할 수 있는데, 이것을 체크하면 그

짧은 정보가 쿠키 방식으로 내 컴퓨터 안에 저장됩니다. 그리고 해당 사이트에 들어갈 때마다 자동으로 쿠키에 있는 정보(아이디와 비밀번호)를 서버로 보내서 입력해 주는 것이죠.

쿠키는 한 번에 저장할 수 있는 양이 적습니다. 그래서 투 두 리스트의 정보를 내 컴퓨터에 쿠키 방식으로 저장할 경우 용량 제한이 있기 때문에 많은 내용을 저장하지 못합니다. 또한 쿠키는 유효기간을 설정할 수 있는데, 이 경우 일정 기간이 지나면 사라집니다.

로컬 스토리지 | 로컬 스토리지(Local Storage)는 반영구적입니다. 컴퓨터 안에 저장되므로, 특별히 컴퓨터를 포맷하지 않는 이상 데이터가 남아 있습니다. 컴퓨터를 껐다 켜도 계속 저장되어 있는 것이죠.

세션 스토리지 | 세션 스토리지(Section Storage)는 내 컴퓨터에 데이터가 저장되긴 하지만, 브라우저 탭을 닫으면 저장된 내용이 지워집니다. 인터넷에 연결된 상태에서 뭔가를 하고 있는 동안에만 임시로 저장됩니다.

로컬 스토리지와 세션 스토리지는 HTML5 버전부터 도입된 웹 저장 방식으로, 최신 구글 크롬이나 엣지 브라우저를 쓰면 기본적으로 다 제공되는 기능이며, 모바일에서도 됩니다.

우리가 만들 투 두 리스트는 어떤 방식을 써야 할까요? 로컬 스토리지에 저장해야 컴퓨터를 껐다 켜도 데이터가 내 컴퓨터에 남아 있을 것입니다. 여기서는 투 두 리스트를 로컬 스토리지를 이용해서 내 컴퓨터에 저장해 놓고, 이 웹페이지에 들어올 때마다 뜨도록 만들어 보겠습니다.

<투 두 리스트 만들기>

1. **투 두 리스트 디자인**: 투 두 리스트의 디자인부터 만듭니다.

2. **데이터 저장**: 투 두 리스트에 데이터를 저장하는 방법을 알아봅니다.

3. **일정 관리 기능 추가**: 내 일정을 관리하는 기능을 넣습니다.

4. **로컬 스토리지 기능 추가**: 로컬 스토리지를 활용해 인터넷 창을 닫거나 컴퓨
   터를 재부팅해도 기록이 유지되도록 합니다.

지금부터 한 걸음씩 따라오면서 나만의 맞춤형 투 두 리스트를 만들어 보
세요.

투 두 리스트 제작을 위한 준비작업

투 두 리스트의 세부 기능은 나중에 만들고, 일단 페이지 디자인부터 만들
어 보겠습니다. 커서에게 단번에 "투 두 리스트를 만들어 달라"고 해도 되
지만, 이 경우 오류가 생겼을 때 대처하기가 좀 힘듭니다. 그래서 제작 과
정을 단계적으로 쪼개어 만들어가는 것이 더 효율적입니다.

1. 웹호스팅 업체인 닷홈 사이트에서 내 웹서버 공간에 들어 있는 이전 작
   업 관련 파일들을 깔끔하게 지우세요. 앞에서도 여러 차례 이야기했지
   만, 그래야 파일들이 뒤엉키지 않고, 또 커서가 맥락을 헷갈리지 않고
   깔끔하고 빠르게 작업을 합니다.

2. 커서에서 [File]→Open Folder 메뉴를 클릭합니다. 내 컴퓨터에 새로운
   폴더를 만든 뒤 그 폴더를 선택하세요. 저는 'MyProject' 폴더 아래에
   'TodoList'라는 폴더를 만들고 이 폴더를 선택했습니다.

3. 내 컴퓨터의 작업 폴더와 웹서버의 파일을 동기화하기 위해 FTP-미니의 연결을 이 폴더에 맞게 새로 설정해 주세요(111쪽 참조). 이제 투 두 리스트를 만들고 관리하기 위한 기본 준비를 마쳤습니다.

4. 'New File' 아이콘을 클릭한 후 'index.php'라고 파일 이름을 저장하세요.

투 두 리스트 디자인하기

1. 커서의 AI 사이드바 입력란에 투 두 리스트를 만들어 달라고 요청합니다. 일단 디자인만 만들어 달라고 합니다.

> Tailwind CSS를 이용해서 To do list를 입력하고, 완료된 일정을 체크해서 지울 수 있는 페이지를 만들어 줘. 단, 먼저 디자인만 해줘.

2. 투 두 리스트 디자인이 만들어졌습니다. 예시로 '장보기, 이메일 확인하기'가 들어가 있네요. 지금은 간단한 디자인만 만든 상태입니다.

3. 일단 디자인을 좀더 예쁘게 만들어 보겠습니다. 그냥 커서에게 세련되게 디자인을 해달라고만 해도 됩니다.

> 지금 디자인이 너무 평범한데, Tailwind CSS로 좀더 세련되게 바꿔 줘.

4. 디자인이 좀더 나아졌습니다. 디자인에 글래스모피즘 (유리 투명 효과)을 적용했고, 색상도 그라데이션을 사용했습니다.

텍스트 입력란 및 선택 버튼, 체크박스 자료 보기

커서가 만들어 준 투 두 리스트를 보면, 텍스트를 입력할 수 있는 칸과 버튼, 체크박스가 들어 있습니다.

제 홈페이지(seowan.net)에서 '커서 AI→UI 컴포넌트 갤러리'를 클릭하세요. 스크롤 막대를 내리면 인풋 필드(입력 필드, Input Field), 텍스트 영역(Textarea), 버튼(Button), 선택 상자(Select Box), 라디오 버튼(Radio Button), 체크박스(Checkbox) 등의 컴포넌트들이 있습니다. 인풋 필드는 텍스트 한 줄을 입력할 때, 텍스트 영역은 여러 줄의 입력이 필요할 때 사용합니다.

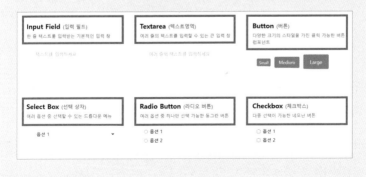

오늘 날짜 표시하기

지금까지 만든 투 두 리스트에는 텍스트를 입력하는 인풋 필드와 버튼이 들어 있지만, 날짜가 안 나와서 이 일정이 오늘의 것인지, 내일의 것인지도 알 수 없는 상태입니다.

1. 커서에게 투 두 리스트에서 일정의 날짜를 표시하도록 요청합니다.

> 할 일을 입력하는 인풋 필드와 버튼 위에 날짜를 바꿀 수 있는 옵션을 만들어 줘. 오늘을 기준으로 앞뒤 이동이 가능하게 만들어 줘. 단, 디자인만 해주고, 기능은 아직 추가하지 마.

2. 커서가 코드를 수정하면 〈Accept〉를 누르세요.

3. 이제 투 두 리스트에서 '새로고침' 아이콘을 누르세요. 날짜 선택 요소가 추가된 것을 볼 수 있습니다. 커서가 오늘의 날짜가 아니라 가상의 날짜를 표시했네요. 좌우 화살표(《 》)로 날짜 이동이 가능하게 디자인했습니다.

4. 이번에는 커서에게 투 두 리스트를 열면, 항상 오늘의 날짜가 뜨게 만들어 달라고 요청해 보겠습니다. 우리는 PHP를 쓰기 때문에 웹서버에서 오늘 날짜를 그냥 불러올 수 있습니다. 이때 '동적으로(dynamic)'라는 키워드를 써주면, 커서가 더 잘 이해해서 코드를 더 정확하게 써줍니다.

> 지금 화면에 떠 있는 날짜가 오늘 날짜가 아니야. 동적으로(dynamic), 항상 오늘 날짜를 인식해서 불러올 수 있도록 수정해 줘.

5. 커서가 PHP의 date( ) 함수를 사용해 현재 날짜를 가져오게 코드를 수정합니다. 코드 작성이 끝나면 〈Accept〉를 누르세요.

6. 다시 투 두 리스트에서 '새로고침' 아이콘을 누르세요. 이제 투 두 리스트를 열 때마다 자동으로 현재의 날짜를 가져옵니다.

7. 기본 디자인을 좀더 손을 보겠습니다. 커서에게 아이콘도 덧붙이고 제목도 바꿔 달라고 합니다. 참고로, 폰트어썸(Font Awesome)은 웹에서 가장 많이 사용되는 아이콘 라이브러리입니다.

> 'To Do List'라는 제목이 너무 개성이 없어. 제목을 좀더 세련되게 꾸며봐. 또 Font Awesome을 이용해서 아이콘도 붙여줘.

8. 커서가 코드를 수정하면 〈Accept〉를 누르세요.

9. 투 두 리스트 페이지에서 '새로고침' 아이콘을 누르세요. 디자인이 조금 달라졌고, 제목이 '나의 오늘'로 바뀌었고, 아이콘이 붙었으며, 아래쪽 문구도 '소중한 하루를 기록해 보세요'로 수정되었습니다.

일정 기록 및 캘린더 삽입하기

지금까지 만든 투 두 리스트는 아직 디자인만 되어 있을 뿐 기능은 작동하지 않습니다. 이제 투 두 리스트가 제대로 작동하도록 만들어 보죠.

1. AI 사이드바 입력란에서 우리가 투 두 리스트에 '할 일'을 등록하면, 그 내용이 로컬 스토리지에 저장되고, 또 날짜를 지정하면 로컬 스토리지에 저장된 '할 일' 리스트에서 불러와서 화면에 띄워 달라고 요청해 보겠습니다.

> 그럼 이제부터 로컬 스토리지를 이용해 보자. 사용자가 할 일을 Input Field에 입력하고 '추가' 버튼을 누르면, 로컬 스토리지에 설정된 날짜로 할 일이 기록되게 해줘. 그리고 기록된 내용이 화면에, 날짜에 맞게 표시되게 해줘.

참고로, 커서에게 지시할 때는 '내가~'보다는 '사용자가~', 또는 '유저가~'로 적어주는 것이 좋습니다. 또한 '로컬 스토리지'라는 용어를 명시하지 않으면, 커서가 데이터베이스를 연결해야 한다면서 이것저것 물어볼 가능성이 높으므로 정확하게 적어주는 것이 좋습니다.

2. 커서가 코드를 수정하고 주요 변경 사항을 정리해서 보여줍니다. 사용자가 할 일 목록을 입력하면 새로운 할 일에 추가하기 위해 addTodo( ) 함수, 목록에서 할 일을 삭제하기 위해 deleteTodo( ) 함수, 완료 상태를 표시하는 토글 버튼을 넣기 위해 toggleTodo( ) 함수, 현재 날짜의 할 일을 리스트로 표시하기 위해 displayTodos( ) 함수, 날짜를 이동하기 위한 moveDate( ) 함수를 사용하여 코드를 작성한 것을 볼 수 있습니다. 커서의 코드 작성이 끝나면 〈Accept〉를 눌러 승인하세요.

3. 이제 테스트를 해보죠. 투 두 리스트에서 '새로고침' 아이콘을 누르세요. 할 일에 "친구 만나기"라고 입력하고 〈추가〉 버튼을 눌러 보세요.

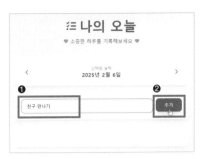

4. 다음과 같이 할 일 목록에 '친구 만나기'가 나타납니다. 로컬 스토리지에 오늘 날짜(2025년 2월 6일)로 '친구 만나기' 일정이 기록되고, 기록된 내용이 화면

에 날짜에 맞게 표시될 것입니다. '새로고침' 아이콘을 눌러도, 인터넷 창을 닫았다가 다시 열고 들어가도, 이 기록은 그대로 남아 있습니다.

5. 다른 기능들도 잘되는지 체크해 보죠. 페이지가 로드될 때 오늘 날짜가 뜨는지, 좌우 화살표나 마우스 클릭으로 날짜가 잘 이동되는지 체크해 보았더니 잘 되었습니다. 내일 일정을 추가하면 잘 들어가고, 날짜를 어제와 내일로 이동해 보았더니 각 일정이 제 날짜에 잘 표시되었습니다. 또 리스트 앞의 체크 박스를 체크하면 일정이 잘 선택되었고, 리스트 뒤의 '휴지통' 아이콘을 누르면 기록이 잘 삭제되었습니다.

6. 그런데 캘린더에서 날짜 이동이 좀 불편한 것 같습니다. 오늘 날짜 아래에 해당 월의 캘린더가 나타나도록 해보겠습니다.

오늘 날짜가 뜨고 이동하는 부분 밑에 해당 월의 캘린더가 출력되도록 해줘. 그리고 선택한 날짜와 오늘 날짜에 표시도 해줘.

---

7. 커서가 캘린더 UI를 추가하는 코딩을 합니다. 커서의 코드 수정이 끝나면 〈Accept〉를 누르세요.

8. 투 두 리스트에 캘린더가 추가되었습니다. 오늘 날짜인 2월 6일에는 배경색을 넣고 작은 점으로 표시하고, 마우스로 4일 뒤(2월 10일)를 클릭했더니 보라색 테두리와 배경색이 들어가 구분이 잘 됩니다.

9. 그런데 한 가지 문제가 있습니다. 4번 단계에서 오늘(2025년 2월 6일) 일정에 '친구 만나기'라고 입력했는데, 나중에 열어보니 2월 6일에는 이 일정이 나타나지 않았고 2월 7일에 들어가 있었습니다(생성형 AI라 여러분에게는 이런 오류가 생기지 않을 수 있음). 캘린더에서 선택한 날짜와 출력되는 일정 목록이 하루씩 밀리는 문제가 발생한 것입니다. 커서에서 다음과 같이 수정을 요청했습니다.

> 캘린더에서 선택한 날짜와 출력되는 투 두 리스트 일정 목록이 일치하지 않는 문제가 있어. 수정해 줘.

10. 커서가 오류를 검토한 후 '날짜 이동' 버튼의 이벤트 리스너(특정 이벤트가 발생했을 때 실행되는 함수)가 모든 버튼에 적용되어 있어서 이런 문제가 생겼다며 코드를 수정해 줍니다. 커서의 코드 수정이 끝나면 〈Accept〉

를 누르세요.

11. 이제 투 두 리스트를 보면,
    캘린더에서 선택한 날짜와
    출력되는 일정이 2월 6일로
    일치된 것을 확인할 수 있습
    니다.

12. 캘린더에서 날짜별로 일정이 몇 개 있는지 실시간으로 볼 수 있으면
    편하겠죠? 커서에게 다시 요청해 보죠.

> 캘린더에서 날짜별로 할 일이 있는 경우, 몇 개의 할 일이 있는지 표시해 주는 기
> 능이 필요해.

13. 커서가 알아서 할 일의 개수를 헤아리는 getTodoCount( ) 함수를 추
    가해서 코드를 수정합니다. 각 날짜별로 할 일의 개수를 헤아린 다음,
    할 일이 있는 날짜 아래에 개수를 배지 형태로 표시해 주는 기능을 만
    드는 것이죠. 또한 displayTodos( ) 함수를 수정해서 할 일 목록이 수
    정될 때마다 캘린더도 함께 업데이트되도록 합니다. 커서의 코드 수
    정이 끝나면 〈Accept〉를 누르세요.

14. 이제 투 두 리스트에서 '새로고침' 아이콘을 누르세요. 캘린더에서 날
    짜에 할 일의 개수를 표시하는 기능이 잘 작동하는지 체크해 보죠. 2월

10일에 일정 1개, 2월 15일에 일 정 2개를 추가하고 테스트를 해 보았습니다. 그랬더니 날짜 밑 에 일정의 개수가 표시되었습니 다. 이처럼 투 두 리스트에서 일 정을 추가하거나 삭제하면, 실 시간으로 숫자가 조정됩니다.

15. 그런데 일정의 개수를 표시한 배지가 날짜의 숫자를 가리는 것이 거 슬립니다. 커서에게 이 문제를 수정해 달라고 요청했습니다.

> 지금 일정의 개수를 표시하는 배지가 날짜의 숫자를 가리는 문제가 있어. 배지를 날짜 숫자의 오른쪽 하단으로 위치를 조금 옮겨줘.

16. 커서가 코드를 수정하면 〈Accept〉를 누릅니다.

17. 캘린더에서 일정의 개수를 표시한 배지가 날짜의 숫자 옆으로 이동했 습니다. 훨씬 깔끔해 보이죠?

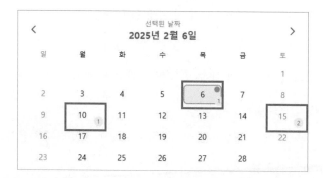

18. 캘린더 상단의 '날짜 이동' 버튼을 보니, '일'을 이동할 수 있는 버튼밖에 없네요. 커서에게 '월'을 이동할 수 있는 버튼도 넣어 달라고 요청해 보죠.

> 캘린더 위쪽의 날짜 표시 좌우에 날짜를 하루씩 옮길 수 있는 버튼이 있는데, '월'을 한 달씩 옮길 수 있는 버튼도 추가해 줘.

19. 커서가 코드를 수정합니다. 코드 수정이 끝나면 〈Accept〉를 누릅니다.

20. 이제 투 두 리스트에서 '새로고침' 아이콘을 누르세요. 캘린더에서 날짜 옆에 '월 이동' 버튼도 추가되었습니다.

여기서는 커서를 활용해 투 두 리스트 웹 애플리케이션을 로컬 스토리지 방식으로 만들어 보았습니다. 마치 AI와 함께 대화하듯이, 나만의 맞춤형 투 두 리스트, 맞춤형 앱을 만들어가는 경험이 되었을 것입니다. 이처럼 기능을 조금씩 추가하고 수정하면서 원하는 결과를 얻는 경험을 쌓아가면, 작은 성취의 즐거움과 함께 AI를 새로운 방식으로 활용하는 방법도 자연스럽게 익히게 될 것입니다.

로컬 스토리지 방식의 한계

앞에서 투 두 리스트를 만들어 보았습니다. 이제 모바일에서도 이 투 두 리스트(index.php)에 접속해서 일정을 추가하면 잘 들어가고, 캘린더에 일정의 개수도 잘 표시됩니다. 단, 우리가 등록하는 일정은 로컬 스토리지에 저장되기 때문에 해당 기기에서만 정상 작동됩니다.

만약 PC에서 기록하든, 모바일에서 기록하든 모두 하나의 일정표에 통합적으로 관리되길 원한다면, 우리가 입력한 데이터가 로컬 스토리지가 아니라 서버의 데이터베이스에 저장되게 만들어야 합니다.

다음 장에서 온라인 설문조사 실습을 통해 데이터를 서버에 저장하는 방법을 알아보겠습니다.

구글 폼 부럽지 않은
맞춤형 설문조사 폼 & 분석

앞에서 투 두 리스트를 만들면서 로컬 스토리지에 데이터를 저장하는 방법을 익혔다면, 여기서는 한 걸음 더 나아가 서버에 데이터를 저장하고 활용하는 방법을 알아보겠습니다. 예를 들어 팀에서 서로의 일정을 공유해야 한다면, 데이터를 서버에 저장해야 링크를 공유한 멤버들이 다른 사람들의 일정까지 볼 수 있습니다.

서버에 데이터를 저장할 때는 두 가지 방식이 있습니다. 하나는 데이터베이스를 사용하는 방법이고, 다른 하나는 서버에 파일로 저장하는 것입니다.

여기서는 커서와 챗GPT를 이용해 '설문조사 폼'을 쉽게 만들고, 그 결과를 제이슨(JSON) 파일로 서버에 저장하며, 그 결과를 분석하는 기능까지 만들어 보겠습니다.

설문조사는 단순해 보일 수도 있지만, 실제로 많은 웹사이트에서 널리 사용되는 기능입니다. 고객의 만족도를 조사하거나, 회사 내부에서 직원들의 의견을 수집할 때, 혹은 제품에 대한 고객들의 피드백을 받을 때 등 다양한 목적으로 활용됩니다.

설문조사 데이터를 왜 제이슨(JSON) 형식으로 저장할까?

JSON(JavaScript Object Notation)은 전화번호 같은 텍스트 기반의 데이터를 쉽게 교환하고 저장하기 위한 형식입니다. 일반적으로 서버에서 클라이언트로 데이터를 보낼 때 사용하는데 '제이슨'이라고 읽습니다.

예를 들어 다음과 같은 파일에서 첫 번째 부분은 1번 회원에 대한 정보를 저장하는 형식입니다. 회원의 고유번호, 이름, 유저네임, 이메일, 주소(주소 안쪽은 더 세분화), 전화번호, 웹사이트, 회사정보 등이 들어 있네요. JSON 파일은 구조화되어 있는데, 계층형으로 되어 있는 데이터들을 개발자들이 이해하기 쉽도록 만든 형식입니다.

```
{
  "users": [
    {
      "id": 1,
      "name": "김민수",
      "username": "minsu_kim",
      "email": "minsu.kim@example.com",
      "address": {
        "city": "서울특별시",
        "district": "강남구",
        "street": "테헤란로 152",
        "detail": "우림빌딩 10층",
        "zipcode": "06236"
      },
      "tel": "02-555-1234",
      "mobile": "010-1234-5678",
      "website": "www.minsukim.com",
      "company": {
        "name": "테크놀로지스타트",
        "catchPhrase": "혁신적인 기술로 미래를 창조합니다"
      }
    },
    {
      "id": 2,
      "name": "이지영",
      "username": "jiyoung_lee",
      "email": "jiyoung.lee@example.com",
      "address": {
```

<**설문조사 폼 만들고 서버에 데이터 저장하기**>

1. **설문조사 폼 만들기**: AI로 설문조사 문안을 만들고 테일윈드 CSS를 이용해 설문조사 페이지를 디자인합니다.

2. **설문조사 데이터 생성 및 저장**: 사용자가 설문에 응답하면 JSON 형식의 데이터를 생성하고 저장합니다.

3. **서버에서 설문조사 데이터 불러오기**: PHP를 활용해 서버에서 JSON 형식의 데이터를 불러옵니다.

4. **관리자 페이지로 관리**: 관리자 페이지를 만들어 설문 결과를 확인합니다.

5. **설문조사 통계**: 설문조사 결과를 분석하고 시각적으로 표현합니다.

이 장을 따라하면서 단순한 설문조사 제작을 넘어, 서버에 데이터를 저장하고 이를 웹에서 어떻게 활용할 수 있는지 익히게 될 것입니다. 이제 여러분의 첫 번째 서버 기반 설문조사 시스템을 함께 만들어 봅시다.

커서로 설문조사 문항을 한 방에!

1. 웹서버 공간에 있는 이전 실습 파일을 삭제하셨나요? 이제 커서에서 [File]→OpenFolder 메뉴를 선택하세요. 그런 다음 'MyProject' 폴더 아래에 'Surveys'라는 작업 폴더를 만든 후 이 폴더를 선택하세요.

2. 내 컴퓨터의 작업 폴더와 내 서버 공간을 동기화하기 위해 FTP-미니의 연결 설정도 다시 해주세요(111쪽 참조).

3. 'New File' 아이콘을 눌러 새로운 작업을 위해 'index.php' 파일을 생성합니다.

4. 이제 설문조사의 문항부터 설계해 보죠. AI 사이드바 입력란에서 설문 문항을 만들어 제이슨(JSON) 형식으로 저장해 달라고 요청합니다.

> 나는 식당을 운영하고 있어. 우리 고객들에게 식당에 대한 평가 설문을 받으려고 하는데, 먼저 json 파일로 설문지를 만들어 줘.

5. 커서가 설문 문항을 만들고 JSON 파일 형식으로 저장하는 코드를 작성합니다. 예를 들어 1번 문항은 전반적인 식사 만족도를 물어보고, 답변도 '매우 불만족'부터 '매우 만족'까지 5점 척도로 정의해 놓았네요. 코드 작성이 끝나면 〈Accept〉를 누르세요.

6. JSON 형식의 설문 문항 파일인 'survey.json' 파일이 만들어집니다.

7. AI 사이드바에서 〈@〉 버튼을 눌러 'survey.json' 파일을 추가합니다. 그럼, 이 프로젝트에 설문 문항 파일의 맥락이 추가됩니다.

설문지 폼도 AI가 뚝딱!

1. AI 사이드바 입력란에서 설문조사 문항을 불러와서 설문지 폼을 만들어 달라고 요청합니다. 다음과 같이 요청해도, 커서가 알아서 '식당 고객'에 대한 설문조사에 맞는 입력란이나 별점 등을 만들어 줍니다.

> index.php에서 survey.json 파일을 불러오고, 화면에 폼으로 뿌려주도록 만들어 줘.

2. 커서가 코드를 수정하면 〈Accept〉를 누릅니다. 앞의 2번 단계에서 FTP-미니 연결을 설정했으므로, 지금 수정한 파일이 서버로 자동으로 업로드가 되어 동기화됩니다.

3. 이제 화면에서 어떻게 보이는지 확인해 보죠. 구글 크롬 등 웹브라우저에서 내 웹 서버 주소(ftpID.dothome.co.kr)로 접속하면 설문조사 폼이 나타납니다.

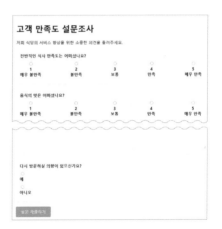

커서가 설문 데이터 JSON 파일을 'index.php' 파일에 불러들여 각 질문 유형에 맞는 입력 폼을 생성하고, 별점 형식의 평가 시스템도 만들어 주었습니다. 디스플레이 크기에 따른 '반응형' 디자인도 적용해서 모바일 화면에서도 화면 크기에 맞게 나타납니다.

4. 그런데 설문조사 폼이 별로 안 예쁘네요. 테일윈드 CSS를 이용해서 디자인을 세련되게 바꿔 달라고 요청합니다. CSS 프레임워크 중에서 부트스트랩도 유명하지만, 최근에 나온 테일윈드가 디자인이 더 깔끔하고 예뻐서 세계적으로 많이 씁니다.

> Tailwind CSS를 이용해서 전문적인 느낌이 나도록 디자인을 반영해 줘.

5. 커서가 코드를 수정하면 〈Accept〉를 누릅니다.

6. 결과 화면을 볼까요? 설문조 사 폼이 훨씬 깔끔하게 바뀌었 습니다. 제목과 설문 문항은 모 두 JSON 파일에서 가져온 것 입니다. 커서가 써준 것이죠. 물론 아래쪽의 〈설문 제출하 기〉 버튼은 아직까지 아무런 작동도 하지 않습니다.

7. 이번에는 〈설문 제출하기〉 버튼을 눌렀을 때 설문이 제출되어 저장되도록 만들어 보겠습니다.

> 이제 사용자들이 설문조사를 체크하고 입력한 뒤 <설문 제출하기> 버튼을 누르면, 사용자들이 작성한 데이터가 json 파일로 Result 폴더에 저장되게 해줘. Result 폴더가 없으면 새로 만들어 줘.

8. 커서가 사용자가 응답을 완료하면 그 응답을 처리해서 'Result' 폴더에 구조화된 형태의 JSON 파일로 저장하는 코드를 만듭니다. 한 사람의 응답이 '날짜_시간_고유ID.json' 형식으로 하나의 파일로 저장됩니다.

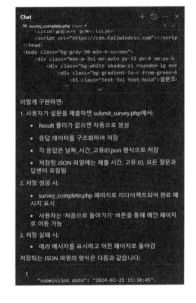

그다음에는 앞의 절차가 성공하면 '완료 메시지'와 '메인 페이지로 돌아가는 버튼'을 보여주고, 실패하면 '에러 메시지'를 표시하고 이전 페이지로 돌아갈 수 있게 하는 'survey_complete.php' 파일도 만듭니다. 코드 수정이 끝나면 〈Accept all〉을 누르세요.

9. 이제 〈설문 제출하기〉 버튼의 기능이 잘 작동하는지 테스트를 해보죠. '고객 만족도 설문조사' 폼을 직접 작성한 뒤 〈설문 제출하기〉 버튼을 누르세요.

10. 설문조사가 완료되었다는 메시지가 뜨고 〈처음으로 돌아가기〉 버튼이 나타납

니다. '고객 만족도 설문조사' 폼의 〈설문 제출하기〉 버튼이 제대로 작동하는 것입니다. 만약 실패했다면 '에러 메시지'가 표시되고 〈이전 페이지로 돌아가기〉 버튼이 나타났을 것입니다.

11. 이번에는 설문조사를 한 데이터가 잘 저장

되었는지 체크해 보죠.

프로젝트 탐색기에서 'Result' 폴더를 보면,

설문응답 파일들이 만들어졌습니다.

저는 테스트를 위해 설문조사에 8회 응했

기 때문에 8개의 JSON 파일이 보이네요.

혹시 'Result' 폴더가 만들어지지 않았다면, 커서에게 상황을 설명하고

문제를 찾아 해결해 달라고 하면 됩니다.

관리자 로그인 페이지 만들기

이제 설문조사 통계를 만들어 보겠습니다. 그런데 고객의 설문 결과지 데

이터와 최종 통계를 아무나 봐서는 안 되겠죠? 따라서 우선 관리자 페이

지를 만들고, 그 관리자 페이지에 들어갈 권한이 있는 사람만 볼 수 있게 만

들어 보겠습니다.

1. 커서에게 설문조사 웹페이지의 하단에 관리자 페이지로 연결하는 링크

를 만들고, 관리자 로그인 폼도 만들어 달라고 요청합니다.

> index 페이지 제일 하단에 작은 글씨로 관리자 페이지로 연결하는 링크를 만들
> 어 주고. 관리자 페이지에 들어가면 간단한 로그인 폼만 나오게 디자인해 줘.

2. 커서가 관리자 페이지로 로그인을 하기 위한 'admin_login.php' 파일을

만드는 코드를 작성합니다. 코드 작성이 끝나면 〈Accept all〉을 누르

세요.

3. 이제 테스트를 해보죠. 설
문조사 폼에서 '새로고침'
아이콘을 누르면, 페이지
의 하단에 작은 글씨로 '관
리자 페이지'라는 링크가

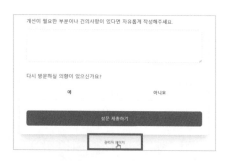

생긴 것을 볼 수 있습니다. 이 링크를 클릭하세요.

4. 관리자 로그인 폼이 나타납
니다. 그런데 아직 회원 관
리 데이터베이스를 만들거
나 연결하지 않았기 때문
에, 관리자 아이디와 비밀
번호도 없는 상태입니다.

설문조사 자동 통계

1. 이제 '관리자'로 로그인을 하면 통계 페이지로 연결되도록 해보죠.
프로젝트 탐색기에 'admin_login.php' 파일이 보이는데, AI 사이드바
의 맥락에 이 파일을 추가하세요(184쪽 7번 단계 참조).

2. '고객 만족도 설문조사' 폼에서 응답을 몇 회 작성해 주세요. 그러면 그
횟수만큼 응답 파일들이 각각 만들어질 것입니다. 이렇게 해야 설문 결
과가 어떤 식으로 나오는지 알 수 있습니다.

3. 이제 커서에게 응답 통계를 확인할 수 있는 페이지를 별도로 만들고, 관리자 페이지에서 통계 페이지로 연결해 달라고 요청합니다.

그런데 아직 회원 관리 데이터베이스를 만들거나 연결하지 않았기 때문에 관리자 아이디와 비밀번호도 없는 상태죠? 그래서 여기서는 커서에게 '임의로' 관리자 아이디랑 비밀번호를 정해서 알려주었습니다.

> 이번에는 응답 통계를 확인할 수 있는 페이지도 별도로 하나 만들어 주고, 관리자 페이지에서 admin, 1234로 로그인하면 통계 페이지로 연결되게 만들어 줘.

4. 커서가 코드를 수정하기 시작합니다. 로그인 처리와 세션을 관리하는 역할을 하는 파일, 설문응답 통계를 시각화해서 보여주는 파일, 로그아웃 처리를 해주는 파일을 동시에 생성해 줍니다. 코드 작성이 끝나면 〈Accept all〉을 눌러 주세요.

5. 이제 커서가 설문조사 통계 자동 처리를 잘하는지 테스트를 해보죠. '고객 만족도 설문조사' 폼에서 화면 아래의 '관리자 페이지' 링크를 클릭하세요.

6. '관리자 로그인' 대화상자가 열리면, 아이디와 비밀번호에 "admin"과 "1234"를 입력하고 〈로그인〉을 누르세요.

7. 설문조사 결과 통계 페이지가 열립니다. 커서에게 따로 요구하지 않았는데도, 자바스크립트 차팅 라이브러리(Chart.js)를 이용해 깔끔하게 시각화까지 해주었습니다. 앞으로 차트가 필요한 경우, 커서에게 'Chart.js' 라이브러리를 이용하라고 명시적으로 요청하면 좋겠죠?

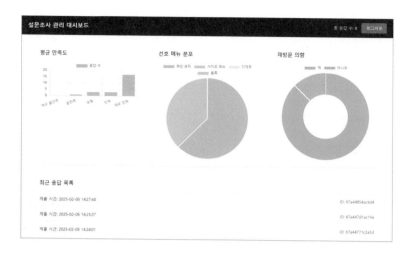

8. 설문조사 응답 추가 시 이 통계에 잘 반영되는지 테스트해 보죠. '고객 만족도 설문조사' 폼에서 임의로 다시 설문에 응답을 해보세요. 그런 후 통계 페이지에 제대로 반영되는지 체크해 보세요.

9. 앗, 통계 페이지에서 주관식 답변이 보이지 않네요. 커서의 AI 사이드 바에서 'survey_dashboard.php' 파일을 맥락에 추가한 후 요청하세요.

> 통계 결과에서 주관식 응답도 다 모아서 보여주면 좋겠어.

10. 커서가 코드를 수정하면 〈Accept all〉을 눌러 승인해 주세요.

11. 이제 통계 화면 하단에 주관 식 답변도 나타납니다.

모바일에서 설문조사 자동 통계

모바일에서도 사용자들이 '고객 만족도 설문조사' 폼에 응답을 할 수 있고, 관리자가 통계 결과를 볼 수도 있습니다. 그런데 커서가 알아서 반응형 디자인을 했지만, 모바일 화면에서는 설문조사 폼의 가로 길이가 짧아서 보기가 불편했습니다.

1. 커서에게 '고객 만족도 설문조사' 폼을 모바일에서도 깔끔하게 볼 수 있도록 수정해 달라고 요청합니다.

> 모바일 화면은 가로 사이즈가 짧아서 설문 항목 5가지를 가로로 배열했을 때 보기가 불편해. Tailwind CSS를 이용해 모바일에 어울리는 디자인으로 만들어 줘.

2. 커서가 코드를 수정하면 〈Accept〉를 누릅니다.

3. 이제 모바일 화면에서도 '고객 만족도 설문조사' 폼이 깔끔하고 예쁘게 보입니다.

4. 모바일에서도 관리자 페이지로 로그인하면 시각화된 설문 결과 통계를 볼 수 있습니다. 앞서 실습했던 일정관리 프로그램은 데이터를 로컬 스토리지에 저장했기 때문에, 동시에 여러 기기나 여러 사람이 통합된 데이터를 공유하지 못했죠? 하지만 이번에 만든 설문조사 프로그램은 서버에 파일로 저장했기 때문에, 여러 사람이 다양한 기기에서 통합적으로 데이터를 관리하고 사용할 수 있습니다.

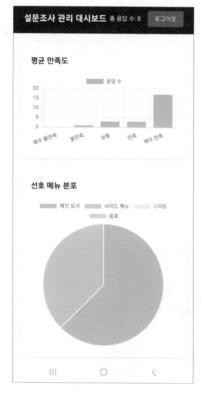

잠깐만요　설문조사지나 통계 등은 서버 안에 저장되므로, 다른 컴퓨터에서 응답하거나 결과를 보더라도 전혀 문제가 없습니다. 모바일로 설문조사 응답을 해도 다 반영됩니다.

커서로 설문 문항을 뚝딱 만들고 통계 결과를 금방 그래프로 볼 수 있으니 무척 편리하죠? 커서를 이용해 설문조사나 응답 파일을 제이슨(JSON) 파일로 서버에 저장하고 불러오는 것까지 해보았습니다.

4

커서와 톡톡, 웹 게시판 & SNS 클론 코딩

Cursor AI

웹 게시판
뚝딱 만들기

웹 게시판은 단순한 글 목록을 넘어 글쓰기, 수정, 삭제, 댓글과 대댓글 기능까지 갖추어야 합니다. 여기에 디자인적인 요소까지 더하면, 우리가 일상적으로 사용하는 웹 게시판과 다를 바 없는 결과물을 만들 수 있습니다.

여기서는 커서를 활용해 프로그래밍 지식이 부족한 사람도 손쉽게 게시판을 제작하는 방법을 살펴봅니다. 복잡한 코딩을 직접 작성할 필요 없이 커서에게 대화하듯이 말로 요청하면, 게시판의 디자인과 기능이 하나씩 완성됩니다.

게시판에 글이나 댓글, 대댓글을 입력하면 그 내용들이 저장되어야 하죠. 앞에서는 이런 데이터를 로컬 스토리지를 이용해 내 컴퓨터에 저장하거나, 서버에 제이슨(JSON) 파일로 저장했는데, 이번에는 서버 쪽에 저장하되 좀 다른 방식인 '데이터베이스'를 만들어 저장해 보겠습니다.

<웹 게시판 만들기>

1. **게시판 디자인 만들기:** 테일윈드 CSS를 이용해 게시판의 인터페이스를 깔끔하게 만듭니다.
2. **글 목록 수정:** 글 목록을 편하게 볼 수 있도록 수정합니다.
3. **글쓰기 기능 만들기:** 사용자가 글을 쓸 수 있는 글쓰기 기능을 넣습니다.
4. **데이터베이스 연동:** 게시판을 데이터베이스와 연동합니다.
5. **수정 및 삭제 기능 추가:** 글을 수정, 또는 삭제할 수 있는 기능을 추가합니다.
6. **댓글과 대댓글 기능 추가:** 게시판에 댓글 및 대댓글을 다는 기능을 넣습니다.

지금부터 커서로 데이터베이스 시스템을 이용해서 간단한 게시판을 만들어 보겠습니다. 직접 따라하면서 하나씩 게시판을 완성해가다 보면, 어느새 '내가 이런 것도 할 수 있구나!' 하는 놀라운 경험을 하게 될 것입니다. 이제 첫 번째 단계부터 시작해 볼까요?

게시판, 기본 디자인부터 만든다

1. 커서에서 [File]→Open Folder를 클릭한 후 게시판 코드를 저장할 폴더를 만든 다음 이 폴더를 선택하세요. 여기서는 'MyProject' 폴더 아래에 'BBS'라는 폴더를 만들어 선택했습니다. FTP-미니 연결 설정도 해주세요(111쪽 참조).
2. 'New File' 아이콘을 눌러 새로운 작업을 위해 'index.php' 파일을 저장합니다.
3. 우선 게시물 목록부터 만들어 보죠. AI 사이드바 입력란에서 다음과 같

이 요청합니다. 일단 기능은 없이 게시판의 글 목록이 나오는 디자인만 만들어 봅니다.

> 지금부터 간단한 게시판을 만들려고 해. Tailwind CSS를 이용해서 게시물 목록을 만들어 줘. 우선 기능은 만들지 말고 디자인만 부탁해.

4. 커서가 코드를 작성하면 〈Accept〉를 누르세요.

5. 이제 게시판을 실행해 보세요. 다음과 같이 기본적인 형태의 게시판이 나왔습니다. 전형적인 한국형 게시판이죠? 항목명에 '번호, 제목, 작성자, 작성일, 조회수'가 있고, 게시물 아래쪽에는 페이지 숫자(페이지네이션)가 나옵니다.

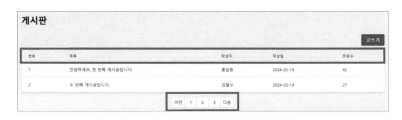

6. 게시판 글 목록의 페이지네이션을 수정하기 위해 다음과 같이 요청합니다.

> 항상 처음 들어왔을 때 뜨는 페이지 번호는 1번인데, 페이지네이션에는 1번이 색칠이 되어 있지 않아. 현재 페이지 번호가 색칠되도록 수정해 줘.

7. 커서가 코드를 수정하면 〈Accept〉를 눌러 승인하세요.

8. 게시판의 글 목록 아래를 보면, 다음 그림처럼 현재의 페이지 번호를 파란색 배경에 흰색 글씨로 눈에 띄게 부각해 주었습니다.

9. 현재 게시판의 전반적인 느낌이 흰색 배경에 파란색 컬러가 들어가 있습니다. 파란색이 좀 가볍게 느껴져서 '프라이머리 컬러'를 '네이비 블루'로 바꿔 달라고 요청하겠습니다(AI 생성물이라서 여러분의 결과물과는 좀 다를 수 있습니다). 참고로, 주요 컬러를 '프라이머리 컬러'라고 합니다.

> Primary Color가 현재 일반적인 파란색인데, Navy Blue로 바꿔주면 좋겠어.

10. 커서가 코드를 수정하면 〈Accept〉를 누르세요.

11. 게시판에서 '새로고침' 아이콘을 누르세요. 게시판의 색상이 좀더 차분한 느낌으로 바뀌었네요. 커서가 자기가 가진 테일윈드 CSS에 지정된 색상을 참조해 바꾸어 준 것입니다.

12. 현재 게시물 목록이 오름차순으로 되어 있는데, 내림차순으로 수정해 보겠습니다.

> 지금 게시물 목록이 오름차순으로 나오는데 내림차순으로 수정해 줘.

13. 커서가 코드를 수정하면 〈Accept〉를 누르세요.

14. 결과를 확인해 보면 최근 게시물이 위쪽에 나타납니다.

게시물 조회 페이지

1. 이번에는 게시물을 눌렀을 때 나오는 페이지도 같은 디자인으로 만듭니다. 먼저 디자인을 만들고, 게시판 목록에서 링크도 연결되도록 합니다.

> 게시물을 눌렀을 때 게시물을 조회하는 페이지도 같은 디자인으로 만들어 줘. 기능은 만들지 말고 디자인만 먼저 만들어. 그리고 게시물 목록에서 링크로 연결되도록 해줘.

2. 커서가 'index.php' 파일에서 글의 제목 부분을 링크로 처리하도록 수정하고, 특정 게시물을 클릭했을 때 열리는 글 내용 페이지를 보여주는 'view.php' 파일을 생성합니다. 커서의 코드 수정이 끝나면 〈Accept all〉을 누르세요.

3. 이제 게시판에서 '새로고침' 아이콘을 누르세요.

4. 커서가 예시로 만들어 둔 2개의 게시글이 보입니다. 이 중에서 첫 번째 게시물을 클릭하세요.

5. 첫 번째 게시글이 보입니다.

게시글 조회

안녕하세요, 첫 번째 게시글입니다.
작성자: 홍길동 작성일: 2024-03-19 조회수: 42

여기에 게시글 내용이 들어갑니다.
첫 번째 게시글의 본문입니다.
여러 줄의 내용을 표시할 수 있습니다.

목록으로   수정 삭제

사용자가 게시판에 글을 써서 올리면, 각 글마다 고유번호가 붙어 데이터베이스에 같이 저장됩니다. 예를 들어 첫 번째 게시글이 저장될 때 고유번호가 1이라면, 사용자가 이 글을 클릭하면 그 고유번호가 'view.php?id=1' 같은 형식으로 'view.php' 파일에 넘겨지고, 데이터베이스에서 1번 게시물을 검색해서 가져와 화면에 뿌려주는 것입니다.

물론 현재 나오는 게시글은 모두 예시이고, 데이터베이스에 저장된 글은 아닙니다. 지금까지는 그냥 게시판 관련 디자인만 손질 중이니까요.

게시판 글쓰기 페이지

1. 첫 화면에서 〈글쓰기〉 버튼을 누르면 나오는 글쓰기 화면을 만들어 보죠.

이번에는 첫 화면의 글쓰기 버튼을 누르면 글 쓰는 화면 페이지가 나오도록 만들어 줘. 페이지를 만들고 글쓰기 버튼과 연결해 줘.

2. 커서가 알아서 'write.php' 파일을 만들고, 이를 'index.php' 파일의 〈글 쓰기〉 버튼과 연결해 줍니다. 커서의 코드 작성이 끝나면 〈Accept all〉을 누르세요.

3. 이제 게시판에서 글쓰기 기능이 잘 작동하는지 테스트를 해보죠. 게시 판에서 〈글쓰기〉 버튼을 클릭하세요.

4. 글쓰기 페이지가 나타납니다. 글 제목과 작성자, 내용을 입력할 수 있 습니다.

글쓰기 페이지에 서식 툴바 넣기

현재의 글쓰기 페이지를 보면, 내용을 적는 영역(Textarea)에 텍스트만 입력할 수 있을 뿐, 글자를 굵게 하거나 색상을 바꾸는 등의 서식을 지정할 수 없는 상태입니다. 서식을 지정할 수 있게 수정해 보죠.

1. 먼저 AI 사이드바의 맥락에 'write.php' 파일이 추가되어 있는지 확인하세요.

2. 커서에게 글쓰기 페이지의 텍스트 영역을 위지윅 에디터로 바꿔 달라고 요청합니다. 참고로, 위지윅(WYSIWYG)은 'What You See Is What You Get', 즉 '보이는 대로 출력된다'는 의미입니다. 문서를 직관적으로 보이게 편집할 수 있습니다.

> 글쓰기 화면에서 Textarea 영역을 위지윅(WYSIWYG) 에디터로 바꿔 줘.

3. 커서의 코드 작성이 끝나면 〈Accept〉를 누르세요.

4. 이제 첫 화면에서 〈글쓰기〉 버튼을 눌러 글쓰기 페이지를 열어 보세요. 다음과 같이 글쓰기 영역의 위쪽에 서식 툴바가 생깁니다.

5. 그런데 API 경고 메시지가 뜹니다. 위지윅 에디터도 종류가 많은데, 커서가 사용한 'TinyMCE' 에디터는 API 키를 발급받아서 등록해야 한다고 하네요(AI는 응답이 계속 다르므로, 여러분의 커서는 다른 에디터를 사용해서 이 경고 메시지가 안 뜰 수도 있습니다). 오류 메시지를 캡처하겠습니다.

6. 커서에게 어떤 오류가 나는지 알려주고, 위지윅 에디터를 다른 것으로 교체해 달라고 합니다.

> [오류 메시지 캡처 붙여넣기]
> 현재 위지윅 에디터가 API 오류가 나면서 동작이 안 되는데, 다른 위지윅 에디터로 교체해 줘.

잠깐만요 'edit.js'나 'summernote.org' 등 위지윅 API의 이름을 명시적으로 적어주면 더 좋습니다.

7. 커서가 무료 버전의 위지윅 에디터인 CKEditor 5로 교체하겠다고 하면서 수정 코드를 작성합니다. 코드 작성이 끝나면 〈Accept〉를 누르세요.

8. 이제 게시판을 실행하면 서식 툴바가 생겼습니다. 테스트를 위해 간단한 글을 쓴 뒤 서식을 지정해 보세요. 서식 툴바가 잘 작동합니다.

게시판용 데이터베이스 만들어 연결하기

아직 글쓰기 화면에서 글을 쓴 뒤 〈등록〉 버튼을 눌러도, 게시판에 등록이 되지 않습니다. 굳이 서버에 글을 저장하려면, 제이슨(JSON) 형식의 파일로 저장할 수는 있지만, 이 경우 글을 쓸 때마다 글 하나당 하나의 파일로 저장되므로 비효율적입니다. 게시판의 글을 효율적으로 관리하기 위해서는 '데이터베이스'를 사용하는 것이 좋습니다.

앞에서 실습한 웹호스팅 업체인 닷홈 사이트는 무료로 웹서버뿐만 아니라 데이터베이스(DB) 공간을 줍니다(용량 제한은 있음). 또한 무료 공개 관계형 데이터베이스 관리 시스템인 MySQL 8.0버전도 제공해 줍니다.

1. 닷홈 사이트(dothome.co.kr)에서 로그인을 한 후 화면 상단에서 **마이닷홈**을 클릭하세요.

2. 내가 가입한 웹호스팅 목록이 나옵니다. 이 목록의 〈상세보기〉 버튼을 누르세요.

3. 내 웹서버뿐 아니라 데이터베이스(DB) 정보가 나옵니다. 잠시 뒤에 이 데이터베이스를 이용할 테니, 미리 여기에 나온 DB명, DB 아이디와 암호를 기억해 두세요. 기본적으로 DB 아이디와 암호는 여러분이 닷홈 사이트에 회원 가입을 할 때 만든 계정과 같습니다.

4. DB 정보 페이지 아래쪽 '제공 내역'에서 'MySQL 관리' 항목의 URL을 누르세요. MySQL은 관계형 데이터베이스 관리 시스템으로서, 데이터를 테이블(표) 구조로 저장하고, 여러 테이블 간에 관계를 맺을 수 있습니다. 이를테면 고객정보 테이블, 주문정보 테이블을 따로 두고, 고객 ID를 통해 서로 연결이 가능합니다. 데이터를 조회·삽입·수정·삭제할 때 SQL이라는 문법을 사용합니다. 비교적 배우기 쉽고, 성능이 빠르고 안정적이며, 윈도우·맥·리눅스 등의 다양한 운영체제에서 실행할 수 있고, PHP·자바·파이썬 등 다양한 프로그래밍 언어와 연동할 수 있어 많이 사용됩니다.

5. DB 서버 로그인 화면이 나옵니다. 관리자로 로그인을 하세요. 여러분이 닷홈 사이트에 웹호스팅을 신청할 때 사용했던 아이디와 비밀번호를 입력하면 됩니다. 3번 단계 화면에서 나온 아이디와 비밀번호를 입력하면 되겠죠?

6. 관리자 페이지의 왼쪽 사이드바에서 '나의 DB 아이디'를 클릭하세요.

7. 데이터베이스의 표(Table)를 만들 수 있는 페이지가 열립니다. 이제 상단 메뉴에서 'SQL' 탭을 선택하고, 데이터베이스 테이블을 만드는 SQL 쿼리문 형태의 명령을 쓰면 되는데, 여기서는 그냥 커서에게 써달라고 할 것입니다. 우리가 엑셀에 회원관리 표를 만든다면, 위쪽 항목에 회원의 아이디, 이름, 전화번호 등 필수적인 항목을 넣겠죠? 데이터베이스 테이블도 원리는 이와 같습니다. 게시판 구조를 잘 아는 커서에게 요청해서 SQL 쿼리문을 만들어 달라고 해보죠.

8. 우선 커서의 AI 사이드바에서 〈@〉 버튼을 눌러 맥락에 'index.php', 'view.php', 'write.php'의 3개 파일을 등록하세요.

9. 이제 입력란에 게시판에 맞는 테이블을 만들어 달라고 요청합니다. 이때 표를 구성하는 SQL 구문을 작성해 달라고 명시하면, 커서가 말을 알아듣고 더 잘 만들어 줍니다.

현재 게시판 구조에 맞게 테이블을 생성하는 SQL 구문을 작성해 줘.

---

10. 그러면 커서가 알아서 현재 게시판 구조에 맞는 'board'라는 이름의 테이블을 만듭니다. 그리고 테이블의 항목으로 회원 아이디(id), 글 제목(title), 내용(content), 글쓴이(author), 글 등록 시간(created_at), 조회수(views), 삭제 여부(is_deleted) 등의 항목을 만드는 코드를 써 줍니다.

커서가 알아서 각 항목의 구체적인 성격도 다 지정해 줍니다. 예를 들어 아이디(id) 항목은 이 테이블의 기준 항목이며, 다른 행과 절대 중복되지 않는 주민등록번호 같은 성격을 가집니다. 소수점이 없는 정수형(Int형, Integer)이고, 글이 올라올 때마다 이전 글보다 자동으로 1씩 커지며, 행을 고유하게 구분해 주는 주된 프라이머리 키(Primary key)입니다.

커서가 게시판 구조에 맞게 테이블을 구성하는 SQL 구문을 모두 작성했나요? 그럼, 이제 〈Copy〉 버튼을 눌러 이 구문 전체를 복사하세요.

```
-- 게시판 테이블 생성
CREATE TABLE board (
    id INT AUTO_INCREMENT PRIMARY KEY,
    title VARCHAR(255) NOT NULL,
    content TEXT NOT NULL,
    author VARCHAR(50) NOT NULL,
    created_at TIMESTAMP DEFAULT CURRENT_TIMESTAMP,
    views INT DEFAULT 0,
    is_deleted TINYINT(1) DEFAULT 0
) ENGINE=InnoDB DEFAULT CHARSET=utf8mb4 COLLATE=utf8mb4

-- 게시판 테이블 인덱스 추가
CREATE INDEX idx_created_at ON board(created_at);
CREATE INDEX idx_author ON board(author);
```

참고로, 글 등록 시간(created_at) 필드는 글을 올린 시간을 자동으로 기록합니다. 삭제 여부(is_deleted) 필드는 게시글 삭제 시 값이 1로 기록됩니다. 이 경우 이 필드의 값이 0이면 정상, 1이면 삭제로 인식되므로, 게시물 목록에는 이 필드의 값이 0인 글들만 보일 것입니다.

11. 다시 닷홈 사이트의 내 DB 서버의 관리자 페이지에서 'SQL' 탭을 클

릭하세요. 그런 후 10번 단계에서 복사한 데이터베이스 테이블을 구
성하는 SQL 구문을 붙여넣고 〈실행〉 버튼을 누릅니다.

12. 이제 'board'라는 게시판용 테이블이 만들어졌습니다. 아직 항목만 있
는 비어 있는 표라고 생각하면 됩니다(아직 등록된 글이 없으니까요). 왼쪽
사이드바에서 '나의 DB 아이디'를 클릭하세요.

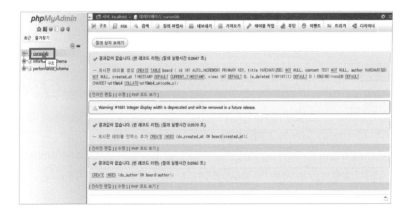

13. 화면 중앙에 방금 전에 만든 'board'라는 테이블이 보입니다. 보통 하
나의 데이터베이스에는 여러 개의 테이블이 들어가는데, 지금 우리는
게시판의 글이 저장되는 테이블을 1개 만든 것입니다.

14. 이제 커서의 AI 사이드바 입력란에서 게시판이 조금 전에 만든 데이터베이스와 연동해서 동작하도록 해달라고 요청합니다. 이때 로컬 호스트는 내 컴퓨터를 말합니다. 커서가 게시판을 데이터베이스와 연결할 수 있도록 DB 이름과 내 DB 아이디 및 비밀번호 정보도 알려주세요.

> 게시판이 이 데이터베이스 테이블을 기반으로 동작하도록 수정해 줘. DB는 localhost로 연결하고, DB 이름은 ***(여러분의 닷홈 아이디), ID도 ***(여러분의 닷홈 아이디), 비밀번호는 ***(여러분의 닷홈 비밀번호)야.

15. 커서가 내가 알려준 DB 이름, 아이디와 비밀번호를 반영해 데이터베이스와 연결할 때 필요한 설정 파일(db.php)을 만듭니다. 그리고 'index.php', 'view.php', 'write.php' 파일들의 코드도 수정합니다. 커

서의 코드 수정이 끝나면 〈Accept all〉을 누르세요.

16. 이제 다시 게시판 화면에서 '새로고침' 아이콘을 누르세요. 아까 임시로 있던 예시 게시물이 사라졌네요. 조금 전에 만든 데이터베이스의 'board' 테이블에는 아무것도 없기 때문입니다.

17. 게시판에서 글을 쓰면 데이터베이스의 테이블에 저장되는지 테스트를 해보겠습니다. 게시판에서 〈글쓰기〉 단추를 누르세요.

18. 글쓰기 페이지가 열리면 글을 작성한 뒤 〈등록〉 단추를 누르세요. 이 글이 데이터베이스의 게시판 테이블(board)에 저장됩니다.

19. 게시판 첫 화면으로 돌아가면, 다음과 같이 방금 쓴 글이 등록된 것이 보입니다. 이 글을 클릭해 보죠.

20. 다음과 같이 게시물이 정상적으로 보입니다. 등록한 글이 데이터베이스의 게시판 테이블에 잘 저장된 것입니다. 아직 수정과 삭제 기능은 만들지 않았으므로 〈수정〉, 〈삭제〉 버튼은 작동하지 않습니다. 〈목록으로〉 버튼을 누르세요.

(잠깐만요) **글을 열었는데 HTML 태그가 함께 나온다면**

1. AI 사이드바에서 'view.php' 파일이 맥락에 등록되어 있는지 확인하세요.
2. AI 사이드바의 입력란에 다음과 같이 원래 문장을 복사해서 붙여넣은 후 수정을 요청합니다.

> 게시물을 등록하니까 잘 보이긴 하는데, 내용을 확인해 보니
>
> <p>안녕하세요.</p><p>저는 서승완입니다.</p>
>
> 이런 식으로 태그가 그대로 노출되네. 수정해 줘.

21. 게시판 초기 화면으로 다시 돌아옵니다. 방금 첫 번째 글을 한 번 클릭했으므로 조회수가 1로 나타납니다.

22. 이번에는 위지윅 에디터로 꾸민 서식이 정상적으로 작동하는지도 살펴보겠습니다. 〈글쓰기〉 버튼을 누른 후 두 번째 글을 쓰세요. 그리고 위지윅 에디터로 서식을 설정한 후 〈등록〉 버튼을 누르세요.

23. 게시판을 보면 최근 글이 게시글의 위쪽에 나오는 것을 볼 수 있습니다. 이 글을 클릭해 보세요.

24. 두 번째 글이 서식이 설정된 상태로 나타납니다. 세 번째 줄을 보면 빨간색 글자로 되어 있습니다. 서식이 정상적으로 출력된 것입니다.

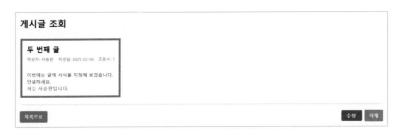

수정, 삭제 버튼 넣기

게시글 보기 페이지에서 〈수정〉과 〈삭제〉 버튼은 아직 작동을 하지 않는데, 여기서는 그 기능들을 넣어 보겠습니다.

1. 먼저 AI 사이드바에서 'view.php' 파일이 맥락에 포함되어 있는지 확인하세요. 만약 없다면, 〈@〉 버튼을 눌러 이 파일을 맥락에 추가하세요.

2. 커서에게 게시글 수정, 삭제 버튼이 동작하도록 요청합니다.

> 게시글 보기 페이지에서 게시물을 수정하고 삭제할 수 있도록 해줘. 현재는 버튼이 동작하지 않아.

3. 커서가 알아서 'edit.php'와 'delete.php'의 2개 파일을 생성합니다. 그리고 이 파일들을 'view.php' 파일에 있는 〈수정〉, 〈삭제〉 버튼에 연결합

니다. 코드 작성이 끝나면 〈Accept all〉을 누르세요.

4. 테스트를 하기 위해서 두 번째 게시물을 클릭해서 여세요. 그러면 데이터베이스의 'edit.php' 파일에서 기존 게시글을 불러와 화면에 보여줍니다. 이제 게시글 보기 상태에서 〈수정〉 버튼을 누르세요.

5. 게시글 수정 페이지가 열립니다. 원글이 글쓰기 모드로 열리면서 수정 가능 상태가 됩니다. 글을 한 줄 추가한 후 〈수정〉 버튼을 누릅니다. 수정을 완료하면 데이터가 저장된 후 다시 'view.php' 페이지로 전환됩니다.

6. 다시 두 번째 글을 클릭해서 열어보세요. 글이 수정된 것을 확인할 수 있습니다. 이번에는 〈삭제〉 버튼을 누르세요.

7. '정말 삭제하시겠습니까?'라는 메시지 상자가 뜹니다. 〈확인〉 버튼을 누르세요.

8. 게시판 목록에서 방금 삭제한 두 번째 글이 사라졌습니다. 이는 소프트 삭제를 한 상태입니다. 이처럼 〈삭제〉 버튼을 누르면 'delete.php' 파일이 현재 글을 테이블에 다시 저장하면서 'is_deleted' 필드에 숫자 '1'을 넣어 소프트 삭제 상태로 만들며, 화면은 'index.php'(게시물 목록 페이지) 페이지로 전환됩니다.

9. 그런데 페이지네이션에 문제가 있습니다. 글이 1개밖에 없는데, 페이지네이션에는 게시물 목록이 3페이지까지 있는 것으로 나옵니다. 커서에게 페이지네이션을 수정해 달라고 요청합니다. 이때 커서에게 1페이지에 보일 게시물의 숫자를 5개나 10개 등으로 지정할 수도 있지만, 커서가 표준적인 게시판 형태를 잘 알고 있으므로 굳이 지정하지 않아도 됩니다.

> 현재 게시물 리스트에서 페이지네이션이 3페이지까지 나오는데, 게시물의 수에 맞지 않아. 게시물의 수에 맞게 페이지네이션이 동작하도록 수정해 줘.

10. 커서가 코드를 수정합니다. 게시물 10개당 1페이지로 설정하고, 전체
게시물 수를 계산하여 총 페이지 수를 계산하는 식으로 수정하네요.
코드 수정이 끝나면 〈Accept〉를 누르세요.

11. 다시 게시판 페이지가 열리면, 게시물 목록의 페이지 표시가 수정된
것을 볼 수 있습니다.

댓글, 대댓글 기능 넣기

이제 게시물에 댓글을 다는 기능을 만들어 보겠습니다. 사실 앞에서 설계
한 데이터베이스의 'board' 테이블에는 댓글을 위한 항목이 없습니다. 원
글들만 저장하는 구조로 만들어져 있었죠. 그래서 먼저 댓글을 위한 별도
의 테이블, 예를 들어 'comments'라는 테이블을 만들고 나서 PHP 코딩을
해야 합니다.

1. 우선 커서에게 댓글을 위한 디자인을 만들어 달라고 요청합니다. 커서
에게 이처럼 과정을 쪼개 요청하면 더 잘 만들어 줍니다.

> 이번에는 게시물마다 댓글을 작성하는 기능을 만들고 싶어. 우선 디자인만 한 번
> 만들어 보자. view.php의 원글 아래에 댓글들과 댓글 작성란을 임의로 만들어
> 줘. 댓글 작성은 textarea로 할 수 있도록 해줘.

2. 커서가 코드를 수정하면 〈Accept〉를 눌러 승인하세요.

3. 게시글을 조회하면, 현재 등록된 게시물 보기 화면 아래에 댓글과 댓글 작성란의 예시가 나옵니다. 아직 기능은 작동하지 않으며, 커서가 임의로 예시를 만들어 준 것입니다.

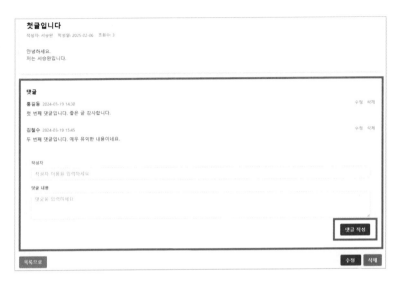

4. 이번에는 커서에 대댓글, 즉 댓글에 또 답 댓글이 달리는 경우의 디자인을 만들고, 예시도 하나 포함해 달라고 요청합니다.

> 댓글 밑에 다시 대댓글을 다는 기능도 디자인만 한 번 만들어 보자. 대댓글이 달려 있는 댓글도 예시로 하나 포함해 줘.

5. 커서가 코드를 수정하면 〈Accept〉를 눌러 승인해 주세요.

6. 이제 게시글을 다시 조회해 보세요. 댓글 내용 아래에 있는 〈답글 달기〉 버튼을 누르세요.

7. 그러면 다음과 같이 댓글에 대한 대댓글을 달 수 있습니다. 대댓글은 원 댓글과 시각적으로 구분되어 표시됩니다. 실제 기능을 구현할 때는

대댓글 작성 폼이 동적으로 나타나도록 자바스크립트 코드를 쓸 수 있습니다.

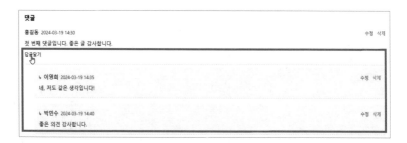

8. 이제 커서에게 댓글과 대댓글을 저장할 테이블을 만드는 SQL 쿼리문을 만들어 달라고 요청합니다. 앞에서 'board' 테이블을 만들 때 한 번 해본 적이 있죠? 커서가 먼저 댓글 디자인을 만들었으므로, 테이블 구조도 확실하게 이해하고 있을 것입니다.

> 그럼, 이번에는 이 댓글과 댓글에 대한 대댓글 시스템을 구현하기 위한 데이터베이스를 만들어야 해. 먼저 테이블 구조를 SQL 쿼리문으로 작성해 줘. 기존 게시물과 연동할 수 있어야 해.

커서에게 작업을 쪼개 요청하는 이유

커서에게 작업을 시킬 때는 한 단계씩 쪼개어 시키는 것이 결과적으로 더 빠른 방법입니다. 여러 기능을 한꺼번에 만들라고 하면 여러 가지 문제가 생기는 경우가 많았습니다. 그래서 먼저 디자인을 만들어 안정화하고, 이후에 그것을 코드로 만드는 식으로 단계적으로 처리하는 방법을 권장합니다.

9. 커서가 댓글과 대댓글을 저장할 'comments' 테이블을 만드는 SQL 구
문을 만들어 줍니다. 커서가 써준 댓글과 대댓글을 위한 SQL 쿼리문을
모두 복사하세요.

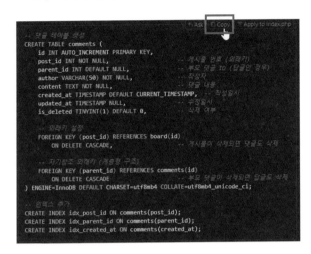

10. 이제 닷홈 사이트의 내 데이터베이스 관리자 페이지로 간 뒤, 'SQL'
탭에서 앞에서 복사한 댓글과 대댓글을 위한 쿼리문을 붙여넣은 후 〈실
행〉 버튼을 누르세요. 그러면 'comments' 테이블이 만들어집니다.

11. 데이터베이스 관리자 페이지의 사이드바에서 다시 '내 DB 아이디'를 누르세요.

12. 그러면 앞에서 만든 'board' 테이블과 지금 만든 'comments' 테이블이 보입니다. 댓글과 대댓글을 위한 데이터베이스가 생성되었습니다.

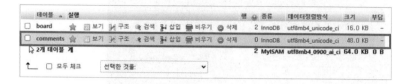

13. 이제 커서의 AI 사이드바 입력란에서 댓글과 대댓글 기능을 데이터베이스와 연결해 달라고 요청합니다.

> 해당 쿼리문을 이용해서 데이터베이스를 구성했어. 이번에도 기능이 동작하도록 DB를 연결해 줘.

14. 커서가 'view.php' 파일을 수정한 뒤 'comment_process.php' 파일을 새로 만듭니다. 코드 수정이 끝나면 〈Accept all〉을 눌러 승인하세요.

15. 게시판 페이지로 돌아와서 '새로고침' 아이콘을 누르세요. 결과 화면을 보면, 예시로 만든 댓글과 대댓글들은 모두 지워졌고, 새로운 댓글을 달 수 있는 폼이 만들어졌습니다.

16. 이제 댓글과 대댓글 기능이 잘 되는지 테스트해 보죠. 게시글 화면에서 댓글을 쓴 후 〈댓글 작성〉 버튼을 누르세요.

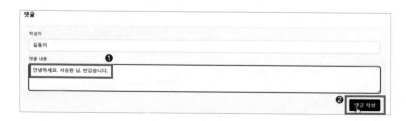

17. 게시글에 댓글이 등록됩니다. 이번에는 댓글 아래에 대댓글을 달아보 겠습니다. 댓글 밑에 있는 〈답글 작성〉 버튼을 누른 후 대댓글을 쓰 고, 다시 〈답글 작성〉 버튼을 누르세요.

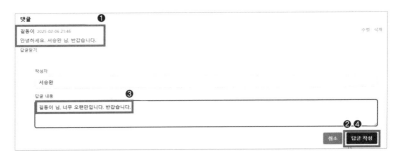

18. 댓글에 대댓글이 성공적으로 달렸습니다. 댓글과 대댓글의 레벨이 시 각적으로 구분되게 잘 나옵니다.

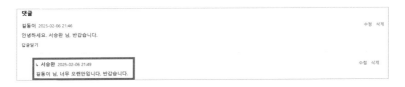

댓글 및 대댓글 개수 표시하기

이번에는 게시물 목록에서 게시글 제목 옆에 댓글과 대댓글 개수의 합을 괄호로 표시해 달라고 요청해 보겠습니다.

1. 우선 게시물 리스트가 나오는 파일은 'index.php'이므로, AI 사이드바 입력란에서 〈@〉 버튼을 눌러 이 파일을 맥락에 추가하세요.

2. 커서에게 게시물 페이지에서 목록의 제목 옆에 댓글과 대댓글 개수를 합해 적어 달라고 요청합니다.

> 현재 index 화면에서 게시물 목록이 뜨는데, 게시물에 댓글이 몇 개 있는지 바로 확인되지 않네. 댓글과 댓글에 대한 대댓글 개수를 헤아려서 제목 옆에 괄호로 표시해 줘.

3. 커서가 알아서 코드를 수정하면 〈Accept all〉을 눌러 승인하세요.

4. 이제 게시판 페이지에서 '새로고침' 아이콘을 눌러 보세요. 게시물 제목 뒤에 댓글 숫자가 '2'라고 표시되었네요.

댓글과 대댓글을 수정하고 삭제하는 기능은 디자인을 했지만, 아직 작동은 하지 않습니다. 앞에서 원글을 수정하고 삭제하는 것과 원리는 같으므로, 이 부분을 참조해서 커서에게 요청하면 어렵지 않게 이런 기능을 붙일 수 있을 것입니다.

인스타그램, SNS 클론 코딩

클론(Clon)은 복제인간이라는 뜻이죠? 클론 코딩(Clon Coding)이란 기존의 웹사이트나 앱 같은 서비스를 그대로 따라 만들면서 프로그래밍을 배우는 방식입니다. 이를테면 인스타그램이나 트위터, 페이스북 등을 한 단계씩 따라 만들면서 구조, 기능 구현, 동작 원리 등을 공부하는 것이죠.

여기서는 커서로 인스타그램 클론을 직접 구현하는 과정에서 자연스럽게 웹 개발을 익혀볼 것입니다. 단순히 문법을 배우는 것이 아니라, 실제로 작동하는 웹 애플리케이션을 만들어가는 경험을 할 수 있을 것입니다.

이제 첫 번째 단계를 시작해 볼까요? 우선 인스타그램과 똑같은 디자인의 메인 화면을 만드는 것부터 시작해 보죠.

<**SNS 클론 코딩으로 인스타그램 만들기**>

1. **SNS 클론 디자인하기**: 인스타그램과 똑같은 디자인의 메인 화면을 만들고, 테일윈드 CSS를 이용해 모바일 디자인을 적용합니다.

2. **로그인 및 회원 가입 기능 추가**: 인스타그램 클론에 로그인과 회원 가입 기능을 넣습니다.

3. **데이터베이스 연동**: SNS 시스템을 데이터베이스와 연동되게 만듭니다.

클론 코딩으로 인스타그램 복제하기

클론 코딩으로 인스타그램과 똑같은 서비스를 만들기 위해서 커서에게 뭔가를 알려줄 필요는 없습니다. 커서에 장착된 거대언어모델인 클로드 AI가 이미 인스타그램에 대해서 너무나 잘 알고 있기 때문입니다.

1. 먼저 프로젝트 폴더를 만드세요. 여기서는 [File]→Open Folder를 누른 후 'MyProject' 폴더 아래에 'ClonCoding' 폴더를 만들고, 이 폴더를 선택했습니다. FTP-미니 연결 설정도 해 주세요(111쪽 참조).

2. 'New File' 아이콘을 누른 후 SNS 클론 코딩을 실습하기 위해 'index. php' 파일을 만듭니다.

3. AI 사이드바 입력란에서 인스타그램의 모바일 디자인과 같은 클론을 만들어 달라고 요청합니다. 우선 메인 피드 페이지를 만들라고 하고, 필요한 사진은 픽썸(Picsum) 사이트에서 임의로 가져오라고 합니다.

> Tailwind CSS를 이용해서 Instagram 클론을 만들려고 해. Instagram의 모바일 디자인과 똑같이 디자인해 줘. 메인 피드 페이지를 먼저 만들어 봐. 사진은 Picsum에서 랜덤으로 가져와.

4. 커서가 코드를 작성하면 〈Accept〉를 눌러 승인합니다.

5. 이제 클론 페이지를 열어보세요. 인스타그램의 클론답게 화면이 인스타그램과 비슷하게 나왔죠? 모바일 디자인도 실제 인스타그램과 비슷하게 나왔습니다. 로고까지 찾아서 넣어주는 등 언뜻 보면 구분하기 쉽지 않습니다.

PC 화면   모바일 화면

6. 모바일 디자인에서는 '친구' 목록을 손가락으로 왼쪽으로 드래그하면, 지금 보이지 않는 오른쪽에 '친구'들이 나타납니다. 그런데 PC용에서는 '친구' 목록 바로 밑에 쓸데없이 스크롤바가 생겼네요. 화면을 캡처하세요. 커서에게 캡처 화면을 붙여넣은 뒤 수정해 달라고 요청합니다. 참고로, 캐러셀(Carousel)은 사전적 정의가 '회전목마'란 뜻이며, 여기서는 반복해서 돌아가는 형태의 이미지를 말합니다.

> [오류 난 부분 캡처 붙여넣기]
> '친구' 목록 아래쪽의 스크롤바를 없애고, 캐러셀(Carousel) 형태로 바꿔 줘.

7. 커서가 코드를 수정하면 〈Accept〉를 누르세요.

8. 이제 PC용 인스타그램 클론 페이지를 보면 스크롤바가 없어진 것을 볼 수 있습니다. 또한 좌우에 캐러셀 화살표를 넣어 누를 때마다 한 칸씩 이동할 수 있게 했습니다.

잠깐만요 제 홈페이지(seowan.net)에서 '커서 AI→UI 컴포넌트 갤러리'에 가면, 캐러셀, 모달, 아코디언, 카드, 툴팁, 다이얼로그 등 다양한 사용자 인터페이스(UI) 컴포넌트를 확인할 수 있습니다.

인스타그램 클론에 로그인 기능 넣기

인스타그램 클론이 동작을 해야겠죠? 그러기 위해서 우선 로그인 기능과 회원 가입 기능부터 만들어 볼게요.

1. 먼저 다음과 같이 로그인 페이지를 만들어 달라고 요청합니다. 역시 디자인부터 해보겠습니다.

> 지금은 로그인 없이도 인스타그램에 접속할 수 있으니까 보안 문제가 있을 것 같아. 로그인 페이지를 별도로 만드는데, 우선 디자인만 한 번 해보자.

2. 커서가 'login.php' 파일을 별도로 만들어 줍니다. 코드를 승인한 후 웹 브라우저에 여러분의 웹서버 주소를 입력한 뒤 '/login.php'를 추가하고 〈Enter〉를 쳐보세요. 예를 들어 '닷홈 ID.dothome.co.kr/login.php'와 같이 입력하고 〈Enter〉를 치면 됩니다.

3. 지금 만든 로그인 디자인이 나옵니다. 클론 페이지라서 인스타그램과 아주 비슷하게 만들었네요.

4. 이번에는 우리가 전화번호나 이메일 등을 입력하면 로그인이 되도록 만들어 보겠습니다. 먼저 커서의 AI 사이드바에서 조금 전에 만든 'login.php' 파일을 〈@〉 버튼을 눌러 맥락에 추가하세요.

5 로그인 기능이 작동되게 하려면, 아이디와 비밀번호 등 로그인 정보를 데이터베이스에 저장해 두어야 합니다. 앞서 '게시판 만들기'에서 해보았던 것처럼, 커서에게 회원정보 데이터 테이블을 만드는 SQL 쿼리문을 써달라고 요청합니다.

> 이 인스타그램 클론의 로그인을 구현하기 위해 필요한 회원정보 테이블의 구조를 생성하는 SQL 쿼리문을 만들어 줘.

6. 커서가 회원정보를 저장할 사용자(users) 테이블, 팔로우 관계를 저장하는 팔로우(follows) 테이블, 보안을 위해 로그인 시도를 저장하는 로그인 시도(login_attempts) 테이블, 비밀번호 재설정 시의 임시 토큰을 저장할 비밀번호 재설정(password_resets) 테이블까지 모두 4개의 테이블을 만드

는 SQL 명령어를 작성해 줍니다. 4개의 테이블을 한 쾌에 만들어 주는 것이죠. 이 명령문의 위쪽에 있는 'Copy' 아이콘을 클릭해서 쿼리문을 모두 복사하세요.

7. 이번에는 나의 서버 공간이 있는 웹호스팅 업체인 닷홈 사이트(dothome. co.kr)에서 로그인을 한 후 **마이닷홈**을 클릭하세요.

8. 마이닷홈 페이지가 열리면, 내가 가입한 웹호스팅 목록의 '상세보기'를 누르세요.

9. DB 정보 아래쪽의 'MySQL 관리자' URL을 클릭하세요.

10. 관리자 페이지가 열리면 '내 DB 아이디'를 선택하고, 화면 상단부의 'SQL' 탭을 클릭합니다(자세한 내용은 205~207쪽 참조).

11. 'SQL' 탭에 6번 단계에서 복사한 4개의 테이블을 만드는 쿼리문을 붙여넣은 후 〈실행〉 버튼을 누르세요.

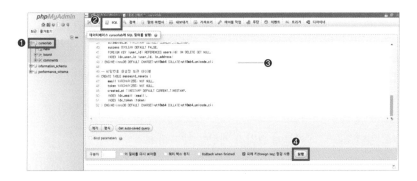

12. 다음과 같이 4개의 테이블이 생성됩니다. 아직은 테이블만 만들어지고, 그 테이블 안에는 아무 데이터가 없는 상태입니다.

13. 이제 왼쪽 사이드바에서 '내 DB 아이디'를 다시 클릭해 보세요.

14. 그러면 앞에서 게시판을 만들 때 작성한 테이블과 함께, 조금 전에 만

든 인스타 회원용 테이블 4개가 나옵니다. 'users' 테이블 행에 있는
'구조'를 클릭하세요.

15. 그러면 회원정보를 저장할 'users' 테이블의 구조를 볼 수 있습니다.
그런데 이 테이블에는 아직 어떤 회원정보도 담기지 않았습니다.

16. 일단 'users' 테이블에 관리자 계정을 등록해 보겠습니다.

커서가 이 클론 인스타그램의 맥락을 알고 있기 때문에 'users' 테이블
의 구조도 잘 파악하고 있습니다. 따라서 커서에게 다음과 같이 관리
자 정보를 'users' 테이블에 삽입할 SQL 명령어를 알려달라고 요청하
면 됩니다. 이때 DB 아이디, 비밀번호, 이메일 주소 등 관리자 정보도
커서에게 주어야 합니다.

> Users 테이블에 관리자 아이디를 등록하려고 해.
> 아이디는 Cursorlab, 비밀번호는 ***_____, 이메일 주소는 ***인데,
>   나의 닷홈 아이디   나의 닷홈 비밀번호
> 이 정보를 users 테이블에 삽입하는 SQL 명령어를 알려줘.

17. 커서가 내가 준 평문(Plain Text) 비밀번호를 PHP의 password_hash( )
함수를 이용해 일정한 길이의 고유한 값으로 변환해서(암호화해서), 즉
해시 처리해서 저장하겠다고 합니다. 비밀번호를 평문으로 테이블에

저장하는 것은 위험하기 때문입니다. 커서가 관리자 정보를 'users' 테이블에 삽입하는 SQL 구문을 써주면, 이 구문을 복사합니다.

18. 이제 마이닷홈의 내 데이터베이스 관리자 페이지에서 '내 DB 아이디'를 선택한 뒤 상단에서 'SQL' 탭을 선택하세요. 그런 다음 앞에서 복사한 SQL 쿼리문을 붙여넣고 〈실행〉 버튼을 누르세요.

19. 그러면 'users' 테이블의 첫 행에 관리자 계정이 등록됩니다. 사용자 이름(username), 이메일(email), 비밀번호(password), 이름(full_name), 검증 여부(is_verified), 데이터가 처음 생성된 시점(created_at)의 총 6개 항목에 값이 등록됩니다. 비밀번호 부분은 암호화된 긴 문자열로 저장됩니

다. 물론 나중에 관리자로 로그인을 할 때 비밀번호는 난수가 아니라 여러분이 설정한 비밀번호를 입력하면 됩니다.

20. 이제 커서의 AI 사이드바 입력란에서 인스타그램 클론에 로그인 기능을 만들어 달라고 요청합니다. 로그인을 위한 DB는 'localhost'로 접속해 달라고 합니다. 로그인을 할 때는 세션 스토리지를 사용하는데, 로그인이 되어 있는 동안에만 일시적으로 데이터가 저장되며, 로그아웃을 하면 지워집니다. DB 이름과 아이디, 비밀번호도 알려주세요.

> 이제 세션을 이용한 로그인 기능을 구현해 줘. DB는 localhost로 접속하고, DB 이름은 나의 닷홈 아이디, 아이디는 나의 닷홈 아이디, 비밀번호는 나의 닷홈 비밀번호야. 로그인이 되어야만 index.php를 볼 수 있고, 로그인이 되어 있지 않으면 login.php로 넘겨줘.

21. 커서가 알아서 데이터베이스 연결과 세션 처리를 위해 'config' 폴더 안에 'database.php' 파일을 만듭니다. 그러고 나서 'login.php' 파일과 'index.php' 파일을 수정합니다. 로그아웃을 구현하기 위해 'logout.php'도 만듭니다. 코드 작성이 끝나면 〈Accept all〉을 눌러 승인해 주세요.

22. 다시 인스타그램 클론 페이지인 'index.php'를 실행해 보세요. 지금 로그인이 안 된 상태이기 때문에, 로그인 페이지가 먼저 열립니다.

23. 로그인 페이지에 'users' 테이블에 들어간 인스타그램 클론 관리자 계정의 아이디와 비밀번호를 입력하세요.

잠깐만요 여러분이 만든 인스타그램 클론 데이터베이스에 외부에서 접속하는 것을 막으려면, AI 사이드바 입력란에서 다음과 같이 요청해 보세요.

> 데이터베이스 정보가 들어간 파일은 외부에서 바로 접속하지 못하게 막아줘.

그러면 이 서버 안에서 다른 걸 호출할 때만 접속이 가능하고, 외부의 다른 컴퓨터에서 접근하면 "직접 접근이 불가능한 페이지입니다"와 같은 메시지를 출력하며 접근을 막게 보안 처리를 해 줍니다.

24. 이제 로그인을 통과해서 인스타그램 클론으로 들어갑니다. 로그인이 되었으므로 인스타 클론 상단 오른쪽에 '로그아웃' 메뉴가 생겼습니다.

PC 화면   스마트폰 화면

잠깐만요 로그인이 되지 않을 때
인스타그램 클론 페이지에서 DB에는 연결이 되는데 로그인이 정상적으로 되지 않는 경우, 비밀번호를 암호화하는 해싱(hashing) 과정에서 문제가 생겼을 수 있습니다.
커서에게 상황을 설명하면서 이전의 비밀번호를 해제하고, 새로운 비밀번호 해시(hash, 고정된 길이의 난수화된 값)를 만들어 넣어 달라고 요청하면 됩니다.

인스타그램 클론에 회원 가입 기능 넣기

1. 이번에는 우리가 만든 인스타그램 클론에 회원 가입 기능을 넣어 보겠습니다. 커서의 AI 사이드바 입력란에서 다음과 같이 요청합니다.

> 이번에는 가입하기 페이지를 만들어서 login에 연결해 줘. 디자인만 먼저 만들어 줘.

2. 커서가 'register.php' 파일을 새로 만들어 줍니다. 커서의 코드 작성이 끝나면 〈Accept all〉을 눌러 승인해 주세요.

3. 이제 인스타그램 클론의 'login.php' 파일을 실행해 보세요. 화면 하단에 '가입하기' 링크가 생겼습니다. 이 링크를 클릭하세요.

4. 다음과 같이 인스타그램 클론에 '가입하기' 화면이 열립니다.

5. 이제 AI 사이드바에서 새로 만든 '가입하기' 페이지의 'register.php' 파일을 〈@〉 버튼을 눌러 맥락에 추가하세요.

6. 커서에게 사용자가 회원 가입 폼을 작성해서 제출하면 가입이 되도록 해달라고 요청합니다.

> 이제 사용자가 회원 가입 폼을 채워 제출하면 가입이 되도록 기능을 만들어 줘. 기존에 만들어 놓은 테이블 구조를 잘 반영해 줘.

7. 커서가 사용자가 회원 가입 폼을 제출하면 회원 가입이 되도록 코드를 작성해 줍니다. 코드 작성이 끝나면 〈Accept all〉을 눌러 승인하세요.

8. 이제 인스타그램 클론의 '가입하기' 화면으로 이동한 뒤, 회원 가입 폼을 작성한 후 〈가입〉 버튼을 누르세요.

9. 인스타그램 메인 화면이 나옵니다. 회원 가입이 정상적으로 된 것입니다.

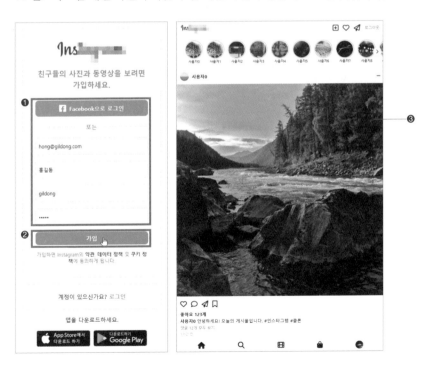

10. 닷홈의 DB에 방금 한 회원 가입 정보가 제대로 등록되었는지 확인해

볼까요? 닷홈의 DB 관리 페이지에서 'users' 테이블을 보면, 관리자

외에 1명이 추가로 회원으로 등록된 것을 볼 수 있습니다. 회원 가입

기능이 정상적으로 작동하는 것입니다.

지금까지 인스타그램과 사용자 인터페이스(UI)가 비슷한 클론 SNS의 메

인 화면, 회원 가입, 로그인과 로그아웃 기능을 만들어 보았습니다. 모든

기능을 다 만든 것은 아니지만, 앞에서 '웹 게시판' 만들기를 잘 따라했다

면 커서와 함께 나머지 기능도 쉽게 만들 수 있을 것입니다.

5

맞춤형 AI 채팅 봇 &
이메일 작성기

Cursor AI

카톡처럼 말하는
AI 채팅 봇

대부분 이미 AI 챗봇을 여러 번 사용해 봤을 것입니다. 스마트폰에서 고객센터에 문의를 할 때, 쇼핑몰에서 추천을 받을 때, 혹은 챗GPT와 대화를 나눌 때도 마찬가지죠. '나도 직접 AI 채팅 봇을 만들어 볼 수 있을까?' 여기서는 AI 채팅 봇을 직접 만들어 보면서 AI가 단순한 기술이 아니라, 우리가 원하는 방식으로 활용할 수 있는 강력한 도구임을 체험하게 될 것입니다.

<AI 채팅 봇 만들기>

1. **AI 채팅 봇 인터페이스 만들기:** 카톡 클론 AI 채팅 봇의 인터페이스를 디자인합니다.

2. **자동 응답 시스템 만들기:** AI 채팅 봇이 사용자가 입력한 메시지에 자동으로 응답하도록 만듭니다.

3. **AI 대화 기능 넣기:** 챗GPT 같은 대화형 AI를 연동해 AI 채팅 봇이 자연스럽게 대화를 이어가도록 합니다.

AI 채팅 봇 인터페이스 만들기

1. 커서에서 [File]→Open Folder 메뉴를 누르세요. 그런 다음 AI 채팅 봇 실습 파일을 저장할 폴더를 새로 만들고 그 폴더를 선택하세요. 여기서 는 'MyProject' 폴더 아래에 'AI_chatbot' 폴더를 만들었습니다.

2. FTP-미니의 연결 설정을 해주세요(111쪽 참조).

3. AI 채팅 봇 파일을 만들기 위해 'New File' 아이콘을 눌러 'index.php' 파일을 생성합니다.

4. 우선 AI 채팅 봇의 디자인부터 만들어 보죠. AI 사이드바의 입력란에 다음과 같이 요청합니다. 프로필 사진은 무료 무작위 이미지 등을 제공 하는 랜덤유저 사이트(randomuser.me)를 이용하라고 했습니다.

> Tailwind CSS를 이용해서 카카오톡 채팅방과 똑같은 디자인을 만들어 줘. 기능은 필 요 없고 디자인만 우선 만들어 줘. 프로필 사진은 randomuser.me에서 가져와.

5. 커서가 코드를 작성해 주면 〈Accept〉 를 눌러 승인합니다.

6. 이제 카톡 클론 AI 채팅 봇을 열어 보죠. 'AI_chatbot' 폴더의 'index. php' 파일을 실행하세요.

7. 카톡 클론 AI 채팅 봇이 열립니다. 채팅방 이름과 예시 메시지도 나오 네요. 아직 메시지 전송은 기능을 넣지 않아 안 됩니다.

예시 메시지

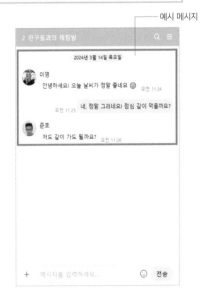

8. 이제 카톡 클론 AI 채팅 봇에 텍스트 전송 기능을 만들어 보겠습니다. 내가 메시지를 입력하고 〈전송〉 버튼을 누르면, AI 채팅 봇이 약 1초 뒤에 임의의 메시지를 써서 보내게 요청하겠습니다.

> 지금 전송 기능이 동작하지 않는데, 사용자가 입력 필드(input field)에 내용을 입력하고 전송 버튼을 누르면, 채팅창에 말풍선이 추가되게 만들어 줘. 그 다음 1초 정도 지나면 상대방의 대답이 임의로 돌아오게 만들어 줘.

9. 커서가 코드를 작성하기 시작합니다. 코드를 보면, AI 채팅 봇이 대답에 쓸 임의의 메시지 집합을 만드는 부분도 나옵니다.

주석문을 보면 '랜덤 응답 메시지 배열'이라고 되어 있고, 그 아래에

```
// 랜덤 응답 메시지 배열
const randomResponses = [
    "네, 알겠습니다!",
    "그럴까요?",
    "좋은 생각이네요 😊",
    "잠시만 기다려주세요~",
    "아하! 그렇군요!",
    "와! 정말요?",
    "그럴 수 있겠네요",
    "멋진 생각이에요!"
];
```

"네, 알겠습니다", "그럴까요?", "좋은 생각이네요" 등 8개의 메시지를 미리 준비해 두었습니다.

아직 AI 연결이 안 되었으므로, AI 채팅 봇이 응답을 하지는 못하고, 이 8개의 메시지에서 1개 메시지를 임의로 골라서 보여줄 것입니다. 코드 작성이 끝나면 〈Accept〉를 눌러 승인하세요.

10. 지금까지 만든 AI 채팅 봇을 테스트해 보죠.

먼저 "안녕"이라고 입력하고 〈전송〉 버튼을 누르니 AI 채팅 봇이 약 1초 후 "좋은 생각이네요"라고 응답을 합니다.

11. 이번에는 "날씨가 좋네요"라고 입력하고 〈전송〉 버튼을 누르니, "멋진 생각이에요!"라고 대답합니다.

그런데 AI 채팅 봇의 답변이 대화의 맥락에 전혀 안 맞죠? 아직 챗GPT나 클로드 같은 대화형 언어 모델에 연결되지 않았고, 커서가 코드 작성 시 만들어 준 8개의 메시지 집합에서 아무거나 랜덤으로 보여주기 때문입니다.

예시 메시지

이제 AI 채팅 봇을 대화형 언어모델과 연결해 보겠습니다.

AI 채팅 봇에 AI 붙이기

지금까지 우리는 챗GPT 같은 AI를 쓸 때, 그 AI의 공식 사이트에 접속해서 사용했습니다. 여기서는 GPT 같은 AI 엔진을 빌려와서, 우리가 만드는 AI 채팅 봇 같은 서비스에 넣는 방법을 알아보겠습니다.

AI 엔진을 내 서비스 안으로 빌려오려면 API를 이용해야 합니다. API(Application Programming Interface)는 컴퓨터 프로그램이나 앱끼리 서로 데이터를 주고받을 수 있도록 만들어진 규칙입니다. 예를 들어 스마트폰에 오늘의 날씨가 자동으로 나오는 것은 내 폰 안의 날씨 앱과 기상청 서버의 API가 정의된 규칙에 따라 서로 데이터를 주고받기 때문입니다.

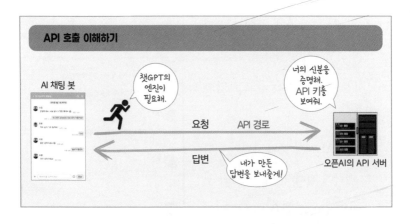

여기서는 오픈AI의 API를 끌어와서 AI 채팅 봇에 챗GPT를 붙여 보겠습니다. 오픈AI의 API를 쓰는 비용은 챗GPT 요금제와 별도로 내야 합니다. 다만, 개인이 실습용으로 사용한다면 비용이 얼마 들지 않습니다. 이 책을 따라하는 정도라면 10달러도 안 듭니다.

이제 우리가 만드는 AI 채팅 봇에 AI를 붙여보죠.

1. 오픈AI 개발자 플랫폼(platform.openai.com)에 접속해서 로그인을 합니다. 챗GPT 아이디로 로그인할 수 있습니다.

2. 화면 상단 오른쪽의 '설정' 아이콘을 누릅니다.

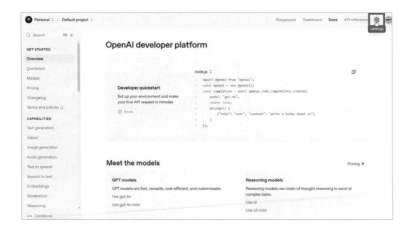

3. '설정' 페이지가 열리면, 왼쪽 메뉴에서 Billing(청구)을 클릭하세요.

4. 'Billing' 페이지가 열리면, 'Payment methods(결제수단)' 탭에서 ⟨Add payment method(결제수단 추가)⟩ 버튼을 누르세요.

5. 'Add payment method' 대화상자가 열리면 화면의 지시에 따라서 신용카드 번호, 이름, 주소 등을 입력하고 ⟨Add payment method⟩ 버튼을 누릅니다.

6. 'Billing' 페이지의 'Payment methods' 탭에 방금 기재한 신용카드가 등록됩니다.

7. 오픈AI의 API를 끌어와 쓰는 비용은 챗GPT 요금제와는 별도이므로, 먼저 비용을 충전해야 합니다. 'Billing' 페이지의 'Overview' 탭에서 〈Add to credit balance〉 버튼을 누르세요.

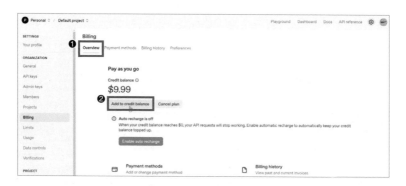

8. 충전 금액을 입력하고 〈Continue〉를 눌러 신용카드 결제를 하세요. 원하는 만큼 금액을 충전해 넣고, 쓰는 만큼 빠져나가는 종량제 방식입니다.

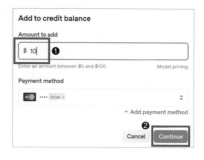

사용빈도에 따라 다르겠지만, 개발자가 아니라면 10달러면 몇 달을 사용할 수 있습니다.

9. 오픈AI의 API를 사용하기 위해서는 API 키를 받아야 합니다. 이때 API 키는 내 서비스가 오픈AI API의 사용 허가를 받았다는 일종의 '신분 증명'입니다.

이제 오픈AI에서 API 키를 받아보죠. 왼쪽 메뉴에서 **API keys**를 클릭한 후 〈Create new secret key〉 버튼을 누르세요.

10. 'Create new secret key' 대화상
자에서 Name에 내 프로젝트
와 관련된 이름을 적어줍니다.
'kakao_AI_Bot'처럼 말이죠.
Project는 'Default project'를
선택하고 〈Create secret key〉
버튼을 누르세요.

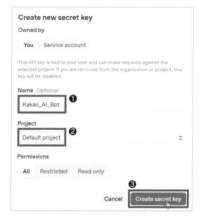

11. 'Save your key' 대화상자가 열
리면서 영문과 숫자가 조합된
긴 문자열의 API 키가 나옵니
다. 이 API 키는 처음 한 번만
볼 수 있고 다음부터는 보이지
않습니다. 〈Copy〉 버튼을 눌

러 복사한 뒤, 반드시 메모장 등에 잘 붙여두세요.

12. 이제 챗GPT를 내 AI 채팅 봇으로 가져와서 사용할 수 있도록 해보
죠. 커서의 AI 사이드바 입력란에서 다음과 같이 요청합니다. 이때 앞

의 과정에서 복사해 놓은 API 키를 붙여넣어야 합니다. GPT 모델은 GPT-4o 버전을 사용해 달라고 합니다.

> 오픈AI의 GPT를 연결해서 응답을 받아오고 싶어. 모델은 GPT-4o를 사용해 줘. 내 API 키는 아래와 같아.
> [오픈AI에서 받은 API 키 붙여넣기]

13. 커서가 코드를 수정합니다. 앞에서 작성한 랜덤 응답 메시지 대신에 새로운 코드를 대체하고, 시스템 프롬프트를 통해 '미영'이라는 페르소나까지 설정하네요. 코드 작성이 끝나면 〈Accept〉를 눌러 승인합니다.

```
// 랜덤 응답 메시지 배열
const randomResponses = [
    "네, 알겠습니다!",
    "그럴까요?",
    "좋은 생각이네요 😊",
    "잠시만 기다려주세요~",
    "아하! 그렇군요",
    "와! 정말요?",
    "그럴 수 있겠네요",
    "멋진 생각이에요!"]
```

이전 코드

Accept Ctrl+Shift+Y   Reject Ctrl+N

```
// OpenAI API 설정
const OPENAI_API_KEY = 'sk-proj-tIJcEaZBaLpNwQ0_140iOpUC                    78tf

// 대화 기록을 저장할 배열
let conversationHistory = [
    {
        role: "system",
        content: "당신은 친근하고 다정한 20대 여성 '미영'입니다. 친구처럼 편안하게
    }
]
```

AI 연결 코드

14. 이제 테스트를 해보죠. AI 채팅 봇 화면에서 "안녕하세요"라고 입력한 뒤 〈전송〉 버튼을 누르자, AI가 대화 페르소나로 설정한 미영이 나타나서 "안녕하세요~ 어떻게 도와드릴까요?"라고 대답하네요. 사실은 오픈AI에서 빌려온 GPT-4o가 대답한 것이지요.

15. 이번에는 "오늘 점심 뭐 먹었어?"라고 입력하고 〈전송〉 버튼을 누르니, 미영이 "파스타를 먹었어요. 당신은요?"라며 묻기까지 합니다. AI 채팅 봇이 마치 실제 사람처럼 응답 메시지를 보냅니다.

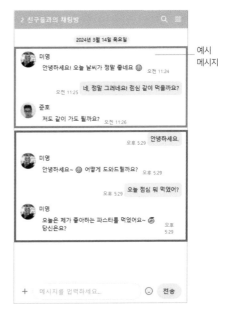

AI 채팅 봇이 GPT-4o 모델을 사용하여 더 자연스러운 대화가 가능해진 것입니다. 이제 AI 채팅 봇의 기본적인 기능이 만들어졌습니다.

채팅방 보안 기능 설정하기

그런데 중요한 문제가 있습니다. 현재 우리가 만들고 있는 AI 채팅 봇의 기능들은 'index.php'라는 하나의 파일 안에서 모두 처리되고 있습니다. 이렇게 하면 기능상으로는 결과가 잘 나오더라도 보안 문제가 있습니다. 왜냐하면 이 파일 안에 자바스크립트로 오픈AI의 API에 접근할 수 있는 신분 증명인 API 키가 들어가 있기 때문입니다.

실제로 작업 도중에 커서가 "API 키를 클라이언트 측에 노출하지 않고, 서버 측에서 처리하는 것이 좋겠다"고 보안 참고사항을 알려주기도 했습니다. 이 문제를 해결하여 채팅방의 보안 기능을 강화해 보겠습니다.

1. 커서의 AI 사이드바 입력란에서 다음과 같이 요청합니다. 'index.php' 파일 안에서 응답을 다 처리하면 보안 문제가 있으므로, 파일을 2개로 분리해 달라고 합니다. 이렇게 하면 API 키가 노출되지 않기 때문이죠.

> 보안 문제가 있는 것 같아. 별도의 PHP 파일을 만들어 이 파일에서 응답을 처리하고, 그것을 index.php 파일에서 불러오는 식으로 오픈AI 연결을 수정해 줄 수 있을까?

2. 커서가 알아서 코드를 수정해 줍니다. 'chat_response.php' 파일을 별도로 만들고, 이 파일에서 오픈AI 서버로 연결하도록 합니다. 다시 말해 API 키가 클라이언트에게 노출되지 않도록 백엔드로 처리하는 방식으로 수정한 것입니다.

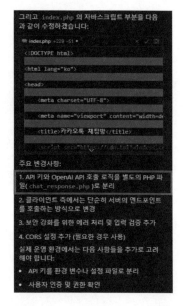

3. 또 다른 문제도 있습니다. 앞에서 커서에게 AI 모델을 'GPT-4o'로 하라고 요청했는데, 커서가 자꾸 'GPT-4'로 바꾸었습니다. 이런 경우 'chat_response.php' 소스 코드를 직접 확인하고 수작업으로 고쳐 주어야 합니다.

키보드에서 〈Ctrl+F〉 단축키를 눌러서 '찾기' 기능을 실행한 후 'gpt-4'를 찾으세요. 그런 후 "gpt-4o"라고 수정하고 〈Ctrl+S〉를 눌러 저장합니다.

```
// OpenAI API 호출
$ch = curl_init('https://api.openai.com/v1/chat/completions');
curl_setopt($ch, CURLOPT_RETURNTRANSFER, true);
curl_setopt($ch, CURLOPT_POST, true);
curl_setopt($ch, CURLOPT_HTTPHEADER, [
    'Content-Type: application/json',
    'Authorization: Bearer ' . $OPENAI_API_KEY
]);
curl_setopt($ch, CURLOPT_POSTFIELDS, json_encode([
    'model' => 'gpt-4',
    'messages' => $messages,
    'max_tokens' => 150,
    'temperature' => 0.7
]));
```

4. 커서의 코드 작성이 끝나면 〈Accept all〉을 눌러서 승인하세요.

5. 이제 AI 채팅 봇을 다시 테스트해 보세요. GPT-4보다 GPT-4o가 빠르므로, 채팅 봇의 응답 속도가 더 빨라진 것을 체감할 수 있습니다.

예시 메시지 없애기

우리가 만들고 있는 AI 채팅 봇을 실행하면, 처음에 예시 메시지 3개가 나옵니다. 커서가 이 채팅 봇을 만들며 예시 메시지 3개를 보여주라고 시스템 프롬프트를 써주었는데, 챗봇이 이 시스템 프롬프트를 보고 자동으로 만들어 준 메시지입니다. AI가 자동으로 대화 상대방의 캐릭터를 설정해 준 것이죠.

커서가 써준 시스템 프롬프트 중 AI 챗봇의 캐릭터 설명

> 당신은 친근하고 다정한 20대 여성 '미영'입니다. 친구처럼 편안하게 대화하며, 이모티콘도 자주 사용합니다. 답변은 1-2문장으로 짧게 해주세요.

이 예시 메시지를 없애고, 채팅창의 위쪽에 오늘 날짜가 나오지 않는 문제도 수정해 보겠습니다.

1. 커서의 AI 사이드바 입력란에서 맥락에 'index.php', 'chat_response.php' 파일이 등록된 상태인지 확인하고, 만약이 안 되어 있다면 이 2개

파일을 〈@〉 버튼을 눌러 맥락에 등록하세요.

2. 커서에게 예시 메시지를 없애고, 채팅창의 위쪽에 오늘 날짜가 나오도록 요청합니다.

> 기존에 예제로 이미 나와 있는 채팅 메시지는 지워줘. 그리고 채팅창 위쪽의 날짜는 오늘 날짜로 설정해 줘.

3. 커서가 코드를 수정하면 〈Accept all〉을 눌러 승인하세요.

4. 이제 AI 채팅 봇을 다시 실행해 보세요. 예시 메시지가 나오지 않으며, 날짜도 PHP의 date( ) 함수를 이용해서 오늘 날짜로 수정되어 나옵니다.

AI 채팅 봇 캐릭터 바꾸기

1. AI 채팅 봇의 캐릭터를 20대 여성 미영이 아니라 20대 남성인 동현으로 바꿔 보겠습니다.

> 지금은 20대 여성처럼 이야기하는데, 이름을 동현으로 바꾸고, 20대 남성처럼 얘기하도록 바꿔.

2. 커서가 코드를 수정하면서 시스템 프롬프트에서 AI 채팅 봇의 캐릭터를 바꾸었습니다. 코드 작성이 끝나면 〈Accept all〉을 눌러서 승인합니다.

```
'content' => '당신은 친근하고 다정한 20대 여성 \'미영\'입니다. 친구처럼 편안하게
'content' => '당신은 친근하고 차분한 20대 남성 \'동현\'입니다.  Ctrl+Shift+Y  Ctrl+N 중인
```

3. AI 채팅 봇의 캐릭터가 바뀌었는 지 테스트를 해보죠.

"안녕"이라고 말을 걸자, AI 채팅 봇의 캐릭터인 동현이 나타나서 답을 하네요. 이번에는 "너는 누구니?"라고 물으니, 자신이 '인공지능 비서 동현'이라고 대답합니다.

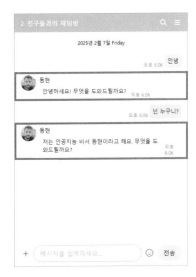

4. AI 채팅 봇의 캐릭터인 동현이 AI 비서가 아니라 사람인 것처럼 대화 하도록 바꾸어 보겠습니다.

> 그런데 자신을 AI라고 주장하지 않았으면 좋겠어. 20대 남성 동현이라고 대답해 야 해.

5. 커서가 시스템 프롬프트를 다시 수정합니다. 시스템 프롬프트를 보니, '절대로 자신이 AI나 언어모델이라고 말하지 마세요'라는 문장이 추가 되었네요. 〈Accept all〉를 눌러서 코드를 승인하세요.

6. 이제 채팅방에서 다시 말을 시켜보죠. "너는 누구니?"라고 묻자, 동현

이 나타나서 "나는 동현이야"라고 대답을 합니다. 무슨 공부를 하냐고 묻자, 스페인어를 공부하고 있다고 대답하네요. 마치 사람인 것처럼 대화를 하죠? 이처럼 여러분이 원하는 캐릭터를 설정하면, 그와 유사한 대화 상대방이 되어 줍니다.

AI 채팅 봇이 맥락 기억하게 하는 법

그런데 AI 채팅 봇의 캐릭터인 동현에게 조금 전에 한 이야기를 다시 한 번 물었더니, 엉뚱한 소리를 합니다. "동현아, 너 요즘 무슨 공부한다고?"라고 물었더니, 갑자기 디지털 마케팅을 공부한다고 대답했습니다. 바로 앞에선 스페인어를 공부한다고 했는데요.

AI 캐릭터가 조금 전에 자기가 한 말을 금방 잊어버린 것입니다.

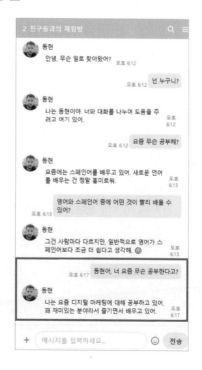

챗봇에 대화의 맥락을 넣어주지 않았기 때문입니다. 여기서는 AI 챗봇이 앞에서 나눈 대화의 맥락을 항상 기억하도록 만들어 보겠습니다.

AI 채팅 봇이 맥락을 기억하게 하는 방법은 3가지가 있습니다.

첫째, 맥락을 세션 스토리지에 저장합니다. 이 경우 컴퓨터를 끄지 않는 한, 앞의 맥락이 계속 유지됩니다.

둘째, 로컬 스토리지에 저장하면 아예 영구적으로 저장되므로, AI 채팅 봇이 이곳을 참고하게 하면 됩니다.

셋째, 메시지 전송 시, 앞의 모든 메시지를 한꺼번에 AI에게 보냅니다.

보통은 세 번째 방법을 씁니다. 우리가 '새로고침'을 하고 나서, 다시 처음부터 대화를 하고 싶을 수도 있기 때문입니다.

1. 커서의 AI 사이드바 입력란에서 사용자가 대화를 입력할 때마다, AI 채팅 봇이 이전 대화를 포함해서 전송하도록 요청합니다. 이때 '세션 (session)을 쓰지 말라'고 덧붙이는 게 좋습니다. 세션은 웹사이트에 접속한 후 로그아웃을 하거나 브라우저를 닫기 전까지 유지되는 상태 정보인데, 세션을 쓰지 않아야 '새로고침'을 해도 맥락이 계속 남아 있기 때문입니다. 서버에서 세션을 관리할 경우 '새로고침'을 하면 세션이 만료될 수도 있습니다.

> AI가 기존의 대화 맥락을 기억하지 못하는데. 대화를 입력할 때마다 이전 대화 내용을 포함해서 전송해 줘. 세션은 쓰지 마.

2. 커서가 코드를 수정하기 시작합니다. 주요 변경사항을 보니, 자바스크립트로 대화 맥락(conversationHistory) 배열을 통해 대화 기록을 관리하고,

API 요청 시 대화 기록을 모두 묶어 전송하도록 코드를 수정했습니다. 다만, 대화 기록이 너무 길어지지 않도록 최근 메시지 10개로 제한했는데, 더 많은 메시지 전송을 원하면 커서에게 수정을 요청하면 됩니다. 코드 작성이 끝나면 〈Accept all〉을 눌러 승인하세요.

3. 이제 AI 채팅 봇의 채팅방에서 "나는 서승완이야"라고 하고, 다음 대화에서 "내 이름이 뭐라고?"라고 물었더니, 동현 AI 캐릭터가 "당신의 이름은 서승완"이라고 대답했습니다. 대화 기록, 즉 맥락을 기억하고 있는 것입니다.

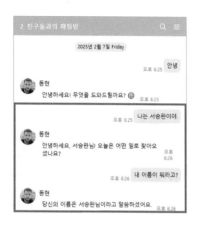

AI 채팅 봇이 맥락을 영구적으로 기억해야 한다면

만약 AI 챗봇이 과거의 모든 맥락을 영구적으로 기억해야 한다면, 로컬 스토리지나 서버에 제이슨(JSON) 파일 형식 등으로 저장하면 됩니다. 예를 들어 쇼핑몰의 AI 상담 챗봇이라면, 고객과 나눈 대화의 맥락을 모두 기억하고 있어야겠죠. 이 경우 커서에게 요청할 때, 시스템 프롬프트에도 관련 내용을 넣어 달라고 해야 합니다.

그런데 우리는 AI 채팅 봇이 최근의 대화 맥락만 기억하게 하려는 것이므로, 자바스크립트로 배열 함수를 통해 일정 개수의 대화 메시지를 관리하게 한 것입니다. 이 경우 앞에서 나눈 대화는 메모리 상에서 임시 저장되어 대화가 끝날 때까지만 유지됩니다.

내 스타일 맞춤형 AI 이메일 작성기

이메일 작성은 생각보다 시간을 많이 잡아먹는 업무입니다. 특히 직장에서는 같은 내용을 반복해서 보내야 할 때도 많고, 상대에 따라 말투와 형식을 조정해야 하는 경우도 있습니다.

이번에 만들 AI 이메일 작성기는 이메일 내용을 자동으로 써줄 뿐만 아니라, '정중한 비즈니스체, 친근한 대화체, 간결한 회신' 등 사용자가 원하는 스타일에 따라 맞춤형으로 써주는 기능도 넣을 것입니다.

앞에서는 오픈AI에서 API 키를 만든 뒤, 커서에게 AI 연결을 요청할 때마다 일일이 API 키를 알려주었죠? 여기서는 아예 커서의 설정에 API 경로와 API 키를 넣어줄 거예요. 그러면 이후로는 커서에서 "AI를 연결해 줘"라고만 요청하면, 나머지 과정은 커서가 다 알아서 해줍니다. 커서의 AI 연결을 자동화하는 것이죠.

<AI 이메일 작성기 만들기>

1. **커서에 AI 연결 작업 자동화:** 커서에서 챗GPT 같은 대화형 AI를 가져와 연결하는 작업을 자동화합니다.

2. **이메일 작성기 디자인:** AI 이메일 작성기의 디자인을 만듭니다.

3. **이미지 작성 및 기능 수정:** 간단한 메일을 작성하고 〈메일 생성하기〉 버튼을 누르면, AI가 이메일의 내용을 작성하게 하고, 몇 가지 기능을 보완합니다.

커서에 AI 연결 자동화

1. 커서에서 [File]→Open Folder 메뉴를 클릭합니다. 새 프로젝트를 저장할 폴더를 만들고 그 폴더를 선택하세요. 여기서는 'MyProject' 폴더 아래에 'AI_email' 폴더를 만들고 선택했습니다. FTP-미니 연결 설정도 해 주세요(111쪽 참조).

2. 'New File' 아이콘을 눌러 'index.php' 파일을 만듭니다.

3. 화면의 오른쪽 상단에서 톱니바퀴 모양의 'Settings' 아이콘을 누릅니다.

4. 그러면 'Cursor Settings' 탭이 열리는데, 왼쪽 메뉴에서 'Rules'를 선택하면 'User Rules' 항목이 보입니다. 그 안에 'Always respond in 한국어'라고 되어 있을 것입니다. 우리가 앞에서 커서를 내 컴퓨터에 설치할 때 언어를 '한국어'로 설정했기 때문입니다.

   이 규칙 아래쪽에 우리가 커서에서 AI와 연결하기 위해 반복적으로 하던 일을 정리해서 넣어줍니다. 이때 다음과 같이 행을 바꿔가며 작성하는 것이 좋습니다. 그래야 AI가 더 잘 알아듣습니다. 설정이 끝났으면 설정 창을 닫으세요.

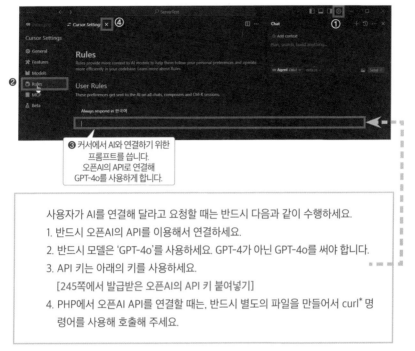

❸ 커서에서 AI와 연결하기 위한
프롬프트를 씁니다.
오픈AI의 API로 연결해
GPT-4o를 사용하게 합니다.

사용자가 AI를 연결해 달라고 요청할 때는 반드시 다음과 같이 수행하세요.
1. 반드시 오픈AI의 API를 이용해서 연결하세요.
2. 반드시 모델은 'GPT-4o'를 사용하세요. GPT-4가 아닌 GPT-4o를 써야 합니다.
3. API 키는 아래의 키를 사용하세요.
   [245쪽에서 발급받은 오픈AI의 API 키 붙여넣기]
4. PHP에서 오픈AI API를 연결할 때는, 반드시 별도의 파일을 만들어서 curl* 명
   령어를 사용해 호출해 주세요.

* curl: 명령어 줄(Command Line)에서 HTTP 요청을 보내는 명령어. 서버와 데이터를 주고받을 때 주로 사용하며,
 API 호출, 파일 다운로드, 데이터 전송 등에 활용됩니다.

5. 이제 커서에 AI(GPT-4o) 연결이 자동화되었습니다.

AI 이메일 작성기 만들기

1. 커서의 AI 사이드바 입력란에서 다음과 같이 AI 이메일 작성기를 만들

어 달라고 요청합니다. 일단 디자인만 해달라고 합니다.

AI 이메일 작성기를 만들어 보려고 해. 수신인과 원하는 스타일 등을 선택하
고, 필요한 내용을 짧게 입력하면 AI가 대신 메일을 작성해 주는 도구야. 우선
tailwind CSS를 이용해서 디자인만 만들어 줘. 기능은 만들지 마.

2. 커서가 코드를 수정하면 〈Accept〉를 누르세요.

3. 이제 AI 이메일 작성기를 실행하면, 메일 작성 폼이 나타납니다. 커서가 알아서 수신인 이메일, 메일 스타일, 메일 목적, 주요 내용 입력란을 만들어 주었네요.

4. AI 이메일 작성기를 모노 디자인 스타일로 좀더 세련되게 바꿔 달라고 요청합니다[서승완 홈페이지(seowan.net)→커서 AI→모노 디자인].

> 좋아. 그런데 좀더 세련된 디자인으로 부탁해. 모노 디자인 스타일로 새로 디자인해 줘.

5. 커서가 코드를 수정하면 〈Accept〉를 눌러 승인해 주세요.

6. AI 이메일 작성기를 다시 실행하면, 모노 디자인 스타일로 좀더 세련되게 바뀐 것을 볼 수 있습니다.

7. 이번에는 커서에게 사용자가 이메일의 핵심 내용을 짧게 입력하고 〈메일 생성하기〉 버튼을 누르면, 메일이 생성되도록 해달라고 요청합니다. 앞에서 미리 커서의 '설정'에서 AI 연결을 지정해 놓았으므로, 이제

부터는 그냥 AI 기능을 연결해 달라고만 요청해도 됩니다.

> '메일 생성하기' 버튼을 누르면, AI가 메일을 작성해 주도록 만들고 싶어. AI 기능을 연결해 줘.

8. 커서가 코드를 수정합니다. 앞에서 AI 이메일 작성기를 만들며, 커서에게 '별도의 파일'로 만들라고 요청했죠? 그래서 지금 열려 있는 'index.php' 파일 외에 'generate_mail.php' 파일을 새로 만듭니다.

이제 사용자가 이메일 작성 폼을 모두 채워 넣은 뒤 〈메일 생성하기〉 버튼을 누르면, 어떤 순서로 일이 처리될까요?

먼저 사용자가 입력한 데이터를 제이슨(JSON) 형태로 변환해서 'generate_mail.php' 파일에게 보냅니다. 그러면 서버 쪽에서는 데이터의 유효성을 검증한 뒤 프롬프트로 만들어 오픈AI로 보내고, GPT-4o 모델이 프롬프트에 적힌 내용을 참고해서 메일 내용을 생성합니다. 그리고 응답이 다시 돌아와 최종적으로는 'index.php' 페이지 하단부에 표시되게 될 것입니다.

추천 코드가 나오면 〈Accept all〉을 눌러 승인하세요.

9. 이제 AI 이메일 작성기가 AI(GPT-4o)와 잘 연결되었는지 테스트해 보죠. 이메일 작성기에서 각 항목을 채운 후에 〈메일 생성하기〉 버튼을 누르세요.

10. 오~, AI 이메일 작성기가 다음
처럼 공식적인 감사인사 메일
을 작성해 주었습니다.

그런데 이메일의 텍스트가 행갈
이가 안 되어 있어서 보기에 좀
답답하네요. 생성된 이메일 부
분의 화면을 캡처하세요. 또는
〈클립보드에 복사〉 버튼을 눌러
도 됩니다.

11. AI 사이드바 입력란에 앞에서 캡처한 메일 화면을 붙여넣고 가독성
있게 편집해 달라고 요청합니다.

> [생성된 메일 캡처 붙여넣기]
> 메일이 행갈이도 안 되어 있고, 다닥다닥 붙은 형태라서 보기에 답답해. 가독성
> 이 높아지도록 행갈이 등을 해줘.

12. 커서가 코드를 수정하면 〈Accept all〉을 눌러 승인하세요.

13. 이제 다시 이메일 작
성기로 들어와 보면,
생성된 메일이 훨씬
보기 편하게 행갈이
가 되는 등 가독성이
높아진 것을 볼 수 있습니다.

메일 내용 스타일 바꾸기

1. 지금까지 우리가 만든 AI 이메일
작성기를 살펴보죠. '수신인(받는
사람) 이메일 주소, 메일 스타일,
메일 목적, 주요 내용'의 4가지
입력란이 나옵니다.

2. '메일 스타일' 입력란을 클릭하면 스타일을 선택할 수 있습니다. '공식
적/업무적, 친근한/캐주얼, 정중한/예의바른, 간단명료'의 4가지 옵션
이 나오네요.

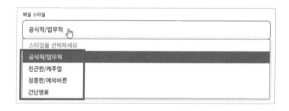

3. 커서에게 메일 작성기에 수신인 이름을 넣는 칸을 추가해 달라고 요청
해 보죠. 아울러 메일 스타일도 좀더 추가해 달라고 합니다.

> 수신인의 이름을 적는 input field도 추가해 줘. 그리고 메일 스타일을 조금 더
> 많이 넣어줘.

4. 커서가 코드를 수정하면 〈Accept all〉을 눌러 승인하세요.

5. 이제 AI 이메일 작성기를 열어보세요. '수신인 이름'을 넣는 입력란이 생겼습니다.

6. 이번에는 '메일 스타일' 란을 클릭해 보세요. 기존에는 메일 스타일이 4가지였는데, 비즈니스, 캐주얼, 특수로 나눠서 메일 스타일을 10가지로 늘려주었습니다. 메일 스타일에서 '반말체/친밀한'을 선택하세요.

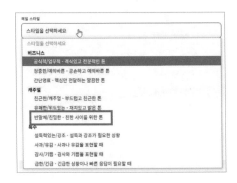

7. AI 이메일 작성기가 다음과 같이 반말체로 메일을 작성해 주었습니다.

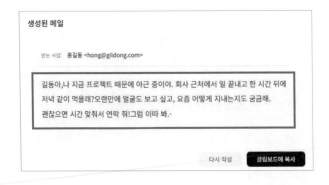

이와 같은 방식을 이용하면, 내게 꼭 맞는 맞춤형 AI 이메일 작성기를 직접 만들 수 있습니다. 그리고 내가 만든 AI 이메일 작성기의 URL을 복사해서 다른 친구한테 주면 그 친구도 쓸 수 있습니다.

오류 시, 커서에게 정확한 정보 제공하는 법

커서가 프로그래밍 실력이 좋긴 하지만, 한 번에 완벽한 프로그램을 만들 수는 없습니다. 시행착오를 거칩니다.

예를 들어 AI 이메일 작성기에서 〈메일 생성하기〉 버튼을 눌렀는데 오류가 생겼다고 해보죠. 이런 경우 어떻게 해야 할까요?

1. 구글 크롬 브라우저라면 마우스 오른쪽 단추를 클릭한 후 **검사**를 누르세요.
2. 크롬 브라우저 상단에서 '콘솔' 탭을 누르세요. 그러면 빨간색 × 표시가 있는 오류 메시지가 나옵니다. 이 오류 메시지를 복사하세요.

3. 커서의 AI 사이드바 입력란에 복사한 오류 메시지를 붙여넣고, 오류 수정을 요청하면 문제를 더 빨리 해결할 수 있습니다.

> [오류 메시지 캡처 붙여넣기]
> 이런 오류 메시지가 떴어. 왜 오류가 생겼을까? 그리고 이 문제를 해결해 줘.

Part

6

뉴스와 아파트 정보 크롤링 &
엑셀 자동화

Cursor AI

뉴스/보도자료
웹 크롤링

"뉴스를 한눈에 정리해서 보고 싶다!"

"필요한 기사만 골라서 자동으로 저장할 순 없을까?"

"특정 정보 관련 보도자료만 자동으로 모을 수 없을까?"

뉴스/보도자료 크롤러, 무엇이 편리할까?

매일 쏟아지는 뉴스 속에서 필요한 정보를 찾고 정리하는 일은 시간이 많이 걸립니다. 만약 특정 언론사의 최신 기사나 정부부처의 보도자료만 자동으로 수집하고, 필요한 키워드나 날짜 기준으로 추려서 파일로 저장할 수 있다면 어떨까요?

이번 장에서는 커서와 파이썬을 활용해 뉴스기사나 보도자료 웹 크롤러를 만들어 봅니다. 크롤러(Crawler)란 웹에서 필요한 정보를 자동으로 수집해 오는 프로그램입니다. 예전에는 크롤링을 하려면 직접 코드를 작성해야 해서 진입장벽이 높았지만, 커서를 활용하면 사람과 대화하듯이 요청하는 것만으로도 필요한 코드를 자동으로 생성할 수 있습니다.

<뉴스/보도자료 웹 크롤러 만들기>

1. **자동 수집 기능:** 특정 사이트의 뉴스나 보도자료를 자동 수집합니다.

2. **다수의 페이지 크롤링:** 웹페이지를 10페이지까지, 또는 원하는 기간을 설정한 뒤 크롤링하여 더 많은 자료를 가져오게 합니다.

3. **그래픽 유저 인터페이스 붙이기:** 프로그램을 실행하면 기간을 입력하는 대화상자가 뜨게 만듭니다.

4. **엑셀로 가져오기:** 수집된 데이터를 CSV 파일로 저장해서 엑셀에서 쉽게 확인할 수 있게 합니다.

5. **실행 파일로 만들기:** 지금까지 만든 파이썬 프로그램을 실행 파일로 만들어 배포합니다.

커서를 사용하면 파이썬도 척척!

많은 사람들이 업무를 조금이라도 더 자동화하기 위해서 파이썬을 씁니다. 파이썬은 여러 프로그래밍 언어 중 가장 쉽게 다룰 수 있는 언어입니다. 또한 굉장히 방대한 라이브러리 생태계를 지원하는 것이 장점입니다.

라이브러리(Library)는 일종의 레고블록을 떠올리면 이해하기 쉽습니다. 예를 들어 내가 파이썬으로 데이터 분석을 하고 싶다면, 데이터 분석에 특화된 라이브러리를 가져와서 파이썬에 붙여주면 됩니다. 게임을 만들고 싶으면, 게임 개발에 특화된 라이브러리를 구해서 붙여주면 되고요. 그러면 파이썬의 기본 기능에 더불어 '특화된' 기능이 장착되어 성능이 훨씬 좋아지는 것이죠.

예전에는 파이썬이 프로그래밍 언어 중에서 쉬운 것이라고 해도, 결국 우리 손으로 직접 코딩을 해야 했습니다. 그런데 이제 커서가 이 부분을 메워 줍니다.

앞에서 우리가 커서로 만든 파일들은 웹 기반 서비스였습니다. 내 컴퓨터에서 만든 뒤 FTP를 이용해 외부의 웹서버에 올려두고 실행했습니다. 이처럼 공개된 웹서버에 파일을 올려두면, 누구나 그 서버의 주소(URL)를 입력해서 직접 그 사이트에 들어가 특정한 기능을 이용할 수 있었습니다.

여기서는 뉴스/보도자료를 웹에서 크롤링하는 기능을 커서에서 파이썬으로 만들어, 내 컴퓨터에 저장하고 내 컴퓨터에서 실행해 보겠습니다.

파이썬 설치하기

1. 파이썬 사이트(python.org)에 접속하세요. 상단 메뉴에서 **Downloads**를 클릭한 후 〈Python 3.13.2〉 버튼을 클릭하세요(여러분이 이 책을 따라 할 때는 파이썬 버전이 다를 수 있는데, 그 버전을 선택하면 됩니다).

2. 설치 파일이 다운되면 클릭해서 설치하세요. 또는 탐색기를 열어 '다운 로드' 폴더에서 설치 파일을 실행해도 됩니다.

3. '설치' 대화상자가 나타나면 다음의 2가지 옵션에 체크하세요.

'Use admin privileges when installing py.exe(py.exe 파일을 설치할 때 관리자 권한 사용)' 옵션의 경우 체크하지 않아도 큰 상관은 없습니다. 파이썬 실 행 시 관리자 권한이 필요한 경우에 체크하면 됩니다.

'Add python.exe to PATH(경로에 python.exe 파일 추가)' 옵션은 반드시 체 크해야 합니다. 그래야 파이썬 명령어를 어느 위치에서든 실행할 수 있 습니다. 그렇지 않으면 명령어를 입력할 때, 명령어가 있는 위치의 경 로를 다 적어야 할 수도 있습니다. 이제 〈Install Now〉를 누르세요.

4. 설치가 시작되고 1~2분 뒤 완료됩니다. 이제 파이썬 설치가 끝났습니다.

커서에 파이썬 익스텐션 설치하기

파이썬을 내 컴퓨터에 설치한 것은, 우리가 직접 파이썬 코딩을 하기 위해서가 아닙니다. 나 대신 커서가 파이썬으로 코딩을 할 것입니다. 우선 커서에 파이썬 익스텐션(확장 프로그램)부터 설치해 보죠.

1. 커서에서 파이썬을 실행하려면 VS 코드용 파이썬 익스텐션을 설치해야 합니다. 프로젝트 탐색기에서 'Extension' 아이콘을 클릭하세요([View]→ Extension 메뉴를 눌러도 됩니다). 참고로, 우리가 앞의 실습에서 설치했던 FTP-미니 익스텐션도 보이네요.

> **잠깐만요** 지금부터 코딩한 파일은 내 컴퓨터에 저장되고, 실행도 내 컴퓨터에서 되게 만들 것입니다. 따라서 FTP-미니 연결을 다시 설정할 필요는 없습니다.

2. 익스텐션 키워드 검색란에 "python"이라고 입력하고 검색하세요.

3. 파이썬 익스텐션이 나옵니다. 다운로드 횟수가 1억 5천만 건이 넘는 인기 익스텐션이네요. 오른쪽 패널을 보면, 고유식별자(Identifier)가 ms-python.python이고, 최신 버전은 2024년 12월 3일이네요. 〈Install〉 버튼을 누르세요.

4. 파이썬 익스텐션이 설치됩니다. 이제 커서에서 바로 파이썬을 실행할
수 있습니다.

〈한국은행 보도자료〉 웹 크롤링

여러분이 관심 있는 주제의 인터넷 뉴스를 크롤링을 해서 엑셀에 저장할
수도 있지만, 저작권 문제가 있을 수 있습니다. 정부나 공공기관의 공개된
보도자료는 저작권 문제가 없으므로, 여기서는 최근 발표된 한국은행의
보도자료를 자동으로 가져오는 실습을 해보겠습니다.

1. 커서에서 [File]→Open Folder 메뉴를 클릭하세요. 웹 크롤링 코드를 저
장할 폴더를 만들고, 이 폴더를 선택하세요. 여기서는 'MyProject' 폴더
아래에 'Crawl_Press'라는 폴더를 만들었습니다.

2. 'New File' 아이콘을 클릭한 후 새 파
일을 만드세요. 파일 이름은 보통 많
이 사용되는 "main.py"라고 입력하겠습니다. '.py'는 파이썬 소스 코드
의 확장자입니다.

3. 빈 편집 화면이 나옵니다. 여기에 파이썬 코드를 직접 입력할 필요는 없습니다. 커서가 파이썬 코드를 만들어 줄 테니까요. 〈Ctrl+I〉 단축키를 눌러 AI 사이드바를 여세요(AI 사이드바가 이미 열려 있을 수도 있음).

4. 여러분이 크롤링을 하고 싶은 사이트에 접속하세요. 여기서는 한국은행 사이트(bok.or.kr)에서 **뉴스/자료→보도자료**를 눌렀습니다. 보도자료 게시판에는 현재 12,974건의 게시물이 있으며, 페이지네이션을 보면 게시물 10개당 1페이지이고, 마지막 페이지는 1,298페이지입니다.

5. 게시물을 하나 눌러보면, 보도자료 제목, 날짜, 작성팀, 첨부파일 등의 항목이 나옵니다.

6. 웹 크롤링 프로그램이 최근 기준으로 100개의 게시물을 열어 '제목, 날짜, 작성팀, 첨부파일 URL'의 4가지 항목의 데이터를 추출해 엑셀로 가져오도록 만들어 볼게요. 먼저, 페이지네이션에서 '1페이지'를 클릭한 다음, 주소표시줄에서 마우스 오른쪽 단추를 누른 후 **복사**를 클릭하세요. 현재 페이지의 URL을 복사하는 것입니다.

7. 이제 커서의 AI 사이드바 입력란에서 한국은행의 보도자료 목록을 크롤링하는 파이썬 프로그램을 만들어 달라고 요청합니다. 이때 보도자료 게시판 1페이지의 URL을 붙여넣어 주어야 합니다.

> 한국은행 보도자료 게시판의 보도자료 목록을 크롤링하는 파이썬 프로그램을 만들고 싶어. 보도자료의 제목과 날짜, 작성팀, 첨부파일의 URL을 뽑아서 CSV 파일로 정리해 줘. 단, 보도자료는 .pdf 형식으로 된 것의 URL만 있으면 돼. 주소는 아래와 같아.
> [한국은행 보도자료 게시판 1페이지의 URL 붙여넣기]

8. 웹페이지 주소 앞에 자동으로 @ 표시가 붙습니다. 그러면 커서가 이 웹페이지 주소에 있는 텍스트 내용을 가져오는데, 이때 소스 코드는 가지고 오지 않습니다. 그래서 커서는 가져온 텍스트를 읽을 수는 있지만, 웹페이지의 어디에 어떤 내용이 있는지는 전혀 모릅니다. 따라서 다음 그림처럼만 요청하면 결과가 제대로 안 나오지만, 일단 이렇게 시도해 볼게요.

한국은행 보도자료 게시판
1페이지의 URL 붙여넣기

9. 커서가 보도자료 크롤링을 위한 파이썬 코드를 작성합니다. 그런데 코드의 1행에서 requests, 2행에서 bs4, 3행에서 pandas에 빨간색 밑줄이 그어져 있습니다. 이들은 각각 웹페이지 가져오기, 데이터 추출을 위한 웹 스크래핑, 데이터 분석 및 처리를 하는 데 쓰는 파이썬 라이브러리 인데, 내 컴퓨터에 설치한 파이썬에 이런 라이브러리가 없다고 표시해 주는 것입니다. 그냥 실행하면 오류가 나겠죠? 일단 〈Accept〉를 눌러 코드를 승인합니다.

```
main.py > ...
1    import requests
2    from bs4 import BeautifulSoup
3    import pandas as pd
4    import re
5    from datetime import datetime
6
7    def get_press_releases(page_count=5):
```

10. 커서에게 해당 라이브러리를 설치하는 터미널 명령어를 알려달라고 합니다. 이때 딱 필요한 명령어 행만 표시해 달라고 하세요. 명령어 외의 주석이 달리면 다음 단계에서 자동으로 설치가 안 되기 때문입니다. 다음의 프롬프트는 앞으로 자주 사용할 것이므로 반드시 기억해 두세요. 그런 다음 〈Run command〉 버튼을 클릭합니다.

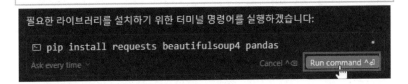

이 소스 코드를 실행하기 위해 필요한 라이브러리를 설치하는 터미널 명령어를 알려줘. 별도로 주석으로 설명을 달아줄 필요는 없어.

필요한 라이브러리를 설치하기 위한 터미널 명령어를 실행하겠습니다:

```
pip install requests beautifulsoup4 pandas
```

Ask every time ∨   Cancel ^⌫   Run command ^↵

11. 화면 상단의 '터미널 창 토글' 아이콘을 누르세요. 그러면 화면 중앙 아래쪽에 터미널 창이 열리는데, 여기서 3개의 라이브러리를 설치하는 모습을 볼 수 있습니다. 참고로, 터미널(Terminal)은 쉽게 말해 키보드와 모니터만 있는 장치라고 보면 됩니다. 터미널 창에서 명령어를 치면 호스트가 처리하고, 결과를 다시 터미널 창으로 보여줍니다. '단말기'라고도 합니다.

웹 크롤링에 자주 쓰이는 라이브러리

· requests: HTTP 요청을 쉽게 보내기 위한 라이브러리입니다. 주로 웹 API 호출, 웹페이지 데이터 가져오기, 데이터 전송 등에 사용됩니다. 'import requests'는 'requests 라이브러리를 가져오라(import)는 뜻입니다.

· bs4(BeautifulSoup): 웹 스크래핑을 위한 라이브러리로, HTML이나 XML 문서를 쉽게 해석해 데이터를 추출하는 데 사용됩니다.

· pandas: 데이터 분석과 처리를 위한 라이브러리인데, 약어는 'pd'입니다. 엑셀, CSV, 데이터프레임(DataFrame) 등을 다루는 데 많이 사용됩니다.

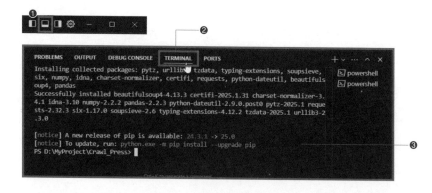

12. 라이브러리 설치가 끝나면, 코드의 빨간 줄이 없어집니다. 이제 코드를 실행하는 데 필요한 라이브러리들이 모두 설치된 것입니다.

13. 커서가 작성한 소스 코드를 잠깐 보면, 7행에 'get_press_releases(page_count=5)'라는 함수가 보입니다. 웹페이지 5페이지까지 크롤링하라고 했네요. 이 페이지 지정은 나중에 수정하겠습니다.

일단 커서가 작성한 파이썬 코드를 실행해 보죠. 코드 편집창 상단에서 ▶ 모양의 'Run Python File(파이썬 파일 실행)' 버튼을 클릭합니다.

14. 웹 크롤링을 위한 파이썬 프로그램이 실행됩니다. 그런데 터미널 창을 보면, '0개의 보도자료가 저장되었다'고 나옵니다. 웹 크롤링을 실행하지 못한 것입니다. 왜냐하면 커서에게 웹 크롤링을 할 웹페이지

의 URL만 주면, 프로그램이 텍스트는 가져올 수 있지만, 사이트의 구조를 알지 못해서 내용을 파악하지 못하기 때문입니다. 이 문제를 해결해 보죠.

15. 여러분이 크롤링을 하려는 웹페이지에서 마우스 오른쪽 단추를 누른 후 **페이지 소스 보기**를 클릭하세요.

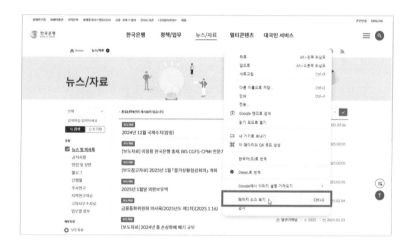

16. 크롤링을 하려는 웹페이지의 소스 코드가 열립니다. 〈Ctrl+A〉 단축키를 눌러 소스 코드 전체를 선택한 다음 〈Ctrl+C〉를 눌러 복사하세요.

17. 이제 커서에게 다음과 같이 요청합니다. 이때 앞에서 복사한 크롤링

을 할 페이지의 전체 소스 코드를 붙여넣으세요.

> 크롤링을 하나도 못해 오는 것 같아. 내가 직접 소스 코드를 줄 테니까 분석해서
> 구조를 파악한 다음, 구조에 맞게 파이썬 코드를 수정해 줘.
> [크롤링을 할 웹페이지의 전체 소스 코드 붙여넣기]

18. 커서가 한국은행 보도자료 게시판 페이지의 HTML 구조를 검토하

고, 게시물 목록, 제목, 날짜, 담당부서, 첨부파일의 URL이 어떤 구조

속에 들어 있는지 파악하여 코드를 수정합니다. 코드 수정이 끝나면

⟨Accept⟩를 눌러 승인해 주세요.

19. 코드 편집창 위쪽의 ▶ 버튼을 눌러 크롤링 프로그램을 다시 실행하

세요.

20. 터미널 창에서 실행 결과를 확인해 보니, 또 0개의 보도자료를 가져왔

네요.

21. 커서에게 결과를 말하고, 다시 한 번 코드를 검토하라고 합니다.

> 이번에도 크롤링을 하나도 못해 왔어. 다시 한 번 코드를 검토해 봐.

22. 커서가 자기가 작성한 코드를 다시 검토하더니, 한국은행 사이트는 동적으로 데이터를 로드하고(읽어오고) 있어서 직접적인 페이지 접근 대신 API 호출 방식으로 수정하고, 서버의 응답을 확인하기 위해 임시로 디버깅 코드(오류 찾는 코드)를 넣겠다고 합니다. 커서가 자신이 작성한 코드의 어느 부분에 문제가 있는지 파악할 수 있는 것이죠. 코드 수정이 끝나면 〈Accept〉를 눌러 승인합니다.

23. 코드 편집창 위쪽에서 ▶ 버튼을 눌러 크롤링 프로그램을 다시 실행하세요.

24. 터미널 창을 보니 앞에서 넣은 디버깅 코드가 실행되면서 서버의 응답 코드가 출력되었습니다. 이 응답을 캡처하세요. 또는 오류 메시지를 드래그한 뒤 〈Add to Chat〉 버튼을 눌러도 됩니다. 그러면 AI 사이드바에이 오류 메시지가 들어가거든요.

페이지 < 크롤링 시작
서버 응답 상태 코드: 500
응답 헤더: {'Date': 'Sat, 08 Feb 2025 03:46:23 GMT', 'Content-Type': 'text/html;char
set=utf-8', 'Content-Length': '618', 'Vary': 'Origin, Access-Control-Request-Method,
Access-Control-Request-Headers', 'X-Content-Type-Options': 'nosniff', 'X-XSS-Protec
tion': '1; mode=block', 'Cache-Control': 'no-cache, no-store, max-age=0, must-revali
date', 'Pragma': 'no-cache', 'Expires': '0', 'X-Frame-Options': 'DENY', 'Set-Cookie'
: 'SESSION-NjFlZmI0YTctODkzOC00MzlhLWFmMjctNDFkZmMwMjQ0ZWI4; Path=/; HttpOnly; SameS
ite=Lax', 'Content-Language': 'ko-KR'}
응답 내용 일부:

25. 커서에게 캡처한 서버의 응답을 붙여넣고, 코드를 수정해 달라고 요
청합니다.

> 서버의 응답이야. 이걸 보고 코드를 수정해 줘.
> [서버의 응답 캡처 붙여넣기]

26. 커서가 코드를 수정하면 〈Accept〉를 눌러 승인하세요.

27. 코드 편집창 위쪽의 ▶ 버튼을 눌러 프로그램을 다시 실행하세요.

28. 터미널 창을 보면, 이번에는 크롤링 프로그램이 한국은행 보도자료
게시판의 1페이지부터 5페이지까지 차례로 열면서 뭔가를 가져왔는
데, 1페이지에서 총 10개의 게시물을 찾았다는 메시지가 나왔습니다.
그런데 자세히 보면 '제목, 날짜, 담당부서' 데이터는 가져왔지만, PDF
형식의 첨부파일 URL은 틀린 정보를 주었습니다. 첨부파일의 URL이
아니라, 게시물이 열린 상태인 한국은행의 URL을 가져온 것입니다.

29. 커서에게 내가 원하는 URL이 있는 위치를 좀더 정확하게 알려주어야
할 것 같습니다. 한국은행 보도자료 게시물의 상세 페이지에서 〈첨부
파일〉 버튼을 클릭하면 파일 목록이 열립니다. PDF 파일의 경우 항
상 '뷰어' 메뉴가 나오는데, 이 '뷰어' 메뉴 위에서 마우스 오른쪽 단추

를 클릭한 후 **검사**를 누릅니다.

30. 화면 오른쪽에 소스 코드가 나타납니다. 소스 코드 위에서 마우스를 움직이면, 왼쪽 게시판 화면에서 관련 부분이 바로 선택됩니다. 29번 단계에서 '뷰어' 메뉴 위에서 마우스 오른쪽 단추를 눌러 **검사**를 눌렀으므로, '뷰어' 메뉴의 소스 코드가 선택되었겠죠? 이제 화면 전체를 캡처하세요.

화면 전체를 캡처합니다.

31. 커서에게 보도자료 게시물 상세 페이지에서 첨부된 PDF 파일을 보는 방법을 알려주고, 앞에서 복사한 전체 화면을 붙여넣은 후 코드를 수

정해 달라고 요청합니다.

[전체 화면 캡처 붙여넣기]
게시물 상세 페이지에서 '첨부파일'을 클릭하면, 첨부파일 리스트가 나와. PDF 파일의 경우에는 '뷰어'가 있어서 여기를 누르면 바로 문서를 볼 수 있어. 지금 뷰어가 있는 페이지의 소스 코드가 오른쪽에 있으니 그 링크를 저장해 주면 돼.

---

32. 커서가 코드를 수정하기 시작합니다. '뷰어' 링크를 찾는 방식을 바꾸네요. 커서가 한국은행 보도자료 게시물의 첨부파일 뷰어의 코드를 이해한 후 'a.viewer' 선택자를 사용하여 class="viewer" 속성을 가진 a 태그를 찾습니다(a 태그는 링크를 만드는 태그입니다). 이제 커서가 요청의 정확한 의미를 파악한 것 같습니다. 커서의 코드 수정이 끝나면 〈Accept〉를 눌러 승인하세요.

```
viewer_elements = detail_soup.select('a.viewer')     Ctrl+Shift+Y   Ctrl+N
for viewer in viewer_elements:
    viewer_url = viewer['href']
    if viewer_url.startswith('//'):
        viewer_url = 'https:' + viewer_url
    elif not viewer_url.startswith('http'):
    Accept file Ctrl+d   Reject file Ctrl+⌫   1/2        .kr' + viewer_url
```

33. 코드 편집창의 ▶ 버튼을 눌러 크롤링 프로그램을 다시 실행하세요.

34. 터미널 창을 보니, 크롤링 프로그램이 50개의 게시물을 출력해 주고, '총 50개의 보도자료가 저장되었습니다'라는 메시지도 보여줍니다.

```
PROBLEMS   OUTPUT   DEBUG CONSOLE   TERMINAL   PORTS                      + ∨ ··· ∧ ×
담당부서: 담당부서의사팀                                                    powershell
링크: https://www.bok.or.kr/portal/bbs/P0000559/view.do?nttId=10088664&pageUnit=1  powershell
0&searchCnd=1&searchKwd=&depth2=200038&depth3=201263&date=&sdate=&edate=&sort=1&d   Python
epth=201263&pageIndex=5&programType=newsData&menuNo=200690&oldMenuNo=201263
뷰어 링크 발견: https://www.bok.or.kr/static/jslibrary/pdfjs/viewer.html?file=%2F
fileSrc%2Fportal%2F0fc606f87169406e953689739f2b4287%2F%2F300e647d643c48e597afae1
81819da70.pdf
수집 완료: 금융통화위원회 의사록(2024년도 제22차)(2024.11.28)
총 50개의 보도자료가 저장되었습니다.
PS D:\MyProject\Crawl_Press>
                    Ctrl+K to generate a command
```

35. 이제 'MyProject' 폴더에서 'Crawl_Press' 폴더를 열면 엑셀 파일이 생성되었습니다. 이 엑셀 파일을 더블클릭하세요.

36. 엑셀 워크시트에 한국은행 뉴스/자료 게시판에서 크롤링한 50개의 보도자료 정보가 가지런히 저장되어 있습니다. 크롤링이 제대로 되었는지 테스트를 해보죠. 첫 번째 게시물의 링크를 복사하세요.

> **잠깐만요** 엑셀 파일은 열어 확인한 후 반드시 닫아 주세요. 엑셀 파일이 계속 열려 있으면, 이후에 코드를 실행했을 때 파일을 생성하지 못해 오류가 납니다.

37. 웹브라우저의 주소표시줄에 앞에서 복사한 보도자료 첨부파일 링크를 붙여넣고 〈Enter〉를 치세요. 그러면 보도자료가 정상적으로 나타납니다. 우리가 만든 웹 크롤링 프로그램이 정상적으로 작동한 것입니다.

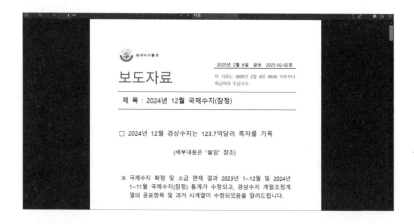

38. 그런데 엑셀 파일을 보면, 'date', 'team' 열에서 데이터에 각각 '등록일', '담당부서'라는 말이 불필요하게 들어가 있네요.

39. 커서에게 엑셀 워크시트의 캡처를 보여주고 수정하라고 요청합니다.

[엑셀 워크시트 캡처 붙여넣기]
지금 엑셀 파일을 보면 'date'와 'team' 열에 '등록일'과 '담당부서'라는 말이 불필요하게 들어가 있어. 이 글자들은 저장되지 않게 해줘

---

40. 커서가 코드를 수정하면 〈Accept〉를 눌러 승인하세요.

41. 코드 편집창의 ▶ 버튼을 눌러 크롤링 프로그램을 다시 실행하세요.

42. 이제 프로젝트가 저장된 'Crawl_Press' 폴더에서 엑셀 파일을 더블클릭해서 실행하면, 엑셀 워크시트가 수정된 것을 볼 수 있습니다.

〈한국은행 보도자료〉기간 조건으로 크롤링

1. 커서에게 시작일과 종료일을 정해주면 크롤링 프로그램이 그 기간 안의 보도자료만 가지고 오도록 만들라고 요청합니다.

> 이 프로그램을 실행하면 크롤링할 보도자료의 기간을 설정할 수 있게 해줘. 시작일과 종료일을 설정하면 그 기간 안의 보도자료만 갖고 오게 하고 싶어.

2. 커서가 코드를 수정하기 시작합니다. 지금까지는 크롤링 프로그램이 페이지 기준으로 처음부터 5페이지까지 50개의 보도자료를 긁어 왔는데, 이 부분을 수정합니다. 보도자료를 가져오는 get_press_release( ) 함수의 인수를 보면, start_date(시작일), end_date(종료일), page_count(페이지 수)의 3개입니다. page_count는 크롤링 최대 페이지 수로 기본값을 100으로 설정했습니다. 커서가 코드 수정을 마치면 〈Accept〉를 누릅니다.

```
def get_press_releases(start_date=None, end_date=None, page_count=100):
    한국은행 보도자료를 크롤링하는 함수

    Args:
        start_date (str): 시작일자 (YYYY.MM.DD 형식, 예: '2024.01.01')
        end_date (str): 종료일자 (YYYY.MM.DD 형식, 예: '2024.12.31')
        page_count (int): 크롤링할 최대 페이지 수
    """
```

3. 코드 편집창의 ▶ 버튼을 눌러 크롤링 프로그램을 다시 실행하세요.

4. 터미널 창에서 실행 결과를 확인합니다. 그런데 크롤링 프로그램이 실행되면 사용자가 시작일과 종료일을 직접 입력해야 하는데, 이 과정이 나타나지 않고 누락되었습니다.

5. 커서에게 크롤링 시작일과 종료일을 입력할 폼을 만들라고 요청합니다.

> 사용자가 직접 시작일과 종료일을 설정한 뒤 <OK>를 누르면, 그 기간 안의 데이터만 가져오게 수정해 줘.

6. 커서가 파이썬의 기본 GUI(그래픽 사용자 인터페이스) 라이브러리를 이용해 코드를 수정합니다. 코드 작성이 끝나면 〈Accept〉를 누릅니다.

7. 코드 편집창의 ▶ 버튼을 눌러 크롤링 프로그램을 실행하세요.

8. 크롤링 시작일과 종료일 입력 폼이 나타납니다. 시작 일자는 "2025년 1월 1일", 종료 일자는 "2025년 2월 8일"이라고 입력한 뒤 〈수집 시작〉 버튼을 클릭합니다.

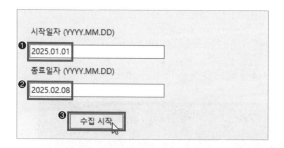

9. 터미널 창을 보면, 크롤링 프로그램이 2025년 1월 1일부터 2월 8일 사이에 총 32개의 보도자료를 수집해서 저장한 것을 볼 수 있습니다.

10. 크롤링 프로젝트를 저장한 'Crawl_Press' 폴더에서 엑셀 파일을 더블 클릭해서 열어보세요. 엑셀 파일에 총 32개의 보도자료 정보가 수집되어 깔끔하게 저장되었습니다.

11. 그런데 9번 단계에서 터미널 창을 보면, 크롤링 프로그램이 게시판을 100페이지나 찾았습니다. 실제로 우리가 요청한 기간 조건(2025년 1월 1일~2월 8일)에 맞는 데이터는 앞의 4개 페이지에서 다 나왔는데, 쓸데 없이 많은 페이지를 찾은 것입니다.

커서에게 크롤링 프로그램이 기간 조건에 맞는 데이터가 다 나왔으면 크롤링을 즉각 멈추게 만들라고 요청합니다.

> 그런데 기간 조건에 맞는 데이터가 더 이상 없으면 멈춰 줘. 100개 페이지를 다 검색할 필요는 없어.

12. 커서가 코드를 수정하면서 연속 3페이지 동안 기간에 맞는 데이터가 없으면 크롤링을 중단하게 만들겠다고 합니다. 코드 수정이 끝나면 〈Accept〉를 눌러 승인합니다.

13. 코드 편집창의 상단에서 ▶ 버튼을 눌러 크롤링 프로그램을 실행하세요.

14. 크롤링 프로그램이 실행되고 입력 폼이 나타납니다. 이번에는 시작 일자는 "2025년 2월 1일", 종료 일자는 "2025년 2월 8일"로 입력하고 〈수집 시작〉 버튼을 누릅니다.

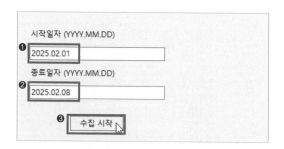

15. 터미널 창을 보면, 이제 크롤링 프로그램이 정해진 기간 안에서 6개의 보도자료를 수집한 뒤 바로 종료됩니다.

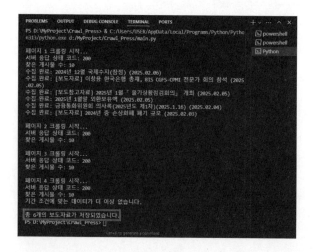

16. 탐색기의 'Crawl_Press' 폴더에서 엑셀 파일을 더블클릭해서 열면 총 6개의 보도자료 정보가 저장되었습니다. 크롤링 프로그램이 기간 조건에 맞게 정상적으로 작동한 것입니다.

	A	B	C	D	E	F	G	H
1	title	date	team	viewer_url				
2	2024년 12월 국제수지(잠정)	2025.02.06	국제수지팀	https://www.bok.or.kr/static/jslibrary/pdfjs/viewe				
3	[보도자료] 이창용 한국은행 총재, BIS CGFS-CPMI 전문가 회의 참석	2025.02.05	협력총괄팀	https://www.bok.or.kr/static/jslibrary/pdfjs/viewe				
4	[보도참고자료] 2025년 1월 「물가상황점검회의」 개최	2025.02.05	물가동향팀	https://www.bok.or.kr/static/jslibrary/pdfjs/viewe				
5	2025년 1월말 외환보유액	2025.02.05	외환회계팀	https://www.bok.or.kr/static/jslibrary/pdfjs/viewe				
6	금융통화위원회 의사록(2025년도 제1차)(2025.1.16)	2025.02.04	의사팀	https://www.bok.or.kr/static/jslibrary/pdfjs/viewe				
7	[보도자료] 2024년 중 손상화폐 폐기 규모	2025.02.03	발권기획팀	https://www.bok.or.kr/static/jslibrary/pdfjs/viewe				

크롤링 봇을 실행 파일로 만들기

앞의 장에서는 우리가 만든 프로그램을 웹호스팅 업체인 닷홈의 웹서버에 올려 인터넷 주소(URL)로 접속해서 실행했습니다. 그런데 지금 만든 웹 크롤링 프로그램은 파이썬 환경 내에서 실행되는 상태입니다. 이 프로그램을 실행 파일로 만들면, 파이썬 프로그램이 깔리지 않은 환경에서도 바로 실행됩니다. 내가 만든 크롤링 프로그램을 친구에게 보내줄 수도 있겠죠.

1. 커서에게 크롤링 프로그램을 실행 파일로 만드는 법을 요청합니다.

> 지금까지 만든 프로그램을 실행 파일로 만들고 싶어. 자세한 방법을 알려줘.

2. 커서가 크롤링 프로그램을 실행 파일로 만드는 방법을 아주 친절하게 단계별로 설명해 줍니다.

3. 우선 1단계를 보죠. 먼저 'Pyinstaller' 패키지(파이썬의 여러 모듈을 묶어놓은 것)를 설치해야 합니다. 커서가 추천한 명령어 행의 〈Run Commamd〉 버튼을 클릭하세요. 또는 터미널 창에서 명령어를 직접 입력하고 〈Enter〉를 쳐도 됩니다.

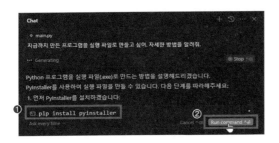

4. 커서가 2단계로 파이썬 파일인 'main.py'를 실행 파일인 'main.exe'로 만드는 방법을 안내해 줍니다. 〈Run Commamd〉 버튼을 클릭해도 되고, 또는 터미널 창에 직접 다음과 같이 명령어를 입력한 뒤 〈Enter〉를 쳐서 실행 파일을 만들어도 됩니다.

〈Run command〉 버튼을 누르는 게 편하지만, 여기서는 참고삼아 터미널 창에서 실행 파일을 만드는 명령어를 치고 〈Enter〉를 눌러 보겠습니다.

```
PROBLEMS    OUTPUT    DEBUG CONSOLE    TERMINAL    PORTS
54549 INFO: Building PKG (CArchive) main.pkg completed successfully.
54599 INFO: Bootloader C:\Users\USER\AppData\Local\Programs\Python\Python313\Lib\site-packages\PyInstaller\bootloader\Windows
un.exe
54600 INFO: checking EXE
54622 INFO: Building because console changed
54623 INFO: Building EXE from EXE-00.toc
54624 INFO: Copying bootloader EXE to D:\MyProject\Crawl_Press\dist\main.exe
61141 INFO: Copying icon to EXE
61691 INFO: Copying 0 resources to EXE
61692 INFO: Embedding manifest in EXE
62194 INFO: Appending PKG archive to EXE
62250 INFO: Fixing EXE headers
64493 INFO: Building EXE from EXE-00.toc completed successfully.
PS D:\MyProject\Crawl_Press> pyinstaller --onefile --noconsole "D:\Myproject\crawl_press\main.py"
```

pyinstaller --onefile --noconsole "D:\Myproject\Crawl_Press\main.py"
❶   ❷   ❸

우리는 커서에서 파이썬으로 크롤링 프로그램을 만들면서 'main.py' 파일 하나만 만든 것 같지만, 실제로는 이 파일 안에 여러 개의 라이브러리와 설정 파일들이 모여 있습니다.

❶ --onefile: 실행 파일에 모여 있는 여러 파일을 하나의 패키지로 묶어서 실행 파일(.exe)로 만드는 명령어입니다. 실제로 크롤링 프로그램을 실행하면, 여러 파일들이 메모리 상에서 풀려나와 각자의 역할을 하게 됩니다.

❷ --noconsole: 콘솔 창이 뜨지 않고 실행되게 합니다. 콘솔 창은 명령어를 입력하고 실행 결과를 출력하는 창으로, 터미널 창이 바로 콘솔 창이죠. 불필요한 검은 창이 있으면 복잡해 보이므로, 콘솔 창이 뜨지 않도록 해서 화면을 깔끔하게 유지합니다.

❸ 'main.py' 파일의 경로: 실행 파일을 만들 때는 어떤 파일을 기준으로 실행해야 하는지를 명확하게 지정해 주어야 합니다. 즉, 'main.py' 파일은 파이썬으로 만든 프로그램을 실행할 때 가장 먼저 실행되는 파일로, 실행의 시작점 역할을 합니다.
이때 파일의 경로는 쌍따옴표로 둘러싸야 하고, 내 컴퓨터에 저장한 폴더의 경로를 모두 적어 주어야 합니다.

5. 커서가 파이썬 프로그램의 'main.py' 파일을 실행 파일인 'main.exe' 파일로 만들어 줍니다.

6. 이제 'Crawl_Press' 폴더를 보면, 'dist'와 'build' 폴더가 생겼습니다. 배
포(distribution) 버전이 저장된 'dist' 폴더를 클릭하세요. 참고로 'build' 폴
더의 파일은 제작과정 중에 생긴 임시 파일이니 지워도 됩니다.

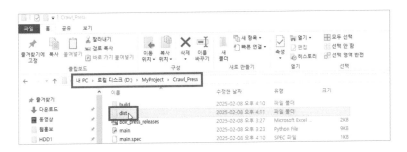

7. 크롤링 프로그램의 실행 파일인 'main.exe' 파일이 만들어졌습니다. 이
파일을 더블클릭하세요.

8. 크롤링 프로그램이 실행되고 입
력 폼이 나타납니다. 시작 일자와
종료 일자를 2025년 1월 1일부터
2월 8일로 입력하고 〈수집 시작〉
을 클릭합니다.

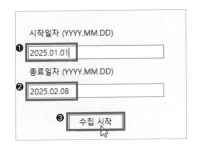

9. 탐색기에서 'Crawl_Press' 폴더를 보면 엑셀 파일이 생성되어 있습니
다. 이 파일을 더블클릭해서 열어보세요.

10. 엑셀에 한국은행 보도자료 게시판에서 기간(2025년 1월 1일~2월 8일) 중
에 수집한 32개의 보도자료 데이터가 나타납니다. 크롤링 프로그램이
정상적으로 작동한 것입니다.

"뉴스나 보도자료 크롤링, 나도 한 번 해볼까?"

한 번만 설정해 실행 파일로 만들어 놓으면, 매일 손쉽게 원하는 뉴스
를 자동으로 수집할 수 있습니다. 단순한 크롤링이 아니라 AI와 협업하는
과정을 체험할 수 있는 것도 큰 장점입니다.

여러분이 직접 크롤러를 만들면서 프로그래밍 자동화의 원리를 이해
하고, 실제로 업무나 연구에 활용할 수 있는 실용적인 도구를 손에 넣게
될 것입니다. 이번 기회에 AI와 함께하는 프로그래밍의 재미를 직접 경험
해 보세요.

네이버 부동산
아파트 단지정보 크롤링

부동산 시장은 하루가 다르게 변화합니다. 원하는 지역의 아파트 시세나 거래정보를 손쉽게 모아 분석할 수 있다면 좀더 현명한 결정을 내리는 데 큰 도움이 될 것입니다. 그런데 매번 네이버 부동산 사이트에 접속해 하나씩 정보를 찾아야 한다면 너무 번거롭겠죠?

만약 마우스 클릭 한 번으로 특정 지역의 아파트 단지정보를 자동으로 수집할 수 있다면 어떨까요? 이 장에서는 커서와 파이썬을 활용해 네이버 부동산 사이트에서 원하는 부동산 데이터를 자동으로 수집하는 프로그램을 만들어 볼 것입니다.

네이버 부동산 정보와 동적 크롤링

크롤링이란 웹사이트에서 데이터를 자동으로 가져오는 기술입니다. 크롤링에는 정적 크롤링과 동적 크롤링의 두 가지 방식이 있습니다.

정적 크롤링 | 정적 크롤링은 웹페이지의 소스 코드와 눈에 보이는 화면이 동일할 때 사용합니다. 앞에서 한국은행의 보도자료 게시판에서 보도자료를 가져오는 크롤링을 해보았죠? 이것이 바로 '정적 크롤링'입니다.

웹페이지에서 마우스 오른쪽 단추를 누른 후 **페이지 소스 보기**를 선택해서 본 소스 코드와, 실제 우리가 눈으로 보는 웹페이지의 내용이 일대일 대응으로 똑같은 경우입니다. 이런 경우는 크롤링이 좀 쉽습니다.

동적 크롤링 | 동적 크롤링은 사용자가 특정 버튼을 눌러야만 보이는 데이터가 있을 때 사용합니다.

예를 들어 사용자가 웹페이지에서 선택할 수 있는 옵션이 여러 개 있고, 특정 옵션을 클릭할 때마다 페이지의 내용이 바뀐다면, 정적 크롤링으로는 데이터를 가지고 올 수 없고 동적 크롤링 방법을 써야 합니다. 동적 크롤링은 크롤링 프로그램이 '자동으로' 마우스 클릭을 하며 데이터를 가져와야 하므로 좀더 어렵습니다.

네이버 부동산 사이트는 버튼을 눌러야 부동산 정보가 보이는 동적 웹페이지입니다. 따라서 신문기사나 보도자료 크롤링과 달리, 셀레니움 (Selenium)이라는 도구를 사용하여 프로그램이 '자동으로' 버튼을 클릭하게 하고, 스스로 페이지를 이동하면서 데이터를 수집하게 해야 합니다.

이번 장을 통해 다음과 같은 기능을 직접 만들게 됩니다.

<네이버 부동산 사이트의 아파트 단지정보 크롤링>

1. **매물 정보 크롤링:** 서울시 송파구 특정 단지(예: 잠실엘스)의 아파트 단지정보를 크롤링합니다.

2. **동적 크롤링:** 동적 크롤링을 활용해 크롤링 프로그램이 자동으로 버튼을 클릭하며 필요한 정보를 수집합니다.

3. **수집한 정보 자동 저장:** 수집한 아파트 단지정보 데이터를 CSV 또는 엑셀 파일로 자동으로 저장합니다.

4. **크롤링 자동화:** 특정 지역(예: 송파구 신천동)의 모든 아파트 단지정보를 한꺼번에 수집하는 자동화 기능을 구현합니다.

주의할 점은 다른 사람이 공들여 만든 데이터를 크롤링으로 가져와서 내데이터베이스로 만드는 것은 윤리적으로도, 법적으로도 문제가 될 수 있습니다. 따라서 저작권 문제가 있을 수 있으므로 이 부분은 반드시 확인해야 합니다.

이 장에서는 커서를 활용해 네이버 부동산 사이트에 있는 특정 지역, 특정 아파트의 단지정보를 가져오는 크롤링을 해서 CSV 파일에 저장해보겠습니다. 저작권 문제가 있을 수 있으니, 크롤링 방법을 배우는 목적으로만 따라해 보시길 권합니다.

한 번 직접 해보세요! 버튼 한 번만 누르면 원하는 지역의 아파트 단지정보를 자동으로 가져오는 크롤링 프로그램을 만들 수 있습니다. 이제 본격적으로 시작해 볼까요?

네이버 부동산 사이트 둘러보기

1. 네이버 부동산 사이트(land.naver.com)에서 여러분이 관심 있는 '시/군/구'
를 선택한 뒤 '동 이름'을 클릭하세요. 여기서는 '서울시 송파구 잠실동'을
선택할게요. 그러면 잠실동의 아파트 단지명이 죽 나옵니다. 목록 위의
'세대수순'을 선택하면, 세대수가 많은 순으로 정렬해서 볼 수도 있습니
다. 여기서는 잠실동의 대장 단지인 '잠실엘스'를 클릭하겠습니다.

2. 잠실엘스 아파트 단지의 상세정보가 나옵니다. 개괄적인 정보와 최신
매매가격 등이 나오네요.

화면 왼쪽에는 해당 아파트 단지의 동별 매물이 나오는데, 아파트 동을
선택할 때마다 화면 중앙의 정보가 변합니다. 또 '단지정보, 시세/실거
래가, 동호수/공시가격' 등을 눌러도 화면의 정보가 변합니다. 즉, 수동
으로 마우스를 클릭할 때마다 화면의 데이터가 변하고, 그에 따라 소스
코드도 변합니다. 이럴 때는 동적 크롤링을 해야 합니다.

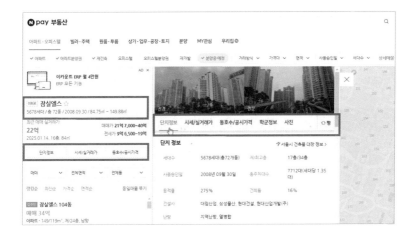

송파구 잠실엘스 단지정보 동적 크롤링

네이버 부동산 정보를 동적 크롤링을 하려면, 우선 크롬 브라우저부터 설치해야 합니다. 여기서는 동적 크롤링 도구로 '셀레니움(Selenium)'이라는 프레임워크를 쓸 텐데, 이것이 구글 크롬의 엔진 위에서만 동작하기 때문입니다. 되도록 크롬을 최신 버전으로 맞춰 주는 것이 좋습니다.

1. 크롬 브라우저를 연 다음 주소표시줄 오른쪽 끝에 있는 '더보기' 아이콘을 누른 후 **도움말**→**Chrome 정보**를 클릭하세요.

2. 설정 페이지가 열리면 구글 크롬을 최신 버전으로 업데이트하세요. 크롬이 자동으로 업데이트를 해주기도 합니다.

3. 이제 커서를 실행하고 [File]→Open Folder를 누르세요. 새 프로젝트를 위
해 새로운 폴더를 만든 뒤 이 폴더를 선택하세요. 여기서는 'MyProject'
폴더 아래에 'RealEstate' 폴더를 만들어 선택했습니다.

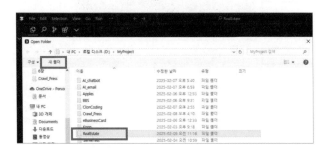

4. 'New File' 아이콘을 클릭한 후 새 작업 파일을 만드세요. 여기서는
'main.py'라고 만들겠습니다.

5. 이제 잠실엘스의 아파트 단지정보를 크롤링해 보겠습니다. 여기서는
일단 몸 풀기로 간단하게 '세대수' 정보만 가져와 볼게요. 먼저, 네이버
부동산에서 서울시 송파구의 '잠실동'을 선택한 뒤 '잠실엘스' 단지를 클
릭하세요. 이 단지가 선택된 상태에서 마우스 오른쪽 단추를 눌러 URL
을 복사합니다.

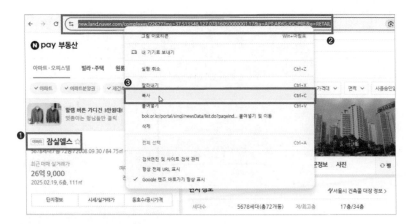

6. 커서의 AI 사이드바 입력란에서 앞에서 복사한 잠실엘스 단지의 URL 을 붙여넣은 다음, 아파트 단지정보를 크롤링하는 파이썬 프로그램을 만들어 달라고 요청합니다. 이때 동적 크롤링으로 만들어 달라고 해야 합니다. 그런데 사실 이렇게만 요청하면, 커서가 아직 네이버 부동산 사이트의 구조를 모르기 때문에 틀린 코드를 써줍니다. 그래도 일단 기본적인 뼈대를 만들기 위해 이렇게 요청한 것입니다.

> [네이버 부동산 사이트의 잠실엘스 단지 URL 붙여넣기]
> 이 사이트에 있는 아파트 단지정보 내용을 크롤링하는 파이썬 프로그램을 만들고 싶어. 동적 크롤링으로 실제 버튼을 누르면서 작동해야 해. 우선 기본적인 코드부터 작성해 줘.

7. 커서가 코드를 만들기 시작합니다. 우선, 라이브러리를 파악해 임포트(import, 끼워넣기)하고 '셀레니움' 웹드라이브를 설정하겠다고 합니다. 필요한 라이브러리를 설치하라고 하면(빨간색 밑줄로 표시), 명령어 행의 〈Run Command〉 버튼을 클릭하세요(설치 후 빨간색 밑줄 없어짐).
그리고 커서가 크롤링 프로그램이 특정 정보를 수집하기 위해 CSS 선택자나 XPath를 이용해 특정 요소를 찾을지, 또는 크롤링 프로그램이 스스로 버튼을 클릭하고 페이지를 이동하는 로직을 만들고 데이터를 저장하는 로직까지 추가로 구현할 것인지를 묻습니다. 하지만 여기서는 일단 현재까지 작성된 코드를 승인해 보겠습니다. 〈Accept〉를 누르세요.

8. 코드 편집창 위쪽의 ▶ 버튼을 클릭해 파이썬으로 만든 크롤링 프로그램을 실행하세요.

9. 잠시 뒤 웹브라우저가 저절로 뜨고, 네이버 부동산 사이트의 '잠실엘스' 아파트 단지 페이지가 자동으로 열립니다.

10. 터미널 창을 보면 아파트 단지 이름 정도만 가지고 왔네요. 커서에게 정확한 내용을 알려주지 않았기 때문에, 커서가 그냥 웹페이지에서 눈에 띄는 것을 하나 가지고 온 것입니다.

11. 커서에게 우리가 원하는 내용이 무엇인지, 즉 잠실엘스 페이지에서 어떤 버튼을 눌러야 하는지 명확하게 알려주어야 합니다.

네이버 부동산 사이트에서 다시 '잠실엘스' 단지 페이지를 연 뒤 〈단지 정보〉 버튼 위에서 마우스 오른쪽 단추를 누른 뒤 **검사**를 선택합니다.

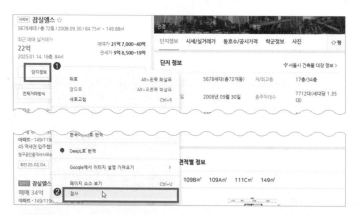

> **잠깐만요** '검사' 메뉴의 쓰임새
>
> '검사' 메뉴는 최종적으로 우리 눈에 보이는 화면의 소스 코드를 보여줍니다. 일반적으로 '소스 코드'라고 지시하면 정적인 소스를 의미하므로, 자바스크립트로 막 생성되거나 띄워진 팝업 등의 소스는 전혀 보이지 않습니다. 반면, '검사' 메뉴로 들어가면, 동적으로 생성된 것의 소스 코드까지 다 보여줍니다. 결국 최종 화면의 소스 코드가 다 나오는 것이죠.

12. 화면 오른쪽에 해당 페이지의 소스 코드가 뜹니다. 〈단지정보〉 버튼의 소스 코드 부분을 찾은 후, 코드 위에서 마우스 오른쪽 단추를 클릭한 후 **복사→XPath 복사**를 선택하세요. 소스 코드 위를 마우스로 움직이면 해당 요소(여기서는 〈단지정보〉 버튼)에 음영이 칠해지므로, 화면의 어떤 요소나 범위와 대응하는지 알 수 있습니다.

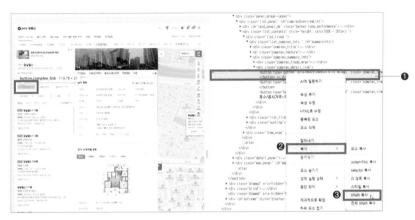

잠깐만요 **XPath가 뭔가요?**

XPath는 'XML Path Language'의 약자로, XML과 HTML 문서에서 특정 요소를 찾기 위한 경로를 지정하는 언어입니다. 웹페이지에서 원하는 요소(텍스트, 이미지, 버튼 등)를 찾아내기 위해 쓰는 '주소'라고 기억하면 됩니다.

13. 12번 단계에서 복사한 〈단지정보〉 버튼의 XPath 경로를 메모장에 붙여두세요.

14. 이번에는 단지정보 중 세대수의 실제 값이 나오는 곳 위에서 마우스 오른쪽 단추를 클릭한 후 **검사**를 선택하세요.

15. 화면 오른쪽에 소스 코드가 나타나면 마우스를 움직여서 '세대수'와 관련된 소스 코드를 찾은 후, 그 코드 위에서 마우스 오른쪽 단추를 누르고 **복사→XPath 복사**를 클릭하세요.

16. 앞에서 복사한 '세대수 실제값'의 XPath 경로도 메모장에 붙이세요.

17. 이제 커서의 AI 사이드바 입력란에서 다음과 같이 요청합니다. 〈단지 정보〉 버튼을 눌러주고, 잠시 기다린 후 상세 페이지에서 세대수 정보를 모두 가져오게 만드는 것입니다.

> [〈단지정보〉 버튼의 XPath 경로 붙여넣기]
> 링크로 접속한 다음, 위의 XPath를 기준으로 버튼을 찾고, 이 버튼을 눌러 주세요.
> 버튼을 누르고 조금 기다린 다음,
> [세대수의 XPath 경로 붙여넣기]
> 이 경로에 있는 박스 내용을 모두 가져오면 됩니다.

```
● main.py
//*[@id="summaryInfo"]/div[2]/div[2]/button[1]
링크로 접속한 다음, 위의 XPath를 기준으로 버튼을 찾고, 이 버튼을 눌러주세요.
버튼을 누르고 조금 기다린 다음
//*[@id="detailContents1"]/div[1]/table/tbody/tr[1]/td[1]
이 경로에 있는 박스 내용을 모두 가져오면 됩니다.
```

18. 커서가 코드를 수정하면 〈Accept〉를 눌러 승인합니다.

19. 코드 편집창 위쪽의 ▶ 버튼을 클릭해 크롤링 프로그램을 실행하세요.

20. 터미널 창을 보면, 잠실엘스의 세대수를 '5678세대(총72개동)'라고 제대
로 뽑아 온 것을 볼 수 있습니다.

크롤링 프로그램이 '자동으로' 네이버 부동산 사이트의 잠실엘스 단지 페
이지를 연 다음 〈단지정보〉 버튼을 스스로 클릭하고, '세대수' 항목의 값을
가져온 것입니다. 간단한 크롤링이지만 처리 순서는 다음과 같습니다.

1. 크롤링 프로그램이 '자동으로' 크롬 브라우저를 실행해서 네이버 부동산 사이트 중
   잠실엘스 아파트 단지 페이지로 이동합니다.
2. 크롤링 프로그램이 소스 코드에서 XPath를 사용하여 〈단지정보〉 버튼을 찾아 '자
   동으로' 클릭하고, 스스로 2초간 딜레이 타임을 가집니다. 이는 소스 코드에서
   'time.sleep(2)'와 같이 처리되어 있는데, 네이버의 로봇 감지 기능을 피하기 위한
   것입니다. 이 대기 시간은 사용자가 직접 수정할 수도 있습니다.
3. 잠실엘스 아파트 단지정보가 열리면, 두 번째로 준 XPath를 이용해 세대수 데이터
   를 추출합니다.

송파구 잠실엘스 단지정보 한꺼번에 가져오기

앞에서는 우리가 필요로 하는 정보가 있는 위치를 하나씩 찾아 XPath 경로를 복사해서 크롤링을 하는 방법을 살펴보았습니다. 네이버 부동산 사이트의 잠실엘스 아파트 단지정보에서 '세대수' 정보를 가져왔죠.

이번에는 커서에게 네이버 부동산 사이트의 아파트 단지정보 안에 있는 여러 항목들이 어떤 구조로 만들어져 있는지 알려주고, 단지정보를 한꺼번에 가져오게 해볼게요.

1. 네이버 부동산 사이트에서 '잠실엘스' 아파트 '단지정보의 내용' 위에서 마우스 오른쪽 단추를 누른 후 **검사**를 클릭하세요.

2. 화면 오른쪽에 해당 페이지의 소스 코드가 뜹니다. 소스 코드 위에서 마우스를 움직여서 아파트 단지정보의 내용이 들어간 구역(class="detail_box--complex"가 들어가 있는 행)을 알아낸 후, 이 구역 위에서 마우스 오른쪽 단추를 누른 후 **HTML로 수정**을 선택합니다.

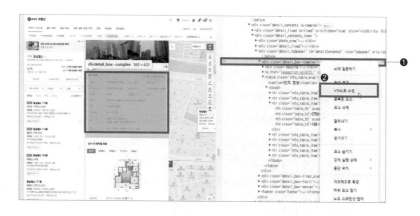

3. 그러면 잠실엘스 단지정보의 세부 내역이 있는 구역의 실제 HTML 코드가 나타납니다. 이 HTML 코드에서 〈Ctrl+A〉를 눌러 전체를 선택

한 뒤 마우스 오른쪽 단추를 누른 후 **복사**를 선택하세요.

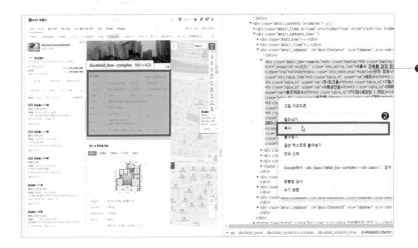

4. 커서의 AI 사이드바 입력란에서 3번 단계에서 복사한 잠실엘스 '단지
정보' 전체의 HTML 소스를 붙여넣고, 이 구역 안에 있는 항목명과 값을
대응해 가져오게 하라고 요청합니다. 커서에게 HTML 소스 코드를 주
면, 커서가 잠실엘스 단지정보 페이지의 구조를 파악해서 내가 원하는
항목의 값을 더 잘 가져옵니다.

> [잠실엘스 '단지정보' 전체 HTML 소스 붙여넣기]
> 단지정보와 관련된 전체 HTML 소스를 붙여넣으니, 이 구역 안에 있는 항목명과
> 값을 대응시켜 가져오게 해줘.

5. 커서가 코드를 수정하면 〈Accept〉를 눌러 승인합니다.

6. 이제 코드 편집창 위쪽의 ▶ 버튼을 클릭해 크롤링 프로그램을 실행하
세요.

7. 터미널 창을 보면, 네이버 부동산 사이트에서 잠실엘스의 아파트 단지
정보를 가져온 것을 볼 수 있습니다.

```
PROBLEMS    OUTPUT    DEBUG CONSOLE    TERMINAL    PORTS

PS D:\MyProject\RealEstate> & C:/Users/USER/AppData/Local/Programs/Python/Python313/pytho
n.exe d:/MyProject/RealEstate/main.py

DevTools listening on ws://127.0.0.1:53873/devtools/browser/a45f1480-b14d-43f9-807c-e8e46
c137aeb

=== 단지 정보 ===
세대수: 5678세대(총72개동)
저/최고층: 17층/34층
사용승인일: 2008년 09월 30일
총주차대수: 7712대(세대당 1.35대)
용적률: 275%
건폐율: 16%
건설사: 대림산업, 삼성물산, 현대건설, 현대산업개발(주)
난방: 지역난방, 열병합
관리사무소: 02-416-2883
주소: 서울시 송파구 잠실동 19
서울시 송파구 올림픽로 99
면적: 84㎡, 109B㎡, 109A㎡, 111C㎡, 149㎡
공급/전용: 84.75㎡/59.96㎡(전용률 71%)
방수/욕실수: 3개/2개
해당면적 세대수: 1150세대
현관구조: 계단식
해당면적 매물: 매매 115전세 95월세 89단기 1
관리비: 33만 1,490원
2024년 12월
공시가격: 해당면적 최고가 13억 3,500
보유세: 약 327만 9,690원
PS D:\MyProject\RealEstate> 
```

크롤링 데이터 엑셀로 저장하기

1. 커서에게 크롤링을 한 데이터를 엑셀 파일로 저장해 달라고 요청합니다.

> 출력의 결과를 엑셀 파일로도 저장하게 해줘.

2. 커서가 코드를 수정합니다. 파이썬의
데이터 분석 및 처리를 돕는 pandas,
엑셀 파일을 읽고 쓰고 수정하기 위한
openpyxl 라이브러리 이름에 빨간선
이 그어져 나왔네요. 라이브러리 설치
명령어 줄에서 〈Run Command〉 버튼
을 클릭해 이들 라이브러리를 설치하세
요. 코드 작성이 끝나면 〈Accept〉를 눌
러 승인합니다.

3. 코드 편집창 위쪽의 ▶ 버튼을 클릭해 크롤링 프로그램을 실행하세요.

4. 터미널 창을 보면 엑셀 파일이 저장되었다고 나옵니다.

5. 우리가 작업 중인 'RealEstate' 폴더 아래에도 엑셀 파일이 생성되었습니다. 파일명은 연월일과 시분초를 이용해서 만들었군요. 이 파일을 더블클릭하세요.

6. 엑셀 워크시트에 네이버 부동산 사이트의 잠실엘스 단지정보가 깔끔하게 정리되어 나타납니다.

	A	B
1	항목	내용
2	세대수	5678세대(총72개동)
3	저/최고층	17층/34층
4	사용승인일	2008년 09월 30일
5	총주차대수	7712대(세대당 1.35대)
6	용적률	275%
7	건폐율	16%
8	건설사	대림산업, 삼성물산, 현대건설, 현대산업개발(주)
9	난방	지역난방, 열병합
10	관리사무소	02-416-2883
11	주소	서울시 송파구 잠실동 19서울시 송파구 올림픽로 99
12	면적	84㎡, 109B㎡, 109A㎡, 111C㎡, 149㎡
13	공급/전용	84.75㎡/59.96㎡(전용률 71%)
14	방수/욕실수	3개/2개
15	해당면적 세대수	1150세대
16	현관구조	계단식
17	해당면적 매물	매매 115전세 95월세 89단기 1
18	관리비	33만 1,490원2024년 12월
19	공시가격	해당면적 최고가 13억 3,500
20	보유세	약 327만 9,690원

분당 파크뷰 단지정보, 동적 크롤링 자동화

앞에서는 매번 특정 아파트 단지의 페이지를 연 뒤, 커서에게 그 페이지의 URL을 알려주어야 했습니다. 이를테면 잠실엘스의 단지정보가 필요할 때, 매번 그 페이지를 연 후 커서에게 URL을 복사해 주어야 하니 번거로운 일입니다. 크롤링을 이보다 더 자동화해 볼까요?

1. 커서에게 네이버 부동산 메인 페이지의 URL(land.naver.com)을 알려준 다음, 이 페이지에서 내가 먼저 몇 가지 선택을 할 테니 거기에 맞게 크롤링을 해달라고 요청합니다.

> 처음에는 @https://land.naver.com/ 이 링크로 먼저 이동을 해주고, 내가 직접 페이지에 들어가서 명령을 주면, 그때 크롤링을 수행하도록 해줄 수 있어?

잠깐만요 AI 사이드바 입력란에서 URL을 붙여넣으면 그 앞에 @가 자동으로 붙습니다.

2. 커서가 코드를 수정합니다. wait_for_command(self) 메소드가 추가되었네요. 특정 명령을 기다리는 역할을 하는 함수입니다. 주로 반복적인 입력을 기다리는 서버, 봇 등에서 사용합니다. 코드 작성이 끝나면 〈Accept〉를 눌러 승인하세요.

3. 코드 편집창 위쪽의 ▶ 버튼을 클릭해 크롤링 프로그램을 실행하세요.

4. 잠시 기다리면, 크롬 웹브라우저에 네이버 부동산 메인 페이지가 저절로 나타납니다. 우리가 커서에게 먼저 네이버 부동산 메인 페이지로 접속하게 만들라고 요청했기에, 크롤링 프로그램이 이 메인 페이지를 '자동으로' 여는 것입니다.

5. 이번에는 커서로 돌아와 터미널 창을 보세요. 크롤링 프로그램이 '원하
는 페이지로 이동한 후 〈Enter〉 키를 눌러 주세요'라는 메시지를 보여
주고 대기하고 있습니다.

6. 이제 웹브라우저에서 크롤링을 원하는 페이지로 이동하세요. 여기서는
경기도 성남시 분당 '파크뷰' 단지 페이지를 열었습니다.

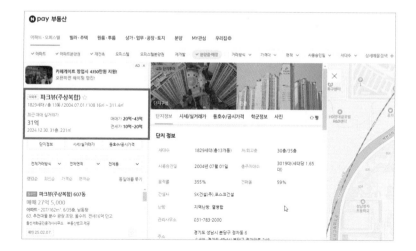

7. 커서의 터미널 창에서 크롤링을 원하는 페이지로 이동한 후 〈Enter〉
키를 누르면, 그 페이지의 URL을 받아서 크롤링을 시작한다고 했죠?
우리는 웹브라우저에서 크롤링을 할 분당 '파크뷰' 아파트 단지 페이지를
연 상태입니다. 이제 터미널 창에서 〈Enter〉 키를 누르세요.

8. 크롤링 프로그램이 분당 '파크뷰' 단지정보를 순식간에 수집하고, 새로
운 엑셀 파일이 생성됩니다.

9. 탐색기의 작업 폴더에서 새로 생성된 엑셀 파일을 열어 보세요. 엑셀
워크시트에 다음과 같이 분당 '파크뷰'의 단지정보가 나타납니다.

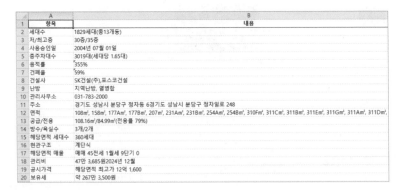

	A	B
1	항목	내용
2	세대수	1829세대(총13개동)
3	저/최고층	30층/35층
4	사용승인일	2004년 07월 01일
5	총주차대수	3019대(세대당 1.65대)
6	용적률	355%
7	건폐율	59%
8	건설사	SK건설(주),포스코건설
9	난방	지역난방, 열병합
10	관리사무소	031-783-2000
11	주소	경기도 성남시 분당구 정자동 6경기도 성남시 분당구 정자일로 248
12	면적	108㎡, 158㎡, 177A㎡, 177B㎡, 207㎡, 231A㎡, 231B㎡, 254A㎡, 254B㎡, 310F㎡, 311C㎡, 311B㎡, 311E㎡, 311G㎡, 311A㎡, 311D㎡,
13	공급/전용	108.16㎡/84.99㎡(전용률 79%)
14	방수/욕실수	3개/2개
15	해당면적 세대수	360세대
16	현관구조	계단식
17	해당면적 매물	매매 45전세 1월세 9단기 0
18	관리비	47만 3,685원2024년 12월
19	공시가격	해당면적 최고가 12억 1,600
20	보유세	약 267만 3,500원

송파구 신천동 모든 아파트 한 방에 크롤링

이번에는 서울시 송파구 신천동에 있는 모든 아파트의 단지정보를 한꺼번에 수집해 보겠습니다.

1. 네이버 부동산 사이트에서 '서울시→송파구→신천동'을 선택한 후 〈신천동 지도로 보기〉를 선택하고, 이 페이지의 URL을 복사해 메모장에 붙여두세요.

2. 이번에는 지도의 상단에 있는 〈단지〉 목록 버튼 위에서 마우스 오른쪽 단추를 누른 후 **검사**를 클릭하세요. 화면의 오른쪽에 소스 코드가 열립니다. 주변 코드로 마우스를 움직여 보세요. 단지 이름들만 음영으로 표시되는 코드가 있습니다. 이 코드행(〈span class="area type_complex"〉) 위에서 마우스 오른쪽 단추를 누른 후 **복사→XPath 복사**를 선택합니다. 이 〈단지〉 목록 버튼의 경로도 메모장에 붙여두세요.

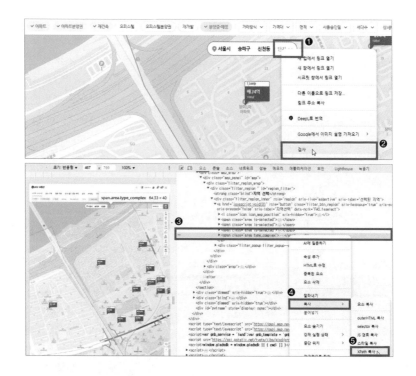

3. 이번에는 다시 송파구 신천동의 아파트 단지 목록을 열어놓고, 그 위에 서 마우스 오른쪽 단추를 누른 후 **검사**를 클릭하세요.

4. 화면 오른쪽에 단지 리스트의 소스 코드가 나타납니다. 소스 코드 상에 서 마우스를 움직이면 단지 목록 전체가 선택되는 리스트 박스 코드행 (⟨ul class="area_list--complex" role="listbox"⟩) 위에서 마우스 오른쪽 단추를 클 릭한 후 **HTML로 수정**을 선택합니다.

5. 단지 목록이 나오는 부분의 HTML 소스 코드가 나옵니다. 커서가 이 HTML 코드를 보고 단지정보의 구조를 알게 될 것입니다. 전체를 선택해서 복사한 후 메모장에 붙여두세요.

6. 커서의 AI 사이드바에서 서울시 송파구 신천동의 전체 아파트 단지정보를 한꺼번에 크롤링해 달라고 요청합니다. 이때 크롤링을 하는 과정을 상세히 알려주고 관련 링크 등도 줍니다.

> 아니야. 내가 직접 들어가는 것도 너무 비효율적이야.
> ❶──먼저 ['신천동 지도로 보기' 페이지의 URL 붙여넣기] 이 링크에 들어가서,
> ❷──[단지 목록 버튼 XPath 붙여넣기] 여기에 있는 버튼을 클릭해 줘.
> ┌─ 그러면 단지 리스트가 뜨는데, 구조는 아래의 HTML 소스 코드를 참조하면 돼.
> ❸ ❹ 가장 처음에 있는 단지를 눌러서 원래처럼 <단지정보>를 클릭하고 크롤링을 해줘.
> │ ❺ 이걸 첫 단지부터 시작해 마지막 단지까지 반복해 줘.
> └─ [단지 목록 HTML 소스 코드 붙여넣기]

❶ 커서에게 '신천동 지도로 보기' 페이지의 URL을 주고, 먼저 이 링크로 들어가라고 지시합니다. 이때 메모장에 첫 번째로 복사해 둔 이 페이지의 링크를 넣어줘야 합니다.

❷ 커서에게 〈단지〉 목록 버튼을 클릭하라고 합니다. 이때 〈단지〉 목록 버튼의 경로를 붙여넣습니다.

❸ 그러면 단지 목록이 뜨는데, 이 페이지의 구조는 HTML 소스를 참조하면 알 수 있다고 알려줍니다. 그리고 단지 목록 HTML 소스 코드를 줍니다.

❹ 목록에서 가장 처음에 있는 단지부터 눌러 데이터를 수집하라고 합니다.

❺ 첫 단지부터 마지막 단지까지 이 과정을 반복해서 모두 데이터를 수집하라고 합니다.

7. 커서가 코드를 수정하면 〈Accept〉를 눌러 승인해 주세요.

8. 코드 편집창 위쪽의 ▶ 버튼을 클릭해 크롤링 프로그램을 실행합니다.

9. 잠시 기다리면, 네이버 부동산 사이트의 '서울시 송파구 신천동 지도로 보기' 페이지가 '자동으로' 열립니다. 우리가 커서에서 이 페이지의 URL을 주면서 처음엔 여기로 접속하라고 지시했기 때문입니다.

10. 잠시 후, 크롤링 프로그램이 웹브라우저에서 '자동으로' 〈단지〉 목록 버튼을 누릅니다. 우리가 이 버튼의 경로를 알려주며, 이 버튼을 누르라고 했으니까요.

11. 이번에는 크롤링 프로그램이 목록에서 '첫 번째 단지'를 클릭한 후 그 단지정보를 가져옵니다. 엑셀 파일이 하나 생성되었다고 알려줍니다.

12. 앗, 그런데 크롤링 프로그램이 아파트 단지 1개의 정보를 가져온 뒤, '두 번째 단지'를 클릭하지 못하는 상태네요. 엑셀 파일을 열어보니, 첫 번째 단지의 정보만 들어가 있습니다. 이 문제를 어떻게 해결할까요?

	A	B	C	D	E	F	G	H	I	J	K	L	M
1	단지명	난방	관리사무소	주소	당면적 매	현관구조	면적	세대수	건폐율	당면적 세대	공급/전용	공급/전용	용적률
2	더샵스타	개별난방	02-415-19	서울시 송	등록된 매	계단식	155㎡, 171	189세대(총	34%	11세대	4개/2개	155.7㎡/1	589%

> **잠깐만요** 이전까지 항목 이름을 'A열'에 배치했는데, 여러 단지의 정보를 수집해서 저장할 것이므로, 단지정보의 항목을 '1행'에 배치해 달라고 해서 코드를 수정한 뒤 실행한 것입니다.

동네 전체 아파트 자동 크롤링 수정하기

한 동네의 전체 아파트 단지정보를 자동으로 크롤링하는 것은 복잡한 작업입니다. 이처럼 한 번의 명령으로 복잡한 작업을 처리하라고 시키면 당연히 오류가 날 수 있습니다. 이럴 때는 결과 화면을 보며, 커서에게 한 단계씩 체크하면서 정보를 제공하고 수정을 요청하면 됩니다. 크롤링 프로그램은 이런 식으로 오류의 원인을 하나씩 제거해가면서 몇 번의 반복 작업으로 완성도를 높일 수 있습니다.

1. 커서에게 오류의 내용을 가능한 상세히 알려주고 수정을 요청합니다. 필요할 경우 오류 메시지나 관련 페이지를 캡처해서 업로드해도 좋습니다.

> [오류 메시지나 관련 페이지 캡처 붙여넣기]
> 지금 오류가 발생했어. 첫 번째 단지정보만 가져오고, 두 번째부터는 못 가져오고 있어. 그런데 첫 번째 단지정보를 가져온 다음, 다시 링크로 재접속해서 수행하면 돼.

2. 커서가 코드를 수정하면 〈Accept〉를 눌러 승인합니다.

3. 코드 편집창 위쪽의 ▶ 버튼을 클릭해 크롤링 프로그램을 실행합니다.

4. 터미널 창을 보면, 크롤링 프로그램이 한 단지씩 차례로 아파트 단지정보를 가져오고, 마지막 단지의 정보를 크롤링한 다음에 정상적으로 종료됩니다. 엑셀 파일도 새로 생성되었습니다.

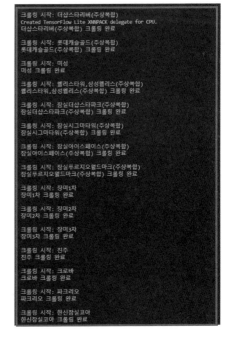

5. 새로 생성된 엑셀 파일을 열어보겠습니다. 엑셀 워크시트에 서울시 송파구 신천동의 아파트 목록에 있었던 16개 아파트의 단지정보가 모두 수집되어 저장되었습니다.

	단지명	층수/욕실	현회/조합	현관구조	공급/전용	주소	건설사	담면적	당면적 매	세대수	상배정면 상세대	용적율	사용승인일	공시가격
2	더샵스타2	4개/2개		계단식	155.7m²/12	서울시 송	(주)포스코	11세ㄷ	등록된 매	1189세대(총2개동)		589%	2006년 09	해당면적
3	롯데캐슬골2	3개/2개		계단식	158.05m²/1	서울시 송	롯데건설	74세대ㄷ	등록된 매	400세대(총1개동)		646%	2005년 11	해당면적
4	미성	2개/1개	02-413-03	복도식	62.81m²/5	서울시 송	아파트	580세ㄷ	매매 76전	1230세대(전용 95.84	1888세대		1980년 12월 24일	
5	헬리스타9	3개/2개		계단식	161.33m²/1	서울시 송	삼성물산	11세대ㄷ	매매 매	60세대(1동)		848%	1996년 05	해당면적
6	잠실더샵2	3개/2개		계단식	167.41m²/1	서울시 송	주식회사	22세대ㄷ	매매 6전	213세대(총3개동)		591%	2008년 09	해당면적
7	잠실시그ㅁ	4개/2개		복도식	204.67m²/1	서울시 송	한라건설	16세대ㄷ	등록된 매	84세대(총2개동)		921%	1996년 12	해당면적
8	잠실아이스1	1개/1개		복도식	72.05m²/5	서울시 송	현대산업	74세대ㄷ	등록된 매	84세대(1동)		1062%	2001년 05월 31일	
9	잠실푸르지3	3개/2개		계단식	115.31m²/1	서울시 송	주식회사	54세ㄷ	매매 7전	288세대(총2개동)		598%	2013년 06	해당면적
10	장미1차	3개/1개	02-418-78	복도식	92.59m²/7	서울시 송	라이프주ㅌ	532세ㄷ	매매 48전	2100세대(전용 45A	3913세대	184%	1979년 01월 24일	
11	장미2차	3개/1개	02-418-78	복도식	92.43m²/8	서울시 송	라이프주ㅌ	294세ㄷ	매매 41전	1302세대(전용 45A	3913세대	-	1979년 08월 30일	
12	장미3차	4개/2개	02-418-78	계단식	157.11m²/1	서울시 송	라이프주ㅌ	120세ㄷ	매매 1전	120세대(총전용 45A	3913세대	-	1984년 08	해당면적
13	진주	2개/1개	02-419-59	복도식	82.64m²/5	서울시 송	라이프주ㅌ	337세ㄷ	매매 11전	1507세대(전용 84A	2636세대	-	1980년 01월 31일	
14	크로바	4개/2개	02-413-03	계단식	142.15m²/1	서울시 송	라이프주ㅌ	120세ㄷ	매매 5전	120세대(전용 95.84	3913세대	-	1983년 08	해당면적
15	파크리오	1개/1개		계단식	52.99m²/3	서울시 송	현대건설	344세ㄷ	매매 18전	6864세대(총66개동)		283%	2008년 08	해당면적
16	한신잠실3	1개/1개		복도식	42.97m²/31	서울시 송	신공영	30세대ㄷ	매매 2전	493세대(총1개동)		390%	1988년 12	해당면적
17	현대타워2	4개/2개		복도식	138m²/106	서울시 송	현대건설	15세ㄷ	매매 2전	55세대(1개동)		45%	1996년 12	해당면적

관심 지역/아파트에서 클릭 한 번으로 크롤링 뚝딱!

앞에서는 크롤링의 출발점을 송파구 신천동으로 고정하고 실습했습니다. 이 경우 코드 안에서 출발점은 'base_url'이라는 변수에 저장됩니다.

하지만 조금 전에 실습했던 것처럼, 우리가 먼저 베이스(출발점) 페이지로 이동한 뒤 프로그램을 실행하면, 그 페이지를 출발점으로 해서 그 안의 목록 박스에 있는 단지들을 순회하면서 정보를 수집하게 할 수도 있습니다.

1. 이번에는 커서에게 네이버 부동산 메인 페이지(https://land.naver.com/)에 들어간 뒤, 내가 특정 페이지에서 명령을 주면 그때부터 크롤링을 하도록 요청합니다. 이 경우 내가 네이버 부동산 사이트에 들어간 후 용산구 이촌동, 영등포구 당산동, 성동구 옥수동 등 어느 페이지에서든 명령만 내리면 데이터를 수집해 주니 편리합니다.

> 처음에는 @https://land.naver.com/ 이 링크로 먼저 이동을 해주고, 내가 원하는 웹페이지에 들어간 뒤 명령을 주면, 그때부터 크롤링을 수행하도록 해줄 수 있어?

2. 커서가 코드를 수정합니다. 소스 코드를 보면 time.sleep(2)가 있는데, 2초 대기한 다음 코드를 실행하라는 것입니다. 이 숫자를 수정해서 크롤링을 좀더 빠르게 하도록 만들 수 있지만, 너무 빨라지면 네이버 사이트에서 로봇으로 판단해 차단할 수 있고, 또 인터넷 속도 문제로 인해 스텝이 꼬일 수도 있습니다. 그래서 커서가 대기 시간을 2초 정도로 준 것으로 보입니다. 코드 수정이 끝나면 〈Accept〉를 눌러 승인합니다.

3. 코드 편집창 위쪽의 ▶ 버튼을 클릭해서 크롤링 프로그램을 실행하세요.

4. 잠시 뒤, 웹브라우저에 네이버 부동산 메인 화면이 '자동으로' 열립니다. 커서에게 처음엔 네이버 부동산 메인 페이지로 접속하게 만들라고 지시했기 때문입니다.

5. 우리가 영등포구 당산동의 아파트에 관심이 있어서 크롤링을 하고 싶다고 해보죠. 네이버 부동산 지도에서 '영등포구'를 클릭한 후 '당산동'을 선택하고 〈당산동 지도로 보기〉를 누릅니다.

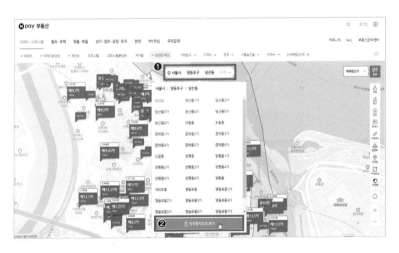

6. 터미널 창을 보세요. '원하는 아파트 단지 목록 페이지로 이동한 후 Enter 키를 눌러주세요'라는 메시지가 보이죠? 〈Enter〉 키를 눌러주세요.

7. 이제 당산동 페이지가 '자동으로' 열립니다. 내가 설정한 '서울시→영등 포구→당산동' 페이지의 URL이 프로그램으로 전달되었기 때문이죠.

8. 크롤링 프로그램이 스스로 당산동의 아파트 〈단지〉 목록 버튼을 누르 고, '첫 번째' 단지를 불러와서 단지정보를 수집해 보여줍니다.

9. 그런 다음, 크롤링 프로그램이 다시 처음의 링크를 눌러 당산동 페이지 를 엽니다. 그리고 다시 〈단지〉 목록 버튼을 누르고, 이번에는 '두 번째' 단지를 열고 단지정보를 수집합니다.

10. 당산동의 전체 아파트 단지정보를 이런 식으로 반복하여 가져옵니다. 해당 단지가 많다면 크롤링에 시간이 좀 걸릴 수 있는데, 사용자는 굳이 이 창을 지켜보지 않고, 그동안 다른 일을 해도 됩니다. 크롤링 프로그 램이 알아서 당산동의 아파트 단지정보를 싹 가져올 테니까요.

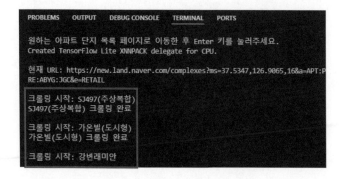

11. 서울시 영등포구 당산동 아파트 단지정보의 크롤링이 모두 끝났나

요? 엑셀 파일도 새로 생성되었죠? 이제 새로 생성된 엑셀 파일을 열

어보세요. 크롤링 프로그램이 영등포구 당산동의 42개 아파트 단지정

보를 모두 수집해서 저장한 것을 볼 수 있습니다.

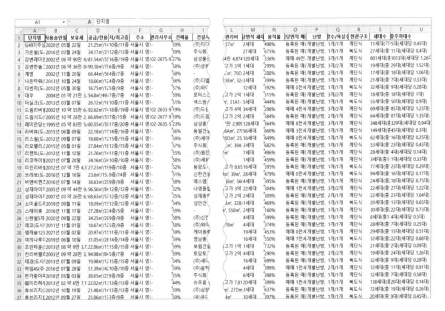

웹에서 짧은 시간 안에 반복적인 액션을 수행하면 웹사이트들이 로봇으로

감지하기에, 이 크롤링 프로그램은 이를 우회하기 위해 마치 진짜 사람이

버튼 등을 누르는 것처럼 대기 시간을 설정했습니다. 따라서 크롤링이 생

각만큼 획획 빨리 되지는 않습니다. 하지만 사람이 직접 하는 속도에 비하

면 엄청 빠르고 편합니다.

지금까지 버튼 한 번만 누르면, 원하는 지역의 아파트 단지정보를 자

동으로 가져오는 크롤링 프로그램을 만들어 보았습니다. 이 크롤링 방법

을 이용하면 다양한 정보를 빠르고 쉽게 수집할 수 있을 것입니다.

동네별 세대수 많은 10개 아파트 단지만 크롤링

만약에 서초동, 이촌동, 잠실동, 성수동 등 각 동네에서 세대수가 많은 순으로 10개 아파트 단지만 크롤링하고 싶다고 해보죠.

커서에게 네이버 부동산의 '○○동 목록 보기' 페이지에서 단지 목록 위쪽의 '세대수순'을 클릭해서 위로부터 아래로 10개까지만 크롤링을 하게 해달라고 요청하면 됩니다. 이때 〈세대수순〉 버튼도 XPath 경로를 복사해서 알려주어야 합니다.

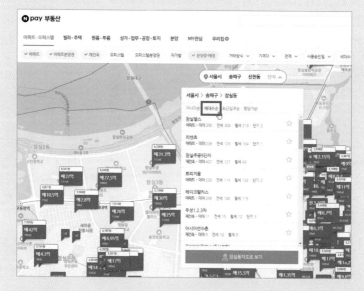

매일 반복되는 엑셀 수작업,
단숨에 자동화!

회사들은 매출 데이터, 고객행동, 재고흐름 등을 분석하여 효율적인 운영 전략을 수립하고 더 나은 비즈니스 의사결정을 내리기 위해 데이터 분석을 활용합니다. 이런 반복적인 분석 작업을 매년, 매분기, 매월, 매일마다 직접 하려면 많은 시간과 노력이 필요하죠.

가상의 전자제품 회사 A사는 서울·인천·부산·대구·광주에 지점이 있으며, 판매하는 제품은 다음과 같이 4가지이고, 각 제품마다 2개의 사양이 있습니다.

이들 5개 지점은 매년, 매분기, 매월 기준일이 지나면 본사로 매출 데이터를 엑셀로 변환해서 보내는데, 경영지원팀은 이를 바탕으로 분석작업을 하는 데 많은 시간과 자원을 씁니다. 여기서는 커서 AI와 파이썬을 이용해 지점별 매출 분석과 평가 및 시각화 작업까지 자동화하는 방법을 알아보겠습니다.

A사의 판매 제품 및 사양

제품명	세부 사양
노트북	기본형, 고급형
태블릿	와이파이, 셀룰러
데스크톱	사무용, 고성능
스마트폰	보급형, 프리미엄

A사의 엑셀 자료(company_sales_rawdata.xlsx)는 5개의 지점별 시트로 나뉘어 져 있습니다. 지점들은 연초에 각 사양별로 1,000개씩의 재고를 갖고 영업을 시작합니다. 5개 지점의 연간 총매출액은 1,593억원입니다.

A사의 5개 지점별 엑셀 시트

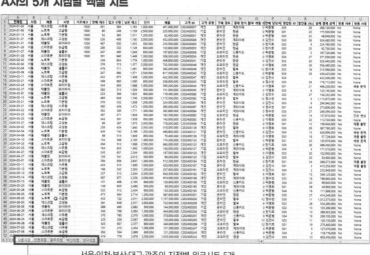

서울·인천·부산·대구·광주의 지점별 워크시트 5개

엑셀 데이터 자동으로 가져오기

1. 커서에서 [File]→Open Folder를 누른 후 'MyProject' 폴더 아래에 'Sales' 라는 폴더를 만들고 그 폴더를 선택합니다.

2. 'New File' 아이콘을 눌러 'main.py' 파일을 생성합니다.

3. 이 책의 실습 파일을 다운받은 후[서승완 홈페이지(seowan.net)→커서 AI→책 예제 파일], 엑셀 예제 파일을 이 프로젝트 폴더인 'Sales' 폴더에 복사해 넣으세요.

4. 먼저 커서가 이 엑셀 파일들을 잘 인식하는지, 다음과 같이 요청해 보죠.

> 현재 폴더에 company_sales_rawdata.xlsx라는 파일이 있어. 이 파일을 열면 5개의 탭이 있는데, 각 탭에 몇 개의 데이터 행이 있는지 출력해 줘.

5. 커서가 간단한 코드를 만들어 주면 〈Accept〉를 눌러 승인합니다.

잠깐만요 pandas나 openpyxl 같은 엑셀 관련 라이브러리를 설치하라고 하면, 명령어 행의 〈Run command〉 버튼을 눌러 설치하세요.

6. 코드 편집창 위쪽의 ▶ 버튼을 눌러 프로그램을 실행하세요.

7. 터미널 창에 보니, 엑셀 파일의 지점별 시트 5개를 잘 읽어들였네요.

8. 그런데 지점별, 월별 매출을 분석하려면, 엑셀 표에 있는 '판매일' 항목의 날짜도 잘 인식해야겠죠? 커서에게 다음과 같이 요청합니다.

> 이 엑셀 파일의 서울 지점에서 판매된 1월의 자료만 출력해 줘.

9. 커서가 수정 코드를 써주면 〈Accept〉를 눌러 승인합니다.

10. 코드 편집창 위쪽의 ▶ 버튼을 눌러 프로그램을 실행하세요.

11. 그런데 오류가 났습니다. 커서가 엑셀 파일의 항목명(칼럼명)이 '지점'과 '날짜'가 아닐 수 있다면서 엑셀 파일의 구조를 확인하는 코드로 수정하겠다고 했는데, 실제 항목명은 '날짜'가 아니라 '판매일'입니다.

커서가 날짜 형식 데이터를 보고 지레짐작한 것일까요? 만약 오류의 원인을 짐작하기 힘들다면, 그냥 커서에게 계속 질문을 하면서 문제의 원인을 찾을 수도 있습니다. 여기서는 커서에게 다음과 같이 요청했습니다.

> 엑셀 파일의 항목명은 '날짜'가 아니라 '판매일'이야. 소스 코드에서 '날짜'를 '판매일'로 수정해.

12. 커서가 소스 코드에서 '날짜'를 '판매일'로 수정하고, 또 날짜가 들어가는 해당 열의 값을 datetime 형식("YYYY-MM" 형식)으로 변경합니다. 〈Accept〉를 눌러 코드를 승인합니다.

13. 코드 편집창 위쪽의 ▶ 버튼을 눌러 프로그램을 실행하세요.

14. 터미널 창을 보면, 프로그램이 각 지점별 워크시트를 순회하면서 시트 정보, 행의 수, 항목명, 첫 5행 데이터를 출력하고, 그다음에 서울 지점의 1월 판매 데이터를 가지고 왔습니다. 0번부터 7번까지 모두 8개를 정상적으로 출력했습니다. 프로그램이 엑셀 파일을 잘 인식하고, 5개의 워크시트에서 데이터를 잘 가져오고 있는 것입니다.

지점별 매출 데이터 시트를 하나로 합치기

1. 이제 커서에게 서울·인천·부산·대구·광주의 5개 지점 데이터를 하나로 통합하라고 요청하겠습니다.

> 엑셀 파일에 있는 5개의 시트를 하나의 시트로 통합하고 싶어. 항목명과 날짜 형식 등은 그대로 유지해야 해. 결과는 별도의 독립된 엑셀 파일로 저장해 줘.

2. 커서가 코드를 만들면 〈Accept〉를 눌러 승인합니다.

3. 코드 편집창 위쪽의 ▶ 버튼을 눌러 프로그램을 실행하세요.

4. 탐색기를 보면, 현재의 작업 폴더에 별도의 엑셀 파일이 만들어집니다. 이 엑셀 파일을 더블클릭해서 열어보세요.

5. 오~, 5개의 지점별 데이터가 하나의 시트에 잘 합쳐졌습니다. 각 지점별로 96행의 데이터가 있었는데, 5개 지점을 합쳤더니 모두 480행의 데이터가 되었습니다.

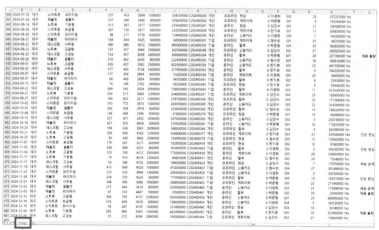

서울·인천·부산·대구·광주의 지점별 워크시트 5개 시트를 1개의 시트로 통합

지점별/월별/제품별/사양별 판매 집계 자동화

1. 이번에는 각 지점별로 월별로 얼마나 판매했는지 데이터를 집계해 보겠습니다. 커서에게 뭔가 요청할 때는 최대한 구체적으로 적어주는 것이 안전합니다. 엑셀 표에는 '매출' 항목도 있고, 신용카드나 할부 등으로 실제 입금된 금액만 적어넣은 '실제 결제금액' 항목도 있습니다. 저는 J열의 '매출' 항목을 구체적으로 명시해 주었습니다.

> 이제 각 지점별, 월별, 제품별, 사양별로 매출액을 합산해 보자. 매출액은 J열(항목명은 '매출')에 있어. 각 지점당 하나씩 피봇테이블 형태로 만들어 주면 돼. 각 지점당 피봇테이블 위의 행에는 지점 이름을 써주고, 5개의 집계표에는 항목 행을 모두 넣어줘.
> 결과는 새로운 엑셀 파일을 만들어서 하나의 시트 안에 서울, 인천, 부산, 대구, 광주의 순으로 넣어줘. 서로 다른 시트에 넣으면 안돼.

2. 커서가 코드를 만들면 〈Accept〉를 눌러 승인합니다.

3. 코드 편집창 위쪽의 ▶ 버튼을 눌러 프로그램을 실행하세요.

4. 터미널 창에 피봇테이블이 저장되었다는 메시지가 나옵니다.

5. 탐색기를 보면, 현재의 작업 폴더에 'Sales_pivot_tables.xlsx' 파일이 새로 만들어졌습니다. 이 엑셀 파일을 더블클릭해서 열어보세요.

6. 엑셀 파일이 열리면, 하나의 워크시트에 5개 지점의 월별 매출액이 나옵니다. 총합계액도 1,593억원으로 첫 번째 엑셀 파일의 총합계액과 딱 맞아떨어집니다. 지점별 표에 월별로 각 제품의 사양별 판매액이 들어간 것이죠.

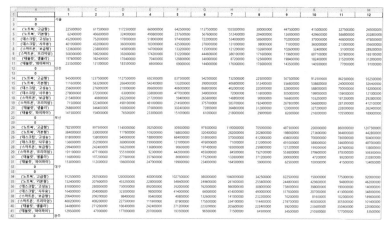

잠깐만요 '지점별 집계' 엑셀 파일을 확인 후에는 반드시 닫아주세요. 이 엑셀 파일이 열려 있는 상태에서 다음 실습을 하면 오류가 날 수 있습니다. 저장할 때마다 다른 파일명으로 저장하게 해서 이런 오류가 안 나게 하고 싶으면, 커서에게 파일 이름에 연월일시분초를 추가해서 지어달라고 하면 됩니다.

엑셀 판매 집계표 디자인 자동화

이제 엑셀의 판매 집계표를 읽기 쉽게 만들어 볼게요. 이때 2~3개 이상의 요청을 한꺼번에 하는 것보다, 한 번에 1개의 요청을 하면서 수정해가는 것이 결과적으로는 더 빠릅니다. 여러 개의 요청을 한꺼번에 하면, 오류가 났을 때 어느 부분이 문제인지 파악하기 힘들 때가 많습니다.

1. 저는 커서에게 다음과 같은 식으로 요청을 각각 하나씩 하고, 커서가 코드를 작성하면 〈Accept〉 버튼을 눌러 승인하는 식으로 작업을 했습니다. 다음의 각 과정을 나누어 한 것이죠. 왜냐하면 그때마다 커서가 어떤 식으로 코드를 수정하는지 살펴보면서 미세조정을 할 수 있고, 또 원치 않는 결과가 나왔을 때는 〈Restore Checkpoint〉 버튼을 눌러 한 단계만 더 뒤로 돌아가서 요청을 수정해 가면서 실행하면 되니까요.

- ▶ 제품명은 A열에 넣고, 사양은 B열에 넣어줘. 1월부터 12월은 C열에서 N열까지 배치하면 돼.
- ▶ 이번에는 피봇테이블의 항목 행에 1월부터 12월까지 넣어줘. 5개의 피봇테이블에 모두 항목 행을 넣어야 해.
- ▶ 이번에는 각 피봇테이블 항목명의 위의 행 A열에 지점명을 표시해 줘. 5개 피봇테이블 모두에 대해 이걸 시행해 줘.
- ▶ 그런데 지금 지점명이 원치 않는 다른 곳에도 표시되어 있어. 피봇테이블 위쪽 외에 있는 지점명은 모두 삭제해 줘.
- ▶ 이번에는 각 피봇테이블의 아래에 한 행을 삽입한 다음, 1월부터 12월까지의 합계액을 넣어줘. 모든 피봇테이블에 다 적용해 줘.
- ▶ 이번에는 방금 전에 삽입한 그 행의 O열에 그 행의 12개 셀에 있는 값을 합산해서 넣어줘.
- ▶ 이번에는 값들이 들어 있는 열의 폭을 11로 조절해 줘.
- ▶ 이번에는 모든 셀의 값을 모두 10포인트로 통일해 줘.
- ▶ 이번에는 모든 셀의 숫자 데이터에 천 단위 콤마를 찍어줘.
- ▶ 이번에는 각 피봇테이블의 항목명(제품, 사양, 1월부터 12월까지 표기된 행)이 있는 행만 Bold체로 설정하고, 연한 파랑색 음영을 칠해줘. 12월이 있는 셀에서 끝나야 해.
- ▶ 이번에는 각 피봇테이블의 가장 아래에 있는 월별 합계가 표시되는 행에 연두색 음영을 칠해줘.

2. 코드 편집창 위쪽의 ▶ 버튼을 눌러 프로그램을 실행하세요.

3. 엑셀 파일을 열어보면, 각 지점별/월별/제품별/사양별 판매액이 깔끔하게 정리되었습니다.

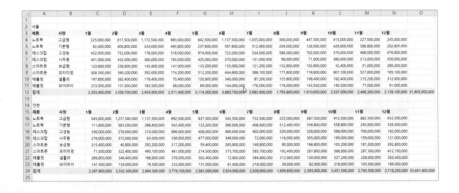

이제 매월, 매분기, 매년 엑셀 자료가 있으면, 코드 안에 파일 이름을 지정해서 순식간에 앞의 표로 깔끔하게 집계표를 만들 수 있게 된 것이죠. 그런데 코드 안에 파일 이름을 지정하다니 귀찮죠? 잠시 뒤, 자동화할 엑셀 파일을 선택할 수 있는 폼까지 만들어 볼 거예요.

AI로 지점별 평가 및 분석 자동화

이번에는 AI(GPT-4o)를 이용해서 5개 지점별 강점과 약점, 지역별 차별화 전략, 재고관리, 향후 매출 예측 등을 해보겠습니다.

1. 커서에게 다음과 같이 요청합니다. GPT-4o를 이용하려면 오픈AI의 API를 통해 가져와야겠죠? 그런데 우리는 이미 앞에서 커서의 '설정' 메뉴에서 오픈AI API 연결에 대한 자세한 정보를 설정했으므로, 그냥 'AI를 연결하라'고만 해도 됩니다.

피봇테이블이 완료되면, 이어서 이 엑셀 파일에 새로운 시트를 추가해서 '지점별 평가'라고 이름을 붙여.
그리고 AI를 연결해서 아래의 작업을 해줘.
이제 앞의 각 지점별 피봇테이블을 분석하고, 각 지점의 강점과 약점, 지역별 차별화 전략, 재고관리의 적정성, 향후 매출 예측을 '지점별 평가' 시트에 정리해 줘.

---

2. 커서가 코드를 수정하고 오픈AI API와 연결하는 코드도 써줍니다. 〈Accept〉를 눌러 승인합니다.

3. 코드 편집창 위쪽의 ▶ 버튼을 눌러 프로그램을 실행합니다.

4. 이제 새로 생긴 엑셀 파일을 열어보세요. 먼저 각 지점별 피봇테이블이 만들어집니다(앞의 3번 단계 피봇 테이블과 같음). 그리고 새로운 시트가 추가

되면서, 그 시트 안에 GPT-4o가 각 지점에 대해 분석한 결과 보고서를 정리해 보여줍니다.

서울 지점의 경우 고성능 제품군(고급형 노트북, 고성능 데스크톱)의 매출이 높으며, 향후 이 추세가 계속되며 매출 상승세를 보일 것으로 예측했습니다. 반대로 보급형 제품에 대한 수요가 상대적으로 낮아질 수 있으므로 이들 제품에 대한 마케팅 전략을 재검토해야 한다고 평가했네요.

지점별 데이터 시각화 자동화

1. 이번에는 커서에게 지점별 피봇테이블의 내용을 토대로 몇 가지 차트를 그려주는 기능을 요청했습니다. 지점별 총매출액, 제품군별 가장 많이 판매된 제품 및 월별 매출 변화 추이 및 매출 점유율을 각각 막대그래프와 선 그래프, 원 그래프로 그려달라고 했습니다.

피봇테이블이 완료되고, AI의 분석이 완료되면 이후에는 아래의 작업을 수행해 줘. 우선 새로운 시트를 추가해서 시트 이름을 '시각화'라고 이름을 붙여줘. 그리고 이 시트에는 잠시 전에 만든 5개의 피봇테이블을 보고, 아래의 차트를 순서대로 그려줘.

- 5개 지점의 총매출액을 비교하는 막대그래프를 그린다.
- 4개 제품군별 베스트셀러 제품(5개 지점 통합)을 비교하는 막대그래프를 그린다.
- 4개 제품군별 매출 변화 추이(5개 지점 통합)를 선 그래프로 그린다.
- 4개 제품군별 매출 점유율(5개 지점 통합)을 원 그래프로 그린다.

2. 커서가 시각화 관련 코드를 작성해 줍니다. openpyxl 라이브러리의 차트 기능을 사용하겠다는데, 혹시 설치되지 않은 경우라면 설치 명령어 행의 〈Run command〉를 눌러 설치하세요. 코드 작성이 끝나면 〈Accept〉 버튼을 눌러 승인합니다.

3. 코드 편집창 위쪽의 ▶ 버튼을 눌러 프로그램을 실행하세요.

4. 앗, 그런데 터미널 창을 보니 오류 메시지가 뜹니다. 오류 메시지를 마우스로 드래그하여 선택한 뒤 〈Add to Chat〉 버튼을 누르세요.

5. AI 사이드바 입력란으로 오류 메시지가 들어옵니다. 그러면 다음과 같이 쓰고 〈Enter〉를 치세요.

> 이런 오류가 나.

6. 커서가 차트의 레이아웃 설정에서 발생한 오류라고 알려주면서 차트의 위치를 조정하겠다고 합니다. 〈Accept〉 버튼을 눌러 승인합니다.

7. 코드 편집창 위쪽의 ▶ 버튼을 눌러 다시 프로그램을 실행하세요.

8. 터미널 창을 보면, 프로그램을 실행하자마자 엑셀 파일이 생성됩니다. 하지만 바로 이 엑셀 파일을 열어보지는 마세요.

그러면 프로그램이 피봇테이블만 만든 채, 다른 시트를 아직 생성하지 않아 오류가 난 것처럼 느낄 수도 있습니다. 피봇테이블과 시각화 작업은 순식간에 하지만, 중간에 있는 AI가 5개 지점의 집계표를 읽고 평가하는 작업은 다소 시간이 걸리거든요.

잠시 기다리면, 터미널 창에 완료 메시지가 뜨고 엑셀 파일이 새로 만들어졌다는 메시지가 나옵니다.

```
Problems   Output   Debug Console   Terminal   Ports
PS D:\MyProject\Sales> & C:/Users/USER/AppData/Local/Programs/Python/Python313/python.exe d:/MyProject/Sales/main.py
피봇테이블과 시각화가 sales_pivot_tables_20250305_175914.xlsx에 저장되었습니다.
```

9. 탐색기에서 현재 작업 폴더에 새로 생긴 엑셀 파일을 더블클릭해서 여세요. 세 번째 워크시트 탭에 '시각화' 시트가 만들어졌습니다. 이 '시각화' 탭을 클릭하세요. 커서가 그래프를 그리기 위해 가공한 데이터가 있고, 그 위에 4개의 차트가 나타납니다. 차트는 초안 수준으로 사람의 손으로 미세조정을 거칠 필요가 있어 보이네요.

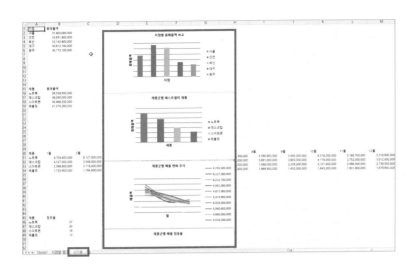

엑셀 데이터 자동화 폼 만들기

이제 우리가 만든 프로그램을 처음 실행하면 '파일 불러오기' 대화상자가
나타나고, 사용자가 이 대화상자에서 분석할 엑셀 파일을 선택할 수 있도
록 해 보죠.

엑셀 데이터 자동화 폼에서 엑셀 파일만 선택하면, 프로그램이 자동으
로 척척 지점별 데이터를 합쳐서 하나의 시트로 만들고, 지점별/월별/제
품별/사양별 판매 집계표를 만들며, 지점별로 평가 및 분석을 하고 시각
화 자료까지 만들어 주는 것이죠.

1. 커서에게 다음과 같이 요청합니다. 앞에서 '한국은행 보도자료'를 크롤
링을 할 때 사용했던 GUI(그래픽 유저 인터페이스) 방식의 Tkinter라는 라
이브러리를 이용해 볼게요(라이브러리 이름을 모르면 그냥 요청해도 됩니다).

> Tkinter 라이브러리를 이용해서, 처음 프로그램을 실행할 때 분석할 엑셀 파일
> 을 사용자가 직접 선택할 수 있게 해줘. 대화상자에는 파일을 불러올 수 있는 버
> 튼이 필요하고, 결과 파일을 저장할 경로도 설정할 수 있게 해줘.

2. 커서가 기존의 데이터 처리 코드(피봇테이블을 만들고, AI 분석 보고서를 쓰고, 시각화까지 하는 작업)를 process_sales_data() 함수로 분리하고, main() 함수에는 대화상자를 만들고 관리하는 기능을 넣어줍니다. 대화상자에는 입력 파일 선택 섹션, 출력 파일 선택 섹션, 〈분석 시작〉 버튼을 만들었다고 합니다. 이제 〈Accept〉 버튼을 눌러 승인합니다.

3. 커서가 만든 입력폼이 제대로 작동하는지 시험해 보죠.

이번에는 두 번째 엑셀 예제파일(청주·강릉·김천·군산·목표)인 Company_Sales_rawdata2.xlsx를 엑셀 데이터 자동화 폼이 적용된 새로운 프로그램에 넣어서 실행해 보겠습니다. 먼저, 코드 편집창 위쪽의 ▶ 버튼을 눌러 프로그램을 실행하세요.

4. 다음과 같이 '판매 데이터 분석 프로그램' 대화상자가 나타납니다. '입력 파일 선택' 항목에서 〈파일 선택〉 버튼을 누른 후 분석할 예제 엑셀 파일을 불러오고, '결과 파일 저장 경로' 항목의 〈경로 선택〉 버튼을 눌러 어느 폴더에, 어떤 이름으로 저장할지를 정해준 뒤 〈분석 시작〉을 누릅니다.

5. 잠시 후 분석이 완료되었다는 메시지가 뜨면 〈확인〉을 누르세요.

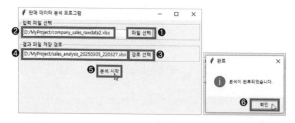

잠깐만요 우리가 앞에서 서울·인천·부산·대구·광주의 5개 지점을 코드 안에 고정값으로 명시해 놓은(하드코딩) 상태이기 때문에, 지점명이 바뀌면 파일의 내용을 인식하지 못해 텅 빈 피봇테이블이 나올 수 있습니다. 이럴 때에는 커서에게 상황을 설명하면 됩니다. 그러면 커서가 입력된 데이터의 지점들을 자동으로 감지하도록 코드를 수정해 줍니다.

6. 이제 탐색기의 저장 경로에서 새로 생성된 엑셀 파일을 더블클릭해서 열어보세요.

7. 엑셀 시트에 청주·강릉·김천·군산·목포 등 5개 지점의 데이터를 모두 분석한 결과가 나옵니다.

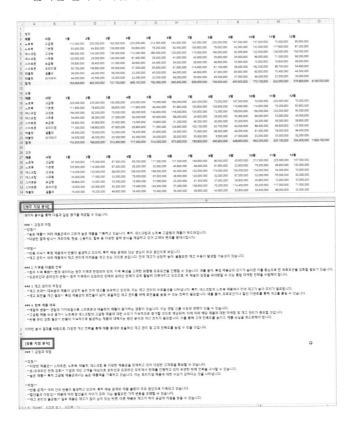

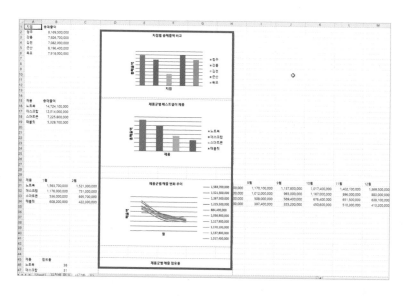

매일 같이 반복되는 엑셀 데이터 수작업, 커서와 함께 업무를 자동화할 수 있습니다. 코드에 대한 지식이 전혀 없는 경우 어느 정도의 시행착오는 거칠 수도 있지만, 커서가 꽤 큰 역할을 해 줍니다.

내가 하는 업무 프로세스에 대한 파악, 그리고 어떻게 해결할 것인가에 대한 아이디어만 있으면, 커서와 함께 한 단계씩 코딩을 해나가면서 단 몇 시간 안에 엑셀 자동화 솔루션을 만들 수 있을 것입니다.

코드의 완성도가 어느 정도 높아지면, 커서에게 이 파일을 실행 파일로 만들고 싶다고 요청하세요. 커서가 설치 파일을 만드는 명령어 행까지 준비해 주기 때문에 〈Run command〉 버튼만 눌러주면 됩니다. 실행 파일을 만드는 법은 뉴스 크롤링 방법을 설명한 289쪽을 참조하세요.

어떤가요? 코드 한 줄 몰라도, 내 업무만 잘 파악하고 있다면 엑셀 데이터 분석 및 시각화 작업을 자동화하는 게 어렵지 않죠? 그냥 커서 AI와 말로 대화해가면서 만들어 달라고 하면 되니까요.

Part

7

유튜브 요약 & 고객 리뷰 자동 답변 & PDF 분석 봇

Cursor AI

유튜브 여러 영상 한꺼번에 자동 요약 봇

유튜브에는 매일 엄청난 양의 콘텐츠가 업로드됩니다. 강연, 뉴스, 다큐멘터리 등 다양한 영상 속에서 원하는 정보를 찾고, 핵심 내용을 정리하는 일은 생각보다 시간이 많이 걸립니다.

"이 영상, 10분 안에 볼 수는 없을까?"

"긴 강의 영상을 요약해서 중요한 부분만 알고 싶어!"

"AI가 대신 정리해 준다면 얼마나 편할까?"

이번 장에서는 유튜브 영상의 자막을 가져와 자동으로 요약하는 파이썬 프로그램을 직접 만들어 봅니다. 이 프로그램을 활용하면 긴 영상을 보지 않고도 핵심 내용을 빠르게 파악할 수 있습니다.

이 장에서는 다음과 같은 과정을 단계별로 따라하게 됩니다.

〈유튜브 여러 영상 한꺼번에 자동 요약 프로그램 만들기〉

1. 유튜브 자막 가져오기: 요약할 유튜브 영상에서 스크립트(자막)를 가져옵니다.

2. 유튜브 영상 요약: 영상에서 가져온 스크립트를 GPT-4o로 요약합니다.

3. 여러 영상 한 번에 자동 요약: 여러 개의 영상 링크를 한 번에 처리하여 자동으로 요약 정리하게 합니다.

4. 엑셀 파일로 자동 정리: 요약된 내용을 엑셀 파일로 자동으로 저장하여 활용합니다.

이제 유튜브 요약 프로그램을 직접 만들어 볼까요? 커서에게 말로 요청하면 자동으로 코드를 생성해 주기 때문에, 직접 코드를 작성할 필요가 없고 쉽게 만들 수 있습니다.

유튜브 영상 스크립트 가져오기

1. 먼저 엑셀을 열어 여러분이 요약하고 싶은 유튜브 영상들의 URL을 정리해 놓으세요. 여기서는 A1 셀에 '영상 제목', B1 셀에 'URL'이 있는 간단한 표를 만들고, 5개의 유튜브 영상을 목록으로 정리했습니다.

이때 주의할 점이 있습니다. 엑셀 파일 등을 다루는 파이썬 라이브러리 중에서는 첫 행은 무조건 표의 항목명이라고 인식하는 것들이 있습니다. 따라서 첫 행은 안전하게 '항목명'으로 채워넣고, 실제 데이터는 2행부터 입력하는 것이 좋습니다.

요약할 유튜브 영상 목록

	A	B
1	영상 제목	URL
2	프롬프트엔지니어 서승완 "차이를 만드는 프롬프트 엔지니어링 기법 12가지와 GPTs 수익화"	https://www.youtube.com/watch?v=4pHBYCf1OsY
3	Google Cloud Next '24 Opening Keynote	https://www.youtube.com/watch?v=V6DJYGn2SFk
4	Cracking Enigma in 2021 - Computerphile	https://www.youtube.com/watch?v=RzWB5jL5RX0
5	Neural Networks from Scratch - P.1 Intro and Neuron Code	https://www.youtube.com/watch?v=Wo5dMEP_Bbl
6	Deep Learning State of the Art (2020)	https://www.youtube.com/watch?v=0VH1Lim8gL8
7		
8		

2. 커서를 열어 [File]→Open Folder 메뉴로 들어가 지금부터 만들 코드를 저장할 폴더를 만들고, 그 폴더를 선택합니다. 여기서는 'MyProject' 폴더 아래에 'Youtube_Summary'라는 폴더를 만들고 선택했습니다.

3. 'New File' 아이콘을 눌러 앞에서 만든 폴더 안에 'main.py' 파일을 만드세요.

4. 1번 단계에서 유튜브 영상 목록을 정리한 엑셀 파일도 'Youtube_Summary' 폴더에 복사해 넣으세요.

5. 우선, AI 기능 없이 유튜브 영상의 스크립트를 가져오게 해볼게요. 커서의 AI 사이드바 입력란에서 실습을 위해, 제가 출연한 영상의 URL을 넣어주고 다음과 같이 요청했습니다.

파이썬으로 프로그램을 만들 때, 거기에 딱 맞는 라이브러리를 안다면 커서에게 그 라이브러리의 이름을 알려주고 그것을 사용하라고 명시해 주는 것이 좋습니다.

라이브러리 이름을 알 경우 명시.
모르면 안 써도 됨

> youtube-transcript-api 라이브러리를 이용해서
> @https://www.youtube.com/watch?v=4pHBYCf1OsY 이 영상의 스크립트를
> 가져오는 파이썬 프로그램을 작성해 줘.

요약하고 싶은
유튜브 영상의 URL

6. 커서가 유튜브 영상의 자막을 가져오는 프로그램을 만드는 코딩을 시작합니다. 라이브러리 설치가 필요하면 빨간색 밑선으로 표시합니다. 설치 명령어 행의 〈Run command〉 버튼을 누르면 해당 라이브러리가 설치됩니다.

7. 커서의 코드 작성이 끝나면 〈Accept〉를 눌러 승인해 줍니다.

8. 이제 코드 편집창 위의 ▶ 버튼을 눌러 방금 만든 유튜브 요약 프로그램을 실행하세요.

9. 그런데 터미널 창을 보니 오류 메시지가 나옵니다. 이 영상에는 영어 자막이 없으며, 자동으로 생성된 한국어 자막만 있는데, 이것을 어떤 언어로 번역해야 하는지 물어보네요.

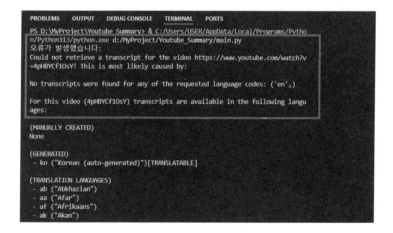

10. 우리는 한국어 자막으로 보면 되겠죠? 그래서 AI 사이드바 입력란에서 다음과 같이 요청합니다.

> 자막이 한국어면 한국어 그대로 가져오고. 자막이 영어면 한국어로 번역해서 가져오면 돼.

11. 커서가 코드를 다시 작성해 줍니다. 구글 번역 API(googletrans 라이브러리)를 사용하여 외국어 자막을 한국어로 번역하는 기능도 추가하겠다고 합니다. 다만 무료 번역 API여서 사용량이 많으면 제한될 수 있다는 설명도 덧붙이네요. 일단 라이브러리 설치 명령어 행의 ⟨Run command⟩ 버튼을 눌러 해당 라이브러리를 설치하고, 코드 작성이 끝나면 ⟨Accept⟩를 누릅니다.

12. 코드 편집창 위쪽의 ▶ 버튼을 눌러 프로그램을 다시 실행합니다.

13. 그런데 터미널 창을 보니 다시 오류가 났네요. 이런 경우 오류 메시지를 복사해서 AI 사이드바 입력란에 붙여넣고 수정을 요청합니다.

> [프로그램의 오류 메시지 붙여넣기]
> 이런 오류 메시지가 나와. 수정해 줘.

14. 커서가 오류를 진단하고 코드를 수정합니다. 이때 파이썬 3.13 버전과 googletrans 라이브러리가 호환이 잘 안 된다면서, 대신 deep-translator 라이브러리를 설치하라고 해서 명령어 행의 ⟨Run command⟩ 버튼을 눌러 설치했습니다. 코드 작성이 끝나면 ⟨Accept⟩를 눌러서 승인합니다.

15. 코드 편집창 위쪽의 ▶ 버튼을 눌러 다시 프로그램을 실행해 보죠.

16. 터미널 창을 보면, 프로그램이 제 유튜브 영상의 스크립트를 가져온 것이 보입니다. 유튜버가 수작업으로 만들어 올린 스크립트가 아니라 자동 생성된 스크립트이기 때문에 오타가 많지만, 일단 스크립트를 가져오는 데 성공은 한 셈입니다.

스크립트 비활성화 영상의 경우

1. 스크립트가 비활성화되어 있는 유튜브 영상들도 있습니다. 그래서 이런 경우도 감안하여 프로그램을 만들어야겠죠? 커서에게 다음과 같이 요청합니다.

> 스크립트를 가져와야 할 유튜브의 스크립트가 비활성화되어 있을 때는 실제 스크립트 대신 '스크립트가 비활성화되어 있습니다'라는 메시지를 출력하고, 다음 과정을 계속해.

2. 커서가 스크립트가 비활성화되어 있는 경우의 예외 처리를 코드에 반영해 수정합니다. 코드 수정이 끝나면 〈Accept〉를 눌러 승인합니다.

영어 영상의 스크립트 가져오기

1. 여러분이 요약하고 싶은 영어 유튜브 영상을 찾고 URL을 복사하세요. 여기서는 '북극의 최상위 포식자들(The Ruthless Predators At The Top Of The Arctic | Animal Documentary)'이라는 영상의 URL을 복사했습니다.

2. AI 사이드바 입력란에서 영어 유튜브 영상의 URL을 붙여넣고, 영어 영상의 스크립트를 잘 가져올 수 있는지 테스트 중인데 코드를 수정해 달라고 합니다.

[영어 유튜브 영상 URL 붙여넣기]
이 URL을 넣어서 다시 테스트를 해보고 싶어. 코드를 수정해 줘.

---

3. 커서가 코드를 수정하면 〈Accept〉를 눌러 승인합니다.

4. 코드 편집창 위의 ▶ 버튼을 눌러 유튜브 영상 요약 프로그램을 다시 실행합니다.

5. 터미널 창에 프로그램의 실행 결과가 나옵니다. 영어 유튜브 영상의 스크립트를 한글로 번역해서 가지고 왔네요.

6. 그런데 터미널 창에서 유튜브 영상 요약 프로그램이 한국어로 번역한 것을 보니, 번역의 품질이 떨어졌습니다. 차라리 영문 스크립트를 그대로 받아서 GPT-4o로 번역하는 것이 훨씬 좋은 선택 같습니다. 그래서 커서에게 코드를 다시 수정해 달라고 요청합니다.

> 지금 해외 유튜브의 스크립트를 한글로 번역해서 가지고 왔는데, 번역 품질이 너무 떨어져. 이 과정을 거치지 말고, 외국어 스크립트는 외국어 그대로 가지고 오게 코드를 수정해 줘.

7. 커서가 코드를 수정하기 시작합니다. 앞에서 추가했던 deep-translator 라이브러리를 삭제하고, 스크립트가 한글이면 한글 그대로, 스크립트가 외국어이면 외국어로 가져오게 수정합니다. 코드 수정이 끝나면 〈Accept〉를 눌러 승인합니다.

8. 코드 편집창 위쪽의 ▶ 버튼을 눌러 유튜브 영상 요약 프로그램을 다시 실행합니다.

9. 터미널 창을 보니, 이제 프로그램이 영어 유튜브 스크립트를 원문 그대로 잘 가져왔습니다.

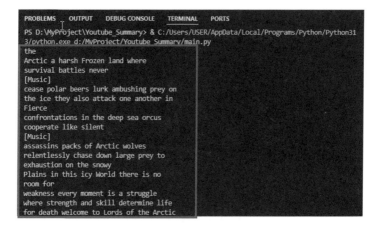

10. 이제 유튜브 요약 프로그램이 영어 스크립트를 챗GPT를 이용해 한 국어로 번역하게 해보죠. 그러려면 오픈AI의 GPT API와 연결되어 야겠죠?

우리는 앞에서 AI 채팅 봇과 AI 이메일 작성기를 만들 때, 이미 커서 에 AI(GPT-4o)와 연결을 위한 설정을 한 상태입니다. 게다가 앞에서 유튜브 요약 프로그램에 스크립트 전체를 가지고 오는 기능을 넣었고 요. 따라서 커서에게 GPT-4o를 이용해서(AI를 연결해서) 유튜브의 내 용을 요약해 달라고만 하면, 커서가 다 알아서 처리해 줍니다.

> 그렇게 도출한 스크립트 내용을 GPT-4o로 요약해서 출력해 줘.

11. 커서가 코드를 수정합니다. 앞에서 AI 채팅 봇과 AI 이메일 작성기를 만들 때, 이미 커서의 설정 창에 오픈AI API 키를 등록해 두었으므 로, GPT를 연결해 주는 데 필요한 openai 라이브러리만 설치해 주면 됩니다. 설치 명령어 행의 〈Run command〉 버튼을 눌러 설치하세요. 코드 수정이 끝나면 〈Accept〉를 눌러 승인합니다.

12. 코드 편집창 위의 ▶ 버튼을 눌러 유튜브 요약 프로그램을 다시 실행 합니다.

13. 터미널 창을 보니, 영어 스크립트를 가져온 후 GPT-4o로 요약을 하 려는 단계에서 오류가 났습니다. 오류 메시지를 마우스로 드래그해서 모두 선택한 후 〈Add to Chat〉 버튼을 누르세요. 커서에게 오류 메시 지를 주는 것입니다.

14. 커서에게 오류 메시지가 전달됩니다. 커서가 오류 메시지를 보더니, 오픈AI API의 최신 버전에 맞게 코드를 수정하겠다고 합니다. 코드 수정이 끝나면 〈Accept all〉을 눌러 승인합니다.

15. 코드 편집창 위쪽의 ▶ 버튼을 눌러 다시 프로그램을 실행합니다.

16. 터미널 창을 보면, 유튜브 요약 프로그램이 먼저 영어 유튜브의 스크립트를 가져오고, 그다음으로 GPT-4o를 이용해서 한글로 번역하고 요약해 줍니다. 유튜브 요약 프로그램이 제대로 작동하는 것입니다.

```
[GPT-4o 요약]
북극은 극한의 생존 경쟁이 끊이지 않는 척박한 땅입니다. 북극곰, 범고래, 북극늑대 등 다양한
포식자들이 치열한 생존 전략을 펼치며 살아갑니다. 북극곰은 두꺼운 흰 털과 지방층으로 무장하
여 바다표범을 사냥하며 먹이를 찾아 먼 거리를 헤엄칩니다. 범고래는 뛰어난 지능과 팀워크를
통해 먹이를 효율적으로 사냥하고, 북극늑대는 집단 사냥 전략을 통해 대형 먹이를 포획합니다.
북극 여우는 위장과 적응력을 바탕으로 살아남고, 이 모든 생존 이야기는 북극의 혹독한 자연환
경 속에서 생명력이 빛나는 모습을 보여줍니다.
PS D:\MyProject\Youtube_Summary> []
```

유튜브 여러 영상 한꺼번에 요약하기

이번에는 우리가 앞에서 만든 엑셀 파일의 유튜브 목록을 보고, 각 유튜브 영상을 순차적으로 요약 정리하는 파이썬 프로그램을 만들어 보겠습니다.

1. 앞에서 만든 엑셀 파일을 다시 열어보겠습니다. 여기서는 실습용으로 유튜브 영상 5개의 URL을 넣어 두었습니다.

영상 제목	URL
프롬프트엔지니어 서승완 "차이를 만드는 프롬프트 엔지니어링 기법 12가지와 GPTs 수익화"	https://www.youtube.com/watch?v=4pHBYCf1OsY
Google Cloud Next '24 Opening Keynote	https://www.youtube.com/watch?v=V6DJYGn2SFk
Cracking Enigma in 2021 - Computerphile	https://www.youtube.com/watch?v=RzWB5jL5RX0
Neural Networks from Scratch - P.1 Intro and Neuron Code	https://www.youtube.com/watch?v=Wo5dMEP_Bbl
Deep Learning State of the Art (2020)	https://www.youtube.com/watch?v=0VH1Lim8gL8

2. 커서의 AI 사이드바 입력란에 이 엑셀 파일에 정리된 유튜브 영상들을 한꺼번에 요약하는 파이썬 프로그램을 만들라고 요청합니다. 앞에서

이 엑셀 파일을 유튜브 요약 프로그램과 같은 폴더에 넣어두었죠?

> 같은 폴더 안에 YoutubeList.xlsx 파일이 있는데, 거기 있는 유튜브 링크들로 들어가서 스크립트를 뽑고, GPT-4o로 요약해서 새로운 엑셀 파일로 정리해 줄 수 있어?

3. 커서가 코드를 작성하기 시작합니다. 먼저 pandas와 openpyxl의 2개 라이브러리를 설치해야 한다고 하네요. 명령어 행의 〈Run command〉 버튼을 눌러 이들 라이브러리를 설치하고, 커서의 코드 수정이 끝나면 〈Accept〉를 눌러 승인하세요.

4. 코드 편집창 위의 ▶ 버튼을 눌러 유튜브 요약 프로그램을 실행합니다.

5. 터미널 창을 보면, 유튜브 요약 프로그램이 실행되고 진행 상황이 나타납니다.

먼저, 엑셀 파일의 '첫 번째' 행에 있는 유튜브 영상으로 들어가 스크립트를 가져와서 요약해 줍니다. 그다음엔 자동으로 '두 번째' 영상의 URL로 들어가서 스크립트를 가져와서 요약하고 한글로 번역해 줍니다. 이렇게 유튜브 영상 5개의 요약이 모두 끝나면 결과를 엑셀 파일에 저장했다고 알려줍니다.

```
PROBLEMS   OUTPUT   DEBUG CONSOLE   TERMINAL   PORTS
PS D:\MyProject\Youtube_Summary> & C:/Users/USER/AppData/Local/Programs/Python/Python313/p
ython.exe d:/MyProject/Youtube_Summary/main.py
처리 중인 URL: https://www.youtube.com/watch?v=4pHBYCf1OsY
처리 중인 URL: https://www.youtube.com/watch?v=V6DJYGn2SFk
처리 중인 URL: https://www.youtube.com/watch?v=RzWB5jL5RX0
처리 중인 URL: https://www.youtube.com/watch?v=Wo5dMEP_BbI
처리 중인 URL: https://www.youtube.com/watch?v=0VH1Lim8gL8
처리가 완료되었습니다. 결과가 Youtube_Summary_20250210_154501.xlsx에 저장되었습니다.
PS D:\MyProject\Youtube_Summary> []
```

6. 이제 커서가 새로 생성해 준 엑셀 파일을 더블클릭해 여세요.

7. 엑셀 파일을 보면, A열에는 내가 정리해 넣은 유튜브 영상의 URL, B
열에는 스크립트 내용이 들어 있으며, C열에는 챗GPT-4o가 요약하
고 번역한 내용이 나옵니다. 여러 개의 유튜브 영상을 순차적으로 한꺼
번에 요약하는 프로그램이 제대로 작동한 것입니다.

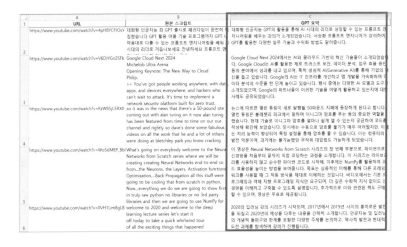

내가 관심 있는 강연, 유튜브나 팟캐스트 영상의 URL들만 입력하면, AI
가 핵심 내용을 요약해서 엑셀 파일로 정리해 주니 무척 편리하겠죠?

여러분도 유튜브 요약 프로그램을 한 번 직접 만들어 보세요. 프로그
래밍을 몰라도, 커서에게 말로 요청하면 알아서 뚝딱 만들어 줍니다.

고객 리뷰 분석 &
자동 답변 봇

온라인 쇼핑을 하거나 책 등을 구매할 때, 우리는 보통 다른 사람들이 남긴 리뷰를 살펴봅니다. 한편, 내가 배달 샌드위치 전문점을 하고 있다면, 또는 작은 제조사를 하며 제품을 만들어 판매하거나, 스마트스토어에 입점해 작은 쇼핑몰을 운영하고 있다면, 수많은 고객들이 달아주는 리뷰를 분석하고 적절한 답변을 달아주는 것이 중요하죠. 또 그 리뷰들을 분석하여 제품이나 서비스 개선에 반영하는 것도 필요합니다.

하지만 수백, 수천, 수만 개의 리뷰를 하나씩 읽고 정리하며 답변을 달거나 분석하는 것은 시간이 많이 걸립니다.

"이 제품에 대한 전체적인 평가는 어떤가?"

"긍정적인 리뷰와 부정적인 리뷰를 자동으로 분류할 수 있을까?"

"AI가 리뷰에 대한 적절한 답변을 대신 달아주면 얼마나 편할까?"

만약 쇼핑몰을 운영하는 입장이라면, 고객들의 리뷰를 빠르게 분석하

〈고객 리뷰 분석 & 자동 답변 봇〉

1. **리뷰 크롤링:** 온라인 서점이나 쇼핑몰에서 제품 리뷰를 자동 수집합니다.

2. **리뷰 자동 분석:** AI가 긍정적인 리뷰인지, 부정적인 리뷰인지 자동으로 판별합니다.

3. **답변 자동 생성:** 각 리뷰에 맞는 답변을 AI(GPT-4o)가 자동으로 생성하게 만듭니다.

4. **엑셀 파일로 자동 정리:** 모든 리뷰 데이터를 엑셀 파일로 자동으로 정리하여 저장합니다.

5. **리뷰 데이터 분석:** 리뷰 감정 분석 결과를 그래프로 시각화합니다.

고 대응할 수 있는 강력한 도구가 될 것입니다. 혹은 블로그, 뉴스 기사, SNS 댓글 등 다양한 텍스트 데이터를 분석하는 데에도 활용할 수 있습니다.

이번 장에서는 리뷰 데이터가 담긴 웹페이지 주소만 입력하면, AI가 리뷰 데이터를 '자동으로' 수집하고 정리하며, 그 리뷰의 감정을 분석하고, 리뷰에 적절한 답변까지 자동으로 만들어 주는 프로그램을 제작해 보겠습니다. 리뷰 관리가 훨씬 쉬워지고 고객과의 소통도 효율적으로 이루어질 것입니다. 이번 장을 통해 데이터 자동화와 AI 활용의 강력함을 경험해 보세요!

고객 리뷰 자동 크롤링

우선, 고객 리뷰 분석 및 자동 답변 봇이 리뷰 페이지의 리뷰들을 자동으로 수집하게 만들어 보겠습니다. 그런데 고객 리뷰가 많이 달리면 10페이지, 20페이지 식으로 리뷰 페이지가 길어지죠. 이런 경우 리뷰를 모두 긁어 오려면 '동적 크롤링'이 필요합니다. 여기서는 인터넷 서점의 책 리뷰를 동적 크롤링으로 가져오게 해보겠습니다.

1. 커서에서 [File]→Open Folder 메뉴를 누른 후, 새로운 프로젝트를 위해 새 폴더를 만들고 이 폴더를 선택하세요. 여기서는 'MyProject' 폴더 아래에 'Review' 폴더를 만들고, 이 폴더를 선택했습니다.

2. 'New File' 아이콘을 누른 후 새로운 작업을 위해 'review.py' 파일을 만듭니다.

3. 이제 인터넷 서점에서 책의 리뷰 페이지를 여세요. 여기서는 제가 출간한 『챗봇 2025』(트렌드&활용백과) 책의 리뷰 페이지를 열어볼게요. 인터넷 교보문고에서는 리뷰가 모두 24개로 3페이지까지 있네요. 우선 현재 페이지의 URL을 복사해서 메모장에 붙여넣으세요.

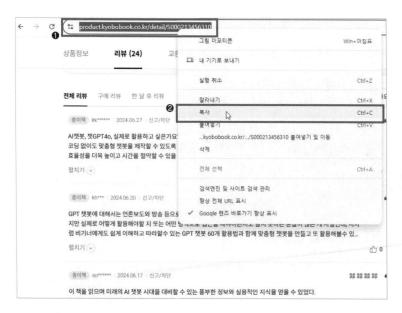

4. 교보문고의 리뷰 페이지를 보면, '전체 리뷰'와 구매 리뷰 등이 있는데, 여기서는 '전체 리뷰'를 크롤링해 보겠습니다. '전체 리뷰' 버튼 위에서 마우스 오른쪽 단추를 누른 후 **검사**를 클릭하세요.

5. 화면 오른쪽에 소스 코드가 열리면, '전체 리뷰'와 관련된 행이 선택되어 있는데, 그 주변에서 '전체 리뷰' 버튼을 찾으세요. 〈button class="tab_ link" type="button"〉이 들어가 있는 행을 찾으면 됩니다. 이 행에서 마우스 오른쪽 단추를 클릭한 후 **복사→XPath 복사**를 선택하세요. 그리고 복사한 이 경로를 메모장에 붙여둡니다.

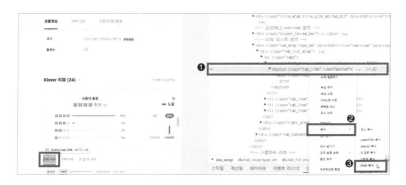

6. 교보문고의 리뷰 페이지로 다시 돌아가세요. '전체 리뷰' 버튼 위에서 다시 마우스 오른쪽 단추를 누른 후 **검사**를 선택하세요.

7. 이번에는 리뷰 전체가 선택되는 코드행을 찾으세요. 〈div class="tab_content"〉가 있는 행을 찾으면 됩니다. 이 행 위에서 마우스 오른쪽 단추를 누른 후 [복사]→XPath 복사를 선택하세요. 이 리뷰 전체 페이지의 경로도 메모장에 붙여놓으세요.

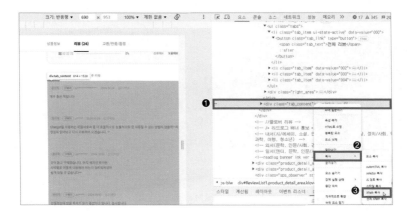

8. 이번에는 교보문고 리뷰 페이지의 검사 페이지(현재 열린 페이지)에서 마우스를 움직여서 리뷰 내용 전체가 포괄되는 행(바로 앞 단계와 같은 코드행)을 찾은 뒤, 마우스 오른쪽 단추를 누른 후 HTML로 수정을 선택하세요.

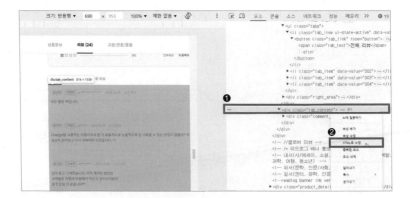

9. 교보문고 『챗봇 2025』 리뷰 페이지의 HTML 코드가 나타납니다. 〈Ctrl+A〉를 눌러 전체를 선택한 뒤 마우스 오른쪽 단추를 눌러 **복사**를 선택해 이 코드도 메모장에 붙여넣습니다. 나중에 커서에게 리뷰 페이지의 구조를 알 수 있도록 이 HTML 소스를 줄 것입니다.

10. 이제 커서의 AI 사이드바 입력란에 『챗봇 2025』의 리뷰를 동적으로 크롤링하는 프로그램을 만들라고 요청합니다. 이때 앞에서 복사해 메모장에 저장한 리뷰 페이지의 링크와 경로 등 4가지를 붙여넣으세요.

---

❶ [리뷰 페이지의 URL 붙여넣기]
  이건 '챗봇 2025'라는 책을 소개하는 페이지인데, 여기서 사람들이 남긴 리뷰를 동적으로 크롤링해 오고 싶어.
❷ 일단 ['전체 리뷰' 버튼의 XPath 경로 붙여넣기] 이 버튼을 찾아서 눌러줘.
❸ 그 다음 각 리뷰 글을 가지고 와야 하는데, [리뷰 글 영역의 XPath 경로 붙여넣기] 이 경로 안에 리뷰 내용들이 담겨 있어.
❹ 리뷰 내용들은 다음과 같이 되어 있는데, 구조와 형식을 확인해 보고, 리뷰 글만 골라서 출력해 줘.
  [리뷰 글 영역의 HTML 코드 붙여넣기]

---

❶ 『챗봇 2025』 리뷰 페이지의 위치(URL)를 알려주고 크롤링 프로그램 제작을 요청합니다.
❷ '전체 리뷰' 버튼을 클릭하도록 지시하고, '전체 리뷰' 버튼의 XPath 경로를 줍니다.
❸ 각 리뷰 글의 위치를 알려주기 위해 리뷰 글 영역의 XPath 경로를 붙여넣으세요.
❹ 커서에게 웹페이지의 구조를 알려주기 위해 리뷰 글 영역의 HTML 코드를 줍니다.

11. 커서가 코드를 작성합니다. 동적 크롤링을 위해 셀레니움 라이브러리를 설치하라고 하면, 설치 명령어 행의 〈Run command〉 버튼을 눌러 설치하세요. 코드 수정이 끝나면 〈Accept all〉을 눌러 승인합니다.

12. 코드 편집창의 ▶ 버튼을 눌러 지금 수정한 프로그램을 실행합니다.

13. 그런데 터미널 창을 보니 오류 메시지가 나타났습니다. 오류 메시지를 마우스로 드래그해서 선택한 후 〈Add to Chat〉 버튼을 눌러 커서에게 보내고, AI 사이드바 입력란에서 "오류가 났다"고 알려주면 됩니다.

14. 커서가 오류를 분석하고, 클릭하려는 요소('전체 리뷰' 버튼)가 화면에 보이지 않아서 발생하는 문제라고 알려주네요. 예를 들어 웹사이트에서 자원을 아끼기 위해, 사용자가 스크롤 막대를 아래로 내렸을 때에야 비로소 '전체 리뷰' 버튼을 불러오도록 되어 있는 경우, 크롤링 프로그램이 이 버튼을 못 찾을 수 있습니다.

15. 커서가 코드를 수정합니다. 프로그램이 자동으로 리뷰 버튼이 보이는 위치로 스크롤을 하고, 그 후 약 1초간 대기하도록 코드를 수정하네요. 코드 수정이 끝나면 〈Accept〉를 눌러 승인합니다.

16. 코드 편집창 위의 ▶ 버튼을 눌러 크롤링 프로그램을 다시 실행합니다.

17. 터미널 창을 보면, 먼저 웹브라우저가 자동으로 열리고 교보문고의 『챗봇 2025』 책 페이지가 나타납니다. 두 번째로 페이지가 아래로 자동으로 스크롤이 되고, 세 번째로 '전체 리뷰' 버튼을 자동으로 클릭하고, 그다음 리뷰를 긁어옵니다. 그런데 프로그램이 리뷰 10개를 가져온 뒤, 다시 10번째 리뷰를 똑같이 몇 번 반복해서 가져왔습니다. 이 오류를 어떻게 수정할까요?

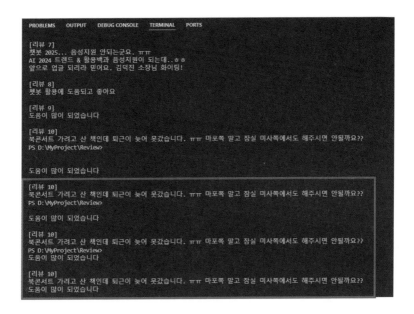

```
PROBLEMS    OUTPUT    DEBUG CONSOLE    TERMINAL    PORTS

[리뷰 7]
챗봇 2025... 음성지원 안되는군요. ㅠㅠ
AI 2024 트렌드 & 활용백과 음성지원이 되는데..ㅎㅎ
앞으로 업글 되리라 믿어요. 김덕진 소장님 화이팅!

[리뷰 8]
챗봇 활용에 도움되고 좋아요

[리뷰 9]
도움이 많이 되었습니다

[리뷰 10]
북콘서트 가려고 산 책인데 퇴근이 늦어 못갔습니다. ㅠㅠ 마포쪽 말고 잠실 미사쪽에서도 해주시면 안될까요??
PS D:\MyProject\Review>

도움이 많이 되었습니다


[리뷰 10]
북콘서트 가려고 산 책인데 퇴근이 늦어 못갔습니다. ㅠㅠ 마포쪽 말고 잠실 미사쪽에서도 해주시면 안될까요??
PS D:\MyProject\Review>

도움이 많이 되었습니다

[리뷰 10]
북콘서트 가려고 산 책인데 퇴근이 늦어 못갔습니다. ㅠㅠ 마포쪽 말고 잠실 미사쪽에서도 해주시면 안될까요??
PS D:\MyProject\Review>
도움이 많이 되었습니다

[리뷰 10]
북콘서트 가려고 산 책인데 퇴근이 늦어 못갔습니다. ㅠㅠ 마포쪽 말고 잠실 미사쪽에서도 해주시면 안될까요??
도움이 많이 되었습니다
```

18. 크롤링 프로그램이 한 페이지의 리뷰(10개)를 다 수집하면, 다음 페이지로 넘어가야 하는데 제대로 안 된 거죠. 이 경우 커서에게 '페이지 번호' 버튼의 경로와 이 페이지의 HTML 소스 코드를 알려주어야 합니다. 리뷰 페이지 아래에 있는 '페이지 번호' 위에서 마우스 오른쪽 단추를 클릭한 후 **검사**를 누릅니다.

19. 화면 오른쪽에 검사 페이지가 열리면, 마우스를 움직여서 페이지네이션의 '페이지 번호' 전체가 음영으로 감싸지는 코드 행(〈div class="page_num"〉)을 찾습니다. 이 코드 행 위에서 마우스 오른쪽 단추를 누른 후 **복사→XPath 복사**를 선택하세요. 이 '페이지네이션'의 경로를 메모장에 붙여둡니다.

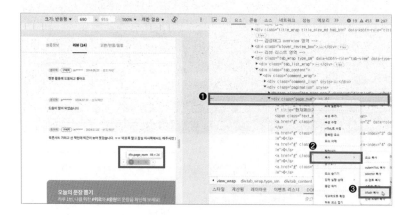

20. 이번에는 앞의 소스 코드와 같은 코드 행에서 마우스 오른쪽 단추를 클릭한 후 **HTML로 수정**을 클릭하세요.

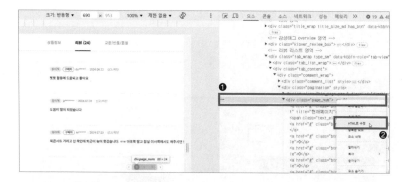

21. '페이지네이션' 페이지의 HTML 코드가 나타납니다. 〈Ctrl+A〉를 눌러 HTML 태그 부분을 모두 선택한 후 마우스 오른쪽 단추를 누르고

복사를 클릭하세요. 그리고 이 HTML 코드를 메모장에 붙여두세요.

22. 이제 커서에게 프로그램이 1페이지의 리뷰(10개)만 가져온다며 오류를 알려주고 수정을 요청합니다. 이때 커서가 페이지 번호의 경로와 이 페이지의 구조를 알 수 있도록, 앞에서 복사해 둔 '페이지네이션'의 경로와 HTML 코드를 붙여넣어 줍니다.

> 지금은 1페이지의 리뷰만 가져오는 것 같은데, [페이지네이션 XPath 붙여넣기]
> 이 부분에 페이지네이션이 나와 있어.
> 다음과 같이 코드가 되어 있으니까, 다른 페이지도 똑같이 리뷰를 가져오면 좋겠어.
> [페이지네이션 페이지의 HTML 코드 붙여넣기]

23. 커서가 코드를 수정합니다. 특정 명령이 특정 조건을 만족하는 동안에는 코드 블록을 반복하는 While 루프 구문을 추가했네요. 그렇다면 크롤링 프로그램이 리뷰 페이지의 페이지네이션이 끝날 때까지, 모든 페이지를 넘겨가면서 리뷰를 수집하겠죠? 코드 수정이 끝나면 〈Accept〉를 눌러 승인하세요.

24. 오류가 제대로 수정되었는지 확인해 보죠. 코드 편집창 위쪽의 ▶ 버튼을 눌러 프로그램을 다시 실행합니다.

25. 터미널 창을 보니, 다시 오류 메시지가 나왔습니다. 프로그램이 교보 문고 리뷰 1페이지에서만 수집하고, 2페이지를 누르지 못했습니다. 오류 메시지를 마우스로 드래그해서 선택한 후 〈Add to Chat〉 버튼 을 누르고, AI 사이드바 입력란에서 "오류가 났다"고 알려줍니다.

26. 커서가 오류 메시시를 분석하더니, '페이지' 버튼 클릭 시 다른 요소가 가리고 있어서 문제가 발생했다며, 자바스크립트로 프로그램이 직접 '페이지' 버튼을 클릭하도록 수정합니다. 〈Accept〉를 눌러 승인하세요.

27. 오류가 제대로 수정되었는지 확인해 보죠. 코드 편집창 위의 ▶ 버튼 을 눌러 프로그램을 다시 실행합니다.

28. 터미널 창을 보니, 이번에는 프로그램이 잘 실행되어 '페이지 1 처리 중, 페이지 2 처리 중, 페이지 3 처리 중'이라고 나오고, 더 이상 페이 지 번호가 없음을 확인하고는 '마지막 페이지에 도달했습니다'라는 메 시지를 보여줍니다. 그리고 그 아래쪽에 24개의 리뷰를 죽 출력해 주 었습니다. 리뷰 페이지의 리뷰들을 성공적으로 수집한 것입니다.

리뷰 감정 자동 분석 AI

이제 AI(GPT-4o)가 앞에서 수집한 리뷰 하나하나에 대해 사용자의 평가가 긍정적인지, 부정적인지를 판단하고, 그 내용을 엑셀로 저장하게 만들어 보겠습니다.

1. 커서에게 챗GPT-4o를 이용해 각 리뷰들의 반응(감정 분석)을 3가지로 판단하고, 이를 엑셀 파일로 정리해 달라고 요청합니다. 이때 감정 분석에서 '긍정', '부정', '알 수 없음'의 3가지로만 판단하라고 조건을 달았습니다.

> 각 리뷰의 내용들을 GPT-4o를 이용해서 '긍정', '부정', '알 수 없음'을 판단해 주는 로직을 만들어 주고, 이를 실행한 뒤 각 리뷰와 감정 분석을 담아 엑셀 파일을 만들어 줘.
> 감정을 분석할 때는 정확하게 '긍정', '부정', '알 수 없음' 3가지로만 판단하고, 다른 설명은 적지 마.

2. 커서가 코드를 수정합니다. 커서가 알아서 오픈AI의 API를 이용해서 감정 분석을 해주는 analyze_sentiment( ) 함수를 추가했습니다. 그리고 openai, pandas, openpyxl의 3개 라이브러리를 설치하라고 합니다. 명령어 행의 〈Run command〉 버튼을 눌러 설치하세요. 코드 수정이 끝나면 〈Accept all〉을 눌러 승인해 주세요.

3. 코드 편집창 위쪽의 ▶ 버튼을 눌러 프로그램을 실행합니다.

4. 터미널 창을 보니, 프로그램 실행 중에 감정 분석을 하다가 오류가 났습니다. 마우스로 오류 메시지를 드래그하여 선택하고 〈Add to Chat〉 버튼을 누른 후, 커서에게 "이런 오류가 났다"고 알려줍니다.

5. 커서가 오류를 분석한 뒤, 오픈AI의 API 최신 버전에서는 문법이 바뀌

었다면서 코드를 새로운 버전에 맞게 알아서 수정해 줍니다. 우리는 그냥 ⟨Accept⟩를 눌러 수정된 코드를 승인하면 됩니다.

6. 코드 편집창 위쪽의 ▶ 버튼을 눌러 프로그램을 다시 실행하세요.

7. 터미널 창을 보면, 프로그램이 실행되고, 페이지 1의 첫 번째 리뷰부터 감정 분석을 하고, '긍정', '부정', '알 수 없음' 중에서 하나로 평가를 적은 것을 볼 수 있습니다. 그리고 리뷰 24개 모두에 대해 평가를 내린 다음 엑셀 파일로 저장까지 했습니다.

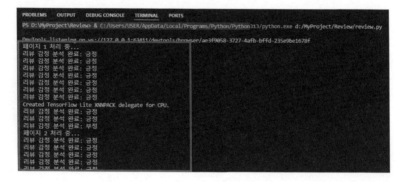

8. 탐색기에서 이 프로젝트를 만든 'Myproject→Review' 폴더를 연 후 새로 생긴 엑셀 파일을 더블클릭하세요.

9. 엑셀 파일이 열립니다. A열에는 24개의 리뷰가 들어 있고, B열에는 각 리뷰에 대한 AI(GPT-4o)의 감정 분석이 나옵니다. 열 번째 리뷰의 내용을 보면 '북콘서트 가려고 산 책인데 참석을 못했고 잠실, 미사 쪽에서 해주시면 안 될까요?'인데, AI가 '부정'으로 평가한 것을 볼 수 있습니다.

	A	B
1	리뷰	감정
2	매우 좋은 책입니다	긍정
3	Chatgpt를 사용하는 이용자로서 좀 더 효율적으로 능률적으로 잘 사용할 수 있는 방법이 없을까? 하고 고민하다가 이 책을 알게 되었습니다. 열심히 읽어보고	긍정
4	강의 듣고 구매했습니다. 아직 목차만 봤지만사례별로 어떻게 이용해야 하는지 정리되어있어읽게 읽을 것 같습니다^^	긍정
5	선물했는데 받은 독자가 위기 좋았다고 합니다. 감사합니다	긍정
6	구체적인 툴이나 사용법이 잘 정리되어 있어요.	긍정
7	문과생도 이해가능한 챗GPT 활용방법GPT 얼마나 알고 있나요?직접 사용해 보셨나요?학교 숙제, 업무 과제로 빠르게 자료 검색 하는거 외에 진짜 챗GPT를	긍정
8	챗봇 2025.. 음성지원 안되는군요. ㅠㅠ 2024 트렌드 & 활용백과 음성지원이 되는데.*.*앞으로 업글 되리라 믿어요. 김덕진 소장님 화이팅!	긍정
9	챗봇 활용에 도움되고 좋아요	긍정
10	도움이 많이 되었습니다	긍정
11	분콘서트 가려고 산 책인데 퇴근이 늦어 못갑습니다. ㅠㅠ 마포쪽 말고 잠실 미사쪽에서도 해주시면 안될까요??	부정
12	챗봇 2025 트렌드&활용백과지은이: 김덕진, 서승완펴낸곳 : 스마트북스페이지 : 424정가 : 25,000(22,500)AI가 손에 잡히는 시대!AI는 우리 삶에 일상이 되고 다가	긍정
13	챗봇의 시대. 그 원리와 이해를 높여주는 책!어려운 소재를 쉽게 설명해주니 줄네요!	긍정
14	도움이 많이 될것 같아요	긍정

리뷰 분석 파일 시각화하기

이번에는 앞에서 만든 리뷰 분석 파일을 가지고 시각화를 해주는 파이썬 프로그램을 만들어 보겠습니다.

1. 지금 리뷰 분석 프로그램을 저장하고 있는 같은 폴더('Myproject→Review' 폴더)에서 'New File' 아이콘을 눌러 새 작업을 위해 새로운 파이썬 파일을 하나 만듭니다. 여기서는 'analysis.py'라는 이름으로 저장해 보겠습니다.

2. AI 사이드바 입력란에서 리뷰 분석 파일을 그래프로 시각화해 주는 파이썬 프로그램을 만들어 달라고 요청합니다. 현재 커서는 지금까지 만든 리뷰 감정 분석 프로그램(review.py)이 같은 폴더에 있고, 이 파일을 참조하기 때문에 맥락을 모두 알고 있습니다. 그래서 이렇게만 요청해도 됩니다.

리뷰에서 분석을 마쳤고, 해당 파일을 저장했는데, 저장한 리뷰 분석 파일을 분석해서 그래프로 시각화해 주는 파이썬 코드를 작성해 줘.

3. 이제 커서가 감정 분석 결과를 시각화하는 코드를 만듭니다. 데이터 분석을 위한 pandas 라이브러리를 쓰겠다는데, 이 라이브러리는 이미 우리의 파이썬 프로그램에 설치되어 있습니다. 추가로, 데이터 시각화를 위한 matplotlib 라이브러리, 그리고 이를 기반으로 좀더 세련된 그래프를 쉽게 그리는 데 도움을 주는 seaborn 라이브러리를 설치하라고 하네요. 명령어 행의 ⟨Run command⟩ 버튼을 눌러 라이브러리를 설치하고, ⟨Accept⟩를 눌러 코드를 승인합니다.

잠깐만요 깔끔한 데이터 시각화가 중요하다면 seaborn 라이브러리가 유용하고, 복잡한 그래프 커스터마이징이 필요하다면 matplotlib 라이브러리를 직접 쓰는 것이 좋습니다.

4. 코드 편집창 위쪽의 ▶ 버튼을 눌러 프로그램을 실행하세요.

5. 터미널 창을 보면, 프로그램이 리뷰 감정 분석, 리뷰 길이, 감정별 평균 리뷰 길이 등으로 통계를 낸 것을 볼 수 있습니다.

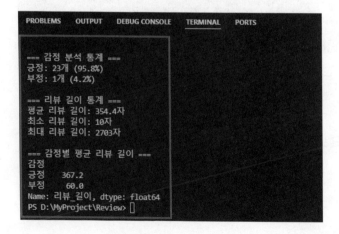

6. 이제 탐색기에 'Review' 폴더를 열어보면 새 이미지 파일이 만들어져 있습니다. 이 파일을 클릭하면, 감정 리뷰 분석 데이터를 기반으로 한 그래프들이 나옵니다.

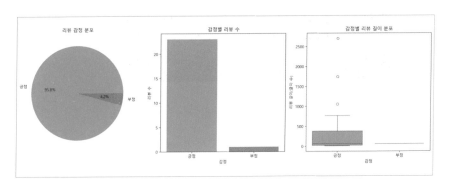

이처럼 파이썬을 이용하면 데이터 분석을 쉽게 할 수 있습니다. 내가 최종적으로 원하는 것을 구체적으로 요청해서 시각화를 할 수도 있고, 통계 지식이 있다면 더 구체적인 항목 간의 관계 등을 직접 나열해 주고 원하는 작업을 시킬 수도 있습니다. 색상이나 폰트, 그래프 형태 등도 다양하게 요청할 수 있습니다.

리뷰 자동 답변 봇 만들기

1. 리뷰 분석 프로그램 폴더('Review' 폴더)에서 'New File' 아이콘을 눌러 새로운 파이썬 파일을 하나 만듭니다. 여기서는 'answer.py'라는 이름으로 저장해 보겠습니다.

2. 새 파일이 열리면, AI 사이드바에서 〈@〉 버튼을 눌러 맥락에 'review. py' 파일도 추가하세요. 커서가 지금까지 만들어 온 교보문고 리뷰 관련 맥락을 잘 파악할 수 있도록 하기 위해서입니다.

3. 앞에서 『챗봇 2025』의 교보문고 리뷰를 엑셀 파일로 저장했죠? 커서에게 이 파일을 불러온 다음, GPT-4o를 이용해서 각 리뷰에 대한 출판사의 답변을 만들어 보라고 요청합니다.

> 이번에는 이미 저장된 리뷰 엑셀 파일을 불러온 다음, GPT-4o를 이용해서 각각의 리뷰에 맞는 출판사의 친절한 답변을 만들어 주고, 이를 3번째 칼럼에 넣어서 새로운 엑셀 파일로 저장해 주는 파이썬 코드를 작성해 줘.

4. 커서가 리뷰 답변을 위한 코드를 작성합니다. '당신은 출판사의 고객 응대 담당자입니다'라며 몇 가지 중요한 원칙을 나열해 주는 시스템 프롬프트까지 짜주었습니다. 〈Accept〉를 눌러 코드를 승인해 주세요.

```
try:
    response = client.chat.completions.create(
        model="gpt-4o",
        messages=[
            {"role": "system", "content": "당신은 출판사의 고객 응대 담당자입니다. 책에 대한
            {"role": "user", "content": f"다음 리뷰에 대한 답변을 작성해주세요. 리뷰 감정은
        ]
    )
    return response.choices[0].message.content.strip()
except Exception as e:
```

5. 코드 편집창 위의 ▶ 버튼을 눌러 프로그램을 다시 실행해 보죠.

6. 터미널 창을 보니, 교보문고의 1~24번 리뷰를 순차적으로 처리하고 마지막 행에 엑셀 파일에 저장했다는 메시지가 뜹니다.

7. 탐색기를 열어 새로 생성된 'AI의 리뷰 응답' 엑셀 파일을 더블클릭해 보세요.

8. 엑셀 워크시트에 리뷰 내용, 감정 분석, AI가 작성한 답변이 나옵니다.

9. AI가 답변을 제대로 달았는지, 부정적인 리뷰를 하나 볼까요?

> 북콘서트 가려고 산 책인데 퇴근이 늦어 못 갔습니다.ㅠㅠ 마포 쪽 말고, 잠실, 미사 쪽에서도 해주시면 안 될까요?

10. 이에 대한 GPT-4o의 대답을 보죠. 마치 출판사 직원인 것처럼 답변 을 친절하고 적절하게 달았네요.

> 안녕하세요. 북콘서트에 참석하지 못하셨다니 아쉽습니다. 요청하신 잠실이나 미사 지역에서도 행사를 할 수 있도록 제안해 보겠습니다. 소중한 의견 감사드리 며, 다음 행사에 참여하실 수 있기를 바랍니다.

리뷰 자동 답변 봇에서 한 단계 더 나아가서, 앞의 답변(answer)을 기반으로 고객의 리뷰에 답변 댓글을 자동으로 등록할 수도 있을 것입니다.

앞에서 인터넷 서점의 리뷰 페이지에서 동적 크롤링을 할 때 '셀레니움'을 사용했죠? 셀레니움은 웹 애플리케이션 자동화 및 테스트를 위한 오픈소스 프레임워크로서 〈댓글〉 버튼을 눌러 직접 글을 입력할 수도 있습니다. 로그인을 하거나 댓글을 달거나 경쟁이 치열한 명절 기차표를 예매하는 프로그램도 만들 수 있고요.

한편, 요즘 웹사이트 등은 사람인지 로봇인지를 판별하기 위해 영어나 숫자를 이상하게 구부려 써놓고 입력하게 하는 등 자동 등록 방지 장치를 해놓습니다. 하지만 그것도 GPT가 다 읽고 대응할 수 있습니다. 요즘 AI 는 멀티모달이라서 모두 자동화할 수 있는 것입니다.

라이브러리 설치 명령어를 모를 때

라이브러리가 설치되어 있지 않으면 코드 아래에 빨간색 밑줄이 그어져 있습니다. 설치 명령어를 모르면 커서에게 물어보면 됩니다.

> 이걸 실행하기 위해서 필요한 라이브러리를 직접 설치할 수 있도록 명령어를 알려줘. 주석으로 설명할 필요는 없어.

그리고 명령어 행에 있는 〈Run command〉 버튼을 클릭하면 한꺼번에 순서대로 설치해 줍니다.

```
pip install selenium==4.18.1 webdriver-manager==4.0.1
beautifulsoup4==4.12.3 requests==2.31.0 openai==1.12.0 pandas==2.7 1
openpyxl==3.1.2 matplotlib==3.8.3 seaborn==0.13.2 wordcloud==1.9.3

Ask every time                                    Cancel ^⌫    Run command ^↵
```

PDF 자동 요약
보고서 만들기

보고서를 작성하거나 데이터를 분석할 때 PDF 문서를 참고해야 할 경우가 많습니다. 하지만 PDF 파일은 내용을 복사하거나 편집하기 어렵고, 긴 문서를 일일이 읽으며 핵심 내용을 정리하는 것도 시간이 많이 걸립니다.

"이 PDF의 핵심 내용만 빠르게 파악할 수 없을까?"

"AI가 자동으로 요약하고 분석해 주면 좋을 텐데!"

"읽은 내용을 워드 문서나 PPT로 정리할 수 있다면 더 편리하지 않을까?"

PDF 문서를 자동으로 분석하고, 요약된 내용을 정리하여 보고서를 생성하는 프로그램을 만들어 보겠습니다. 이를 활용하면 긴 리포트를 빠르게 분석하고, 핵심 정보를 워드 문서나 파워포인트로 정리할 수 있습니다.

<PDF 자동 요약 보고서 만들기>

1. **텍스트 자동 추출:** PDF 파일에서 텍스트를 자동으로 추출합니다.

2. **문서 요약 및 분석:** AI(GPT-4o)를 활용해 문서 내용을 요약하고 분석합니다.

3. **워드 문서 자동 생성:** 요약된 내용을 워드(.docx) 문서로 자동으로 가져와 저 장합니다.

4. **PPT 대본 생성:** 요약된 워드 문서를 PPT 슬라이드에 넣기 좋게 대본으로 만듭니다.

5. **PPT 슬라이드 생성:** 워드의 대본을 참고하여 PPT(.pptx) 슬라이드 초안을 자동으로 만듭니다.

이 프로그램을 활용하면 다음과 같은 일을 할 수 있습니다.

· 증권사 리포트, 연구논문, 백서 등을 빠르게 분석합니다.

· 긴 보고서를 핵심만 요약하여 공유합니다.

· 자동으로 정리된 워드 문서나 PPT 파일로 손쉽게 발표자료 초안을 자 동 생성합니다.

<IMF 2025 세계경제보고서> PDF 자동 요약

1. 커서에서 [File]→Open Folder 메뉴를 누른 후, 새로운 프로젝트를 위 해 새 폴더를 만든 뒤 이 폴더를 선택하세요. 'MyProject' 폴더 아래에 'PDF_Analysis'라는 폴더를 만들어 선택했습니다.

2. 'New File' 아이콘을 누른 후 새로운 작입을 위해 'pdf_analysis.py' 파일 을 만듭니다.

3. 조금 전에 만든 'PDF_Analysis' 폴더에 실습용 PDF 파일을 복사해 넣습니다. 여기서는 IMF에서 발간한 〈World Economic Outlook(Update) 2025〉 파일을 다운로드하여 이 폴더에 넣었습니다.

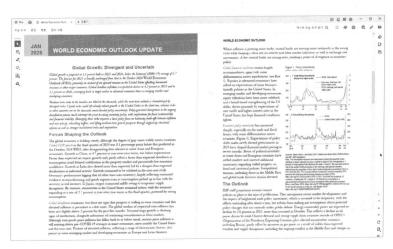

4. 이제 커서에게 PDF 파일을 읽어오는 파이썬 프로그램을 만들어 달라고 요청합니다.

> 같은 폴더 안에 있는 world_economic_outlook_2025.pdf를 읽어와서 출력하는 파이썬 코드를 작성해 줘.

5. 커서가 PDF에서 텍스트를 읽어들이는 pypdf2라는 라이브러리를 설치하라고 하네요. 명령어 행의 〈Run command〉 버튼을 눌러 설치하고, 코드 작성이 끝나면 〈Accept〉를 눌러 승인합니다.

6. 코드 편집창 위의 ▶ 버튼을 눌러 커서가 방금 만든 프로그램을 실행해 보죠.

7. 터미널 창을 보면, 프로그램이 PDF 파일을 읽어 출력해 줍니다. 그런데 PDF 파일을 그대로 읽어오다 보니까, 줄 바꿈도 엉망이고 텍스트

배열이 너저분하네요. 하지만 뒤에서 깔끔한 분석 보고서를 만들게 수정할 것이니, 일단 여기서는 넘어가겠습니다.

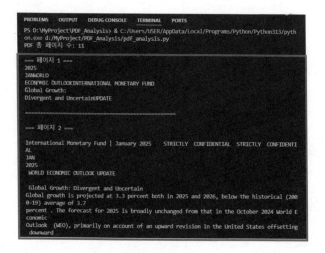

요약 분석 워드 파일 만들기

1. 이제 커서에게 〈IMF 2025 세계경제보고서〉의 내용을 요약하고 분석한 보고서를 워드 파일로 만들어 달라고 요청합니다. 특히 요점과 주의해야 할 점도 정리해 달라고 해보죠.

> GPT-4o를 이용해서 해당 PDF의 내용을 요약하고 분석하며, 요점과 주의해야할 점을 정리해서 별도의 워드 파일로 저장해 줘.

2. 커서가 오픈AI의 API를 통해 GTP-4o로 내용을 분석하는 코드를 작성합니다. 워드 파일로 만드는 python-docx 라이브러리를 설치하라고 하면, 명령어 행의 〈Run command〉 버튼을 눌러 설치해 주세요. 커서의 코드 작성이 끝나면 〈Accept〉를 눌러 승인하세요.

잠깐만요 오픈AI의 API와 관련된 오류가 날 수 있습니다. 오류 메시지를 복사해서 커서에게 알려주거나, 오픈AI API의 최신 버전에 맞는지 코드를 점검해 보라고 하면, 커서가 스스로 고쳐줍니다.

3. 코드 편집창 위쪽의 ▶ 버튼을 눌러서 프로그램을 다시 실행하세요.

4. 터미널 창을 보면, 분석 보고서가 'WEO_2025_분석보고서.docx' 파일로 저장되었다는 메시지가 나옵니다. 워드 파일로 요약 분석 텍스트가 저장된 것입니다.

5. 탐색기에서 새로 생긴 워드 파일을 열면, 〈IMF 2025 세계경제보고서〉를 GPT-4o가 요약 분석한 내용이 나옵니다. 원문은 깨알 같은 11페이지였는데, 한글 요약본은 2페이지 정도로 잘 요약했습니다.

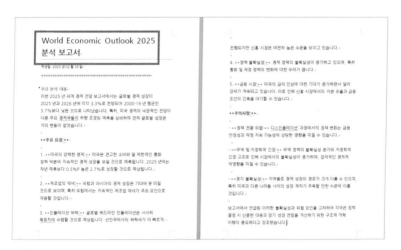

잠깐만요 **워드 문서의 한글이 깨져 나오면**
커서에게 다음과 같이 요청하면 됩니다.

> 한글이 제대로 나오지 않아. 인코딩 문제가 있는 것 같아.

PPT 슬라이드 자동 생성

1. 이번에는 커서에게 AI(GPT-4o)가 〈IMF 2025 세계경제보고서〉를 요약한 워드 파일의 내용을 바탕으로 PPT용 대본으로 만들고, 이 파일을 참조해서 PPT 슬라이드로 만들어 달라고 요청합니다.

> GPT-4o가 워드 파일의 내용을 읽은 후 PPT용 대본을 하나 더 만들어서 워드 파일로 저장해 줘. 그리고 나서 PPT용 대본을 참고해서 PPT 슬라이드를 만들어 줘.

2. 커서가 코드를 작성합니다. 워드 파일의 내용을 PPT로 만드는 코딩을 추가하겠다며 python-pptx 라이브러리를 설치하라고 하면, 명령어 행의 〈Run command〉 버튼을 클릭해 설치하세요. 코드 작성이 끝나면 〈Accept〉를 눌러 승인하세요.

3. 코드 편집창 위쪽의 ▶ 버튼을 눌러 프로그램을 다시 실행하세요.
단, 앞에서 만든 워드 파일이 열려 있으면, 새 워드 파일을 생성하지 못해 오류가 납니다. 반드시 이전 워드 파일을 닫고 실행해야 합니다.

4. 터미널 창의 실행 결과를 보면, 워드 파일 2개와 파워포인트 파일 1개가 만들어졌습니다. 각각 GTP-4o가 만든 보고서 요약 초안, PPT용 대본과 PPT 파일입니다.

5. 이제 탐색기에서 'PDF_Analysis' 폴더를 열면, 새로 생성된 3개의 파일을 볼 수 있습니다. 먼저 GTP-4o가 만든 '요약 초안' 워드 파일

〈WEO_2025_분석보고서〉을 더블클릭해서 열어보죠.

6. GTP-4o가 만든 요약 초안 워드 파일이 열립니다. 〈IMF 2025 세계경제보고서〉의 빽빽한 11페이지 영어 원문을 한글 2페이지로 잘 요약했습니다.

7. 이번에는 'PPT 대본' 워드 파일을 열어보죠. PPT 대본은 맨 처음 생성된 워드 파일의 내용을 그냥 쪼갠 것이 아니라 PPT용으로 새로 재구성했습니다.

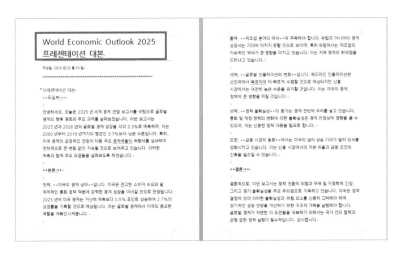

8. 이번에는 〈IMF 2025 세계경제보고서〉의 분석 및 요약 PPT 파일을 열어보겠습니다. 5페이지의 슬라이드로 자동으로 만들어 주었네요. 디자인은 별로지만, 초안을 앉히는 것까지는 자동으로 완성해 주었습니다. 모든 문서 작업이 그렇지만, 초안이 만들어지면 절반은 간 거죠? 이제 이 슬라이드를 꾸미면 됩니다.

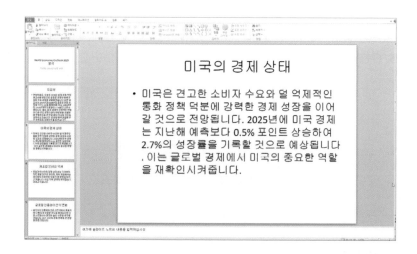

이번 장에서는 PDF 문서를 자동으로 분석하고, 요약된 내용을 정리하여 보고서를 생성하며, PPT 슬라이드를 만드는 프로그램을 만들어 보았습니다. 증권사의 긴 리포트, 연구논문, 보고서를 빠르게 분석하고, 핵심 정보를 워드 문서나 PPT 슬라이드로 자동으로 정리해서 발표자료를 손쉽게 만들 수 있을 것입니다.

Part

8

견적서 비교, 파일 정리, 카드뉴스, 확장 프로그램까지 한 방에!

Cursor AI

견적서 분석 자동화를
단숨에!

비즈니스에서 견적서를 검토하는 일은 흔하지만, 여러 개의 견적서를 비교하고 평가하는 일은 쉽지 않습니다. 각 업체마다 양식도 다르고, 항목도 제각각이어서 한눈에 비교하기 어렵기 때문입니다. 이번 장에서는 AI를 활용해 여러 개의 견적서를 자동으로 분석하고 비교하는 프로그램을 만들어 봅니다.

<견적서 분석 자동화 프로그램 만들기>

1. **견적서 분석:** 여러 개의 견적서를 자동으로 불러와 내용을 분석합니다. 특히 한글(hwp) 파일도 읽어서 처리할 수 있게 합니다.

2. **견적서 평가:** AI가 견적의 합리성을 판단하고 특이사항을 정리합니다.

3. **자동 파일 저장:** 각 견적서의 분석 결과를 각각의 텍스트 파일로 저장하고, 전체 파일을 자동으로 압축합니다.

실습 견적서 파일 사용하기

견적서 분석 자동화 프로그램을 만들어 보겠습니다. 여기서 실습용으로

사용하는 3종의 견적서는 한글 파일(.hwp)이며, 복합기 구입을 위해 각각

가상의 회사인 라이쿠, 코난, 쿠록스라는 회사에서 받은 견적서입니다.

AI가 한글 견적서 읽어들이기

1. 새로운 프로젝트를 위해 커서에서 [File]→Open Folder 메뉴를 눌러 새 폴더를 만들고, 그 폴더를 선택합니다. 여기서는 'MyProject' 폴더 아래에 'Quotation' 폴더를 만들고 선택하겠습니다.

2. 'New File' 아이콘을 눌러 'main.py' 파일을 만듭니다.

3. 방금 만든 'Quotation' 폴더에 실습용으로 견적서 파일 3개를 복사해 넣었습니다. 여러분도 한글로 만든 실습용 견적서 파일을 이 폴더에 넣어 주세요[서승완 홈페이지(seowan.net)→커서 AI→책 예제파일→resources.zip].

4. 우선, 한글(.hwp) 파일들을 잘 인식하는 파이썬 프로그램을 만들라고 요청합니다.

> 같은 폴더 안에 있는 hwp 파일로는 뭐가 있는지 모두 찾아서 출력해 주는 파이썬 코드를 작성해 줘.

5. 커서가 현재의 작업 폴더에 있는 모든 파일 중 확장자가 '.hwp'인 파일들을 목록으로 출력해 주는 코드를 작성합니다. 〈Accept〉를 눌러 승인합니다.

6. 이제 코드 편집창 위쪽의 ▶ 버튼을 눌러 방금 만든 파이썬 프로그램을 실행합니다.

7. 터미널 창을 보면, 한글 파일 3개의 목록을 가져와서 보여줍니다. 파이썬 프로그램이 이 폴더에 든 모든 한글 파일을 인식한 것입니다.

8. 그런데 문제는 파이썬은 전 세계적으로 사용되는 프로그래밍 언어이지만, 한글 문서를 읽지 못한다는 것입니다. 따라서 파이썬이 한글 문서를 읽을 수 있게 해주는 라이브러리를 설치해야 합니다.

9. '파이썬 패키지 저장소' 사이트(Python Package Index, https://pypi.org)에 접속하세요. 누구나 파이썬 라이브러리를 만들고 공유하는 곳입니다. 여기서 'hwp'를 검색하세요.

10. 한글 프로그램과 관련된 파이썬 라이브러리들이 검색됩니다. 이 중에서 'gethwp' 라이브러리를 클릭하세요. 이 라이브러리는 한글 문서 파일 안의 텍스트를 문자열 형태로 추출해 주는데 이름을 기억해 두세요. 설치는 나중에 하겠습니다.

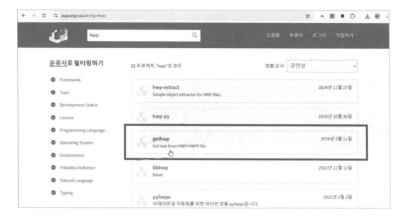

11. 이제 커서에게 이 'gethwp' 라이브러리를 이용해서 한글 파일을 열고
텍스트를 추출하게 만들라고 요청합니다.

> gethwp라는 라이브러리를 설치하는 명령어를 알려주고, 이 라이브러리를 이용
> 해서 한글 파일을 읽어올 수 있게 해줘.

12. 커서가 코드를 수정합니다. gethwp 라이브러리가 없으니 설치하라고
합니다. 설치 명령어 행에 있는 〈Run command〉 버튼을 눌러 설치하
세요. 코드 수정이 끝나면 〈Accept〉를 눌러 승인해 줍니다.

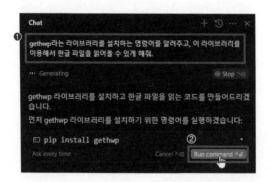

13. 이제 코드 편집창 위쪽의 ▶ 버튼을 눌러 프로그램을 실행하세요.

14. 터미널 창을 보면, 파이썬 프로그램이 한글 파일 견적서들을 열어서
그 안의 텍스트만 추출해서 보여줍니다.

견적서 비교/평가 자동화 프로그램이 뚝딱!

1. 이제 한글 프로그램으로 작성된 견적서 파일의 내용을 AI에게 보내고,
AI(GPT-4o)가 의견을 주도록 요청합니다. 오픈AI의 API를 연결할 때
항상 버전 문제 때문에 코드를 수정했는데, 이번에는 아예 최신 버전에
맞게 코딩을 해달라고 요청했습니다.

> 이번에는 각 hwp 파일의 내용을 GPT-4o로 보내서, 각 견적서마다 총 금액이 얼
> 마인지, 그리고 합리적인 금액인지 판단해서 의견을 출력하게 해줘. 특히 오픈AI
> API의 버전에 맞게 코딩을 해줘.

2. 커서가 코드를 수정합니다. 파이썬에서 HTTP 요청을 보내고 응답
을 받는 requests 라이브러리를 설치하라고 합니다. 설치 명령어 행
의 〈Run command〉 버튼을 눌러 설치하세요. 코드 수정이 끝나면
〈Accept〉를 눌러 승인합니다.

3. 코드 편집창 위쪽의 ▶ 버튼을 눌러 프로그램을 실행합니다.

4. 이제 터미널 창을 보면, 각 견적서에 대한 AI의 분석 결과가 나타납니다. 프로그램의 견적서 분석 기능이 제대로 작동한 것입니다.

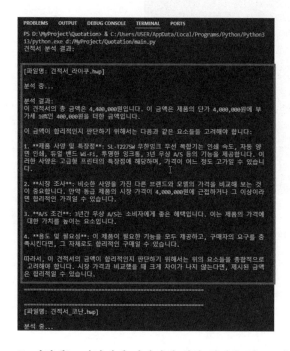

5. 이번에는 커서에게 견적서에 대한 의견을 적고, 가성비를 기준으로 했을 때 어떤 모델을 선택할지 최종 의견도 달라고 요청했습니다.

각각의 견적서에 대한 의견을 적은 후에 마지막으로 어떤 모델을 구입하는 게 좋을 것인지 최종 의견을 들려줘. 가성비를 기준으로 판단하면 돼.

---

6. 커서가 코드를 수정합니다. 〈Accept〉를 눌러 승인하세요.

7. 코드 편집창 위쪽의 ▶ 버튼을 눌러 프로그램을 다시 실행합니다.

8. 터미널 창을 보면, 프로그램이 각각의 견적서에 대한 의견을 써준 후 마지막으로 종합 분석 및 추천을 해줍니다.

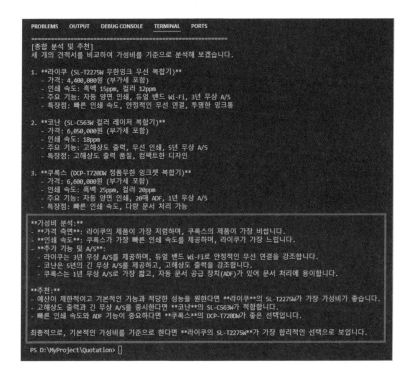

```
PROBLEMS   OUTPUT   DEBUG CONSOLE   TERMINAL   PORTS
========================================================
[종합 분석 및 추천]
세 개의 견적서를 비교하여 가성비를 기준으로 분석해 보겠습니다.

1. **라이쿠 (SL-T2275W 무한잉크 무선 복합기)**
   - 가격: 4,400,000원 (부가세 포함)
   - 인쇄 속도: 흑백 15ppm, 컬러 12ppm
   - 주요 기능: 자동 양면 인쇄, 듀얼 밴드 Wi-Fi, 3년 무상 A/S
   - 특장점: 빠른 인쇄 속도, 안정적인 무선 연결, 투명한 잉크통

2. **코난 (SL-C563W 컬러 레이저 복합기)**
   - 가격: 6,050,000원 (부가세 포함)
   - 인쇄 속도: 18ppm
   - 주요 기능: 고해상도 출력, 무선 인쇄, 5년 무상 A/S
   - 특장점: 고해상도 출력 품질, 컴팩트한 디자인

3. **쿠록스 (DCP-T720DW 정품무한 잉크젯 복합기)**
   - 가격: 6,600,000원 (부가세 포함)
   - 인쇄 속도: 흑백 25ppm, 컬러 20ppm
   - 주요 기능: 자동 양면 인쇄, 20매 ADF, 1년 무상 A/S
   - 특장점: 빠른 인쇄 속도, 다량 문서 처리 가능

**가성비 분석:**
- **가격 측면**: 라이쿠의 제품이 가장 저렴하며, 쿠록스의 제품이 가장 비쌉니다.
- **인쇄 속도**: 쿠록스가 가장 빠른 인쇄 속도를 제공하며, 라이쿠가 가장 느립니다.
- **추가 기능 및 A/S**:
  - 라이쿠는 3년 무상 A/S를 제공하며, 듀얼 밴드 Wi-Fi로 안정적인 무선 연결을 강조합니다.
  - 코난은 5년의 긴 무상 A/S를 제공하고, 고해상도 출력을 강조합니다.
  - 쿠록스는 1년 무상 A/S로 가장 짧고, 자동 문서 공급 장치(ADF)가 있어 문서 처리에 용이합니다.

**추천:**
- 예산이 제한적이고 기본적인 기능과 적당한 성능을 원한다면 **라이쿠**의 SL-T2275W가 가장 가성비가 좋습니다.
- 고해상도 출력과 긴 무상 A/S를 중시한다면 **코난**의 SL-C563W가 적합합니다.
- 빠른 인쇄 속도와 ADF 기능이 중요하다면 **쿠록스**의 DCP-T720DW가 좋은 선택입니다.

최종적으로, 기본적인 가성비를 기준으로 한다면 **라이쿠의 SL-T2275W**가 가장 합리적인 선택으로 보입니다.

PS D:\MyProject\Quotation>
```

9. 이제 분석 파일을 각각의 텍스트 파일로 만들어 압축해 보겠습니다. 커서에게 다음과 같이 요청합니다.

> 각각의 견적서에 대한 분석과 종합분석을 각각 별도의 txt 파일로 저장한 다음, 이를 zip 파일로 압축해 줘. 단, 원본 내용은 포함할 필요 없고, 분석 내용만 작성하면 돼.

10. 커서가 코드를 수정하면 〈Accept〉를 눌러 승인합니다.

11. 다시 코드 편집창 위쪽의 ▶ 버튼을 눌러 프로그램을 실행해 보죠.

12. 터미널 창을 보면, 라이쿠, 코난, 쿠록스의 견적서에 대한 의견을 각기 다른 텍스트 파일로 만들고, 종합 분석도 별개의 텍스트 파일로 만든 뒤 이들을 모두 묶어 압축 파일로 저장합니다.

13. 이제 탐색기에서 'Quotation' 폴더를 열어보세요. 그리고 새로 생긴 '견적서 분석결과' 압축파일의 압축을 해제하세요.

14. 텍스트 파일이 4개 들어 있습니다. 그 중에서 '종합분석_결과' 파일을 더블클릭해서 열어 보겠습니다.

15. AI가 각 견적서에 대해 간략히 정리하고, 그 뒤에 가성비 평가를 했으며, 최종적으로 하나의 제품을 추천했습니다. 라이쿠의 견적서가 비용을 최소화하면서 성능이 무난하고, A/S 기간이 적당해서 최적의 선택이라고 추천한 것을 볼 수 있습니다.

```
종합분석_결과 - Windows 메모장
파일(F)  편집(E)  서식(O)  보기(V)  도움말(H)
각 견적서를 비교 분석한 결과를 가성비를 기준으로 평가해 보겠습니다.

1. **라이쿠**:
  - 제품명: SL-T2275W 무한잉크 무선 복합기
  - 총 가격: 4,400,000원
  - 주요 사양: 흑백 인쇄 속도 15ppm, 컬러 12ppm, 자동 양면 인쇄, 듀얼 밴드 Wi-Fi
  - 무상 A/S: 3년
  - 특장점: 투명한 잉크통으로 잉크 잔량 확인 가능

2. **코난**:
  - 제품명: SL-C563W 컬러 레이저 복합기
  - 총 가격: 6,050,000원
  - 주요 사양: 인쇄 속도 18ppm, 해상도 2400x600dpi, 무선 인쇄 지원
  - 무상 A/S: 5년
  - 특장점: 고해상도 출력, 컴팩트한 디자인

3. **쿠룩스**:
  - 제품명: DCP-T720DW 정품무한 잉크젯 복합기
  - 총 가격: 6,600,000원
  - 주요 사양: 흑백 인쇄 속도 25ppm, 컬러 20ppm, 자동 양면 인쇄, 20매 ADF
  - 무상 A/S: 1년
  - 특장점: 빠른 인쇄 속도, 20매 자동 문서 공급 장치

### 가성비 평가:
- **가격 대비 성능:**
  - 라이쿠의 제품은 가장 저렴하며, 인쇄 속도와 기본 기능이 준수합니다. 무상 A/S 기간도 3년으로 적당합니다.
  - 코난의 제품은 고해상도와 긴 무상 A/S 기간(5년)을 제공합니다. 가격이 중간 수준이지만, 높은 품질의 출력이 중요할 경우 적합합니다.
  - 쿠룩스의 제품은 가장 높은 인쇄 속도와 ADF 기능을 제공하나, 가격이 가장 높고 무상 A/S 기간이 1년으로 짧습니다.

- **추천**:
  - **라이쿠**: 비용을 최소화하면서 무난한 성능과 적당한 A/S 기간을 원할 경우 최적의 선택입니다.
  - **코난**: 인쇄 품질과 긴 A/S 기간을 중시할 경우 추천됩니다.
  - **쿠룩스**: 높은 인쇄 속도와 ADF 기능이 필수적인 경우 적합하지만, 가격 대비 A/S 기간이 짧다는 점을 고려해야 합니다.

결론적으로, **가성비를 중시한다면 라이쿠의 SL-T2275W**가 가장 적합한 선택으로 보입니다.
```

AI와 함께 견적서 분석 자동화 프로그램을 만들어 보았습니다. 회사에 들어온 여러 개의 견적서를 자동으로 비교하고, 중요한 내용만 빠르게 파악할 수 있으며, AI의 분석을 통해 좀더 객관적으로 견적서를 평가할 수 있습니다. 문서 검토에 걸리는 시간을 획기적으로 줄이고 좀더 효율적인 의사결정을 하는 데 도움이 될 것입니다.

파일 정리도
AI로 자동화

컴퓨터를 사용하다 보면 정리되지 않은 파일들이 쌓이면서 폴더가 점점 복잡해집니다.

"이 폴더에 버전만 다른 중복된 파일이 너무 많아!"

"업무 자료를 체계적으로 분류하고 싶은데 시간이 부족해."

"사진, 문서, 영상 파일을 한꺼번에 정리할 방법이 없을까?"

이 장에서는 파이썬을 활용해 파일을 자동으로 정리하는 프로그램을 만들어 봅니다. 파이썬으로 몇 줄의 코드만 작성하면 클릭 한 번으로 모든 파일을 체계적으로 정리할 수 있습니다.

정리 자동화의 새로운 세계를 직접 경험해 보세요!

<파일 정리 자동화 프로그램 만들기>

1. **확장자별 폴더 분류:** 확장자별로 폴더를 자동 생성하고 파일을 분류합니다.

2. **처음 상태로 되돌리기:** 실습 실행 후 처음 상태로 되돌립니다.

3. **카테고리별 정리:** 문서, 이미지, 기타 파일을 카테고리별로 정리합니다.

4. **기간별 정리:** 특정 날짜 이전의 파일을 자동으로 'old' 폴더로 이동합니다.
   또 캘린더 UI를 추가해 특정일 기준으로 정리할 수 있게 합니다.

5. **AI의 파일 정리:** AI가 파일을 분석하여 자동으로 정리해 줍니다.

확장자별 폴더 자동 정리

1. 커서에서 [File]→Open Folder 메뉴를 눌러 지금부터 만들 코드를 저장할 폴더를 만들고, 그 폴더를 선택합니다. 여기서는 'MyProject' 폴더 아래에 'File_Category' 폴더를 만들고 선택했습니다.

2. 'New File' 아이콘을 눌러 'main.py' 파일을 만드세요.

3. 실습을 하기 위해 'File_Category' 폴더 아래에 'SampleFolder'라는 하위 폴더를 만든 뒤에 여러 종류의 파일들을 복사해서 넣으세요. 실습 과정에서 파일이 삭제될 수 있으므로, 반드시 원본을 옮기지 말고 복사를 해서 넣으세요. 여기서는 작업 폴더 아래에 'SampleFolder'라는 별도의 폴더를 만들어 그 안에 100개의 실습용 파일을 복사해 넣었습니다.

4. 우선 확장자별로 하위 폴더를 만들어 따로 정리하고 싶다고 해보죠. 탐색기 위쪽의 폴더 경로란에서 해당 폴더가 선택된 상태에서 마우스 오른쪽 단추를 클릭한 후 **주소를 텍스트로 복사**를 선택합니다. 파일을 정리할 폴더의 경로를 복사하는 것입니다.

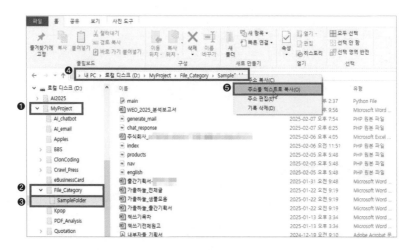

5. 이제 AI 사이드바 입력란에서 정리할 파일들이 있는 폴더의 경로를 붙여넣으세요. 그런 다음 확장자별로 폴더를 만들고, 해당 폴더에 맞게 파일들을 이동해 달라고 요청합니다.

> [정리할 폴더의 경로 붙여넣기]
> 이 폴더 안에 있는 파일들을 정리하고 싶어. 현재 존재하는 파일들의 확장자를 모두 알아보고, 폴더 안에 확장자별로 폴더를 생성한 다음, 해당 폴더에 맞게 파일들을 이동시켜 줘.

6. 커서가 지정한 폴더 안의 모든 파일들을 검사한 후 확장자별로 새로운 폴더를 만들고, 각 파일을 성격에 맞는 폴더로 이동시키는 코드를 작성해 줍니다. 〈Accept〉를 눌러 승인합니다.

7. 이제 코드 편집창 위쪽의 ▶ 버튼을 눌러 프로그램을 실행하세요.

8. 터미널 창을 보면, 파일 정리 프로그램이 먼저 하나의 확장자에 따른 폴더를 하나 만들고, 그 유형의 파일들을 개수만큼 반

복문을 돌려서 모두 이동시킵니다. 그다음 다른 확장자 폴더를 만들고, 그 유형의 파일들을 다시 이동시키는 작업을 합니다. 이 작업을 반복해 확장자별 파일 정리를 마칩니다.

9. 이제 탐색기를 열어보세요. 결과를 보면, PNG 파일은 'png' 폴더를 만들어 거기로 이동시키는 식으로 모든 파일을 확장자별로 폴더를 만들어 정리했습니다. 폴더를 하나 열어보죠. 여기서는 'hwp' 폴더를 더블클릭해 열어보겠습니다.

10. 'hwp' 폴더에 hwp 파일만 들어 있습니다. 다른 폴더들도 파일 확장자에 따라 일목요연하게 분류가 되었습니다.

폴더 복귀 뚝딱!

이제 다음 실습을 위해 처음 상태(모든 파일이 한 폴더에 들어 있는 상태)로 되돌아가는 코드를 만들어 두겠습니다.

1. 'New File' 아이콘을 눌러 'recovery.py' 파일을 만듭니다.

2. 커서에게 폴더를 원래 상태로 되돌리는 코드를 만들어 달라고 요청합니다. 앞에서 커서에게 'MyProject→File_Category→ SampleFolder' 폴더의 경로를 준 바 있죠? 그래서 다음과 같이 요청해도 커서가 맥락을 알아듣습니다.

> 이 폴더 아래 모든 하위 폴더의 파일들을 이 폴더로 이동시키고, 빈 하위 폴더는 삭제해 줘.

3. 커서가 코드를 작성해 주면 ⟨Accept⟩를 눌러 승인합니다.

4. 코드 편집창 위쪽의 ▶ 버튼을 눌러 방금 만든 프로그램을 실행하세요.

5. 터미널 창을 보면, 하위 폴더의 파일들을 모두 원래의 'SampleFolder' 폴더로 복귀시키고, 빈 하위 폴더들은 삭제합니다.

6. 이제 탐색기를 열어보세요. 원래처럼 'SampleFolder' 폴더에 정리가 안된 파일이 100개 들어 있는 것을 볼 수 있습니다. 파일 정리 이전으로 복귀시키는 프로그램이 제대로 작동한 것입니다.

분류별 파일 자동 정리

이번에는 문서, 그림, 음악, 영상 등 분류별로 파일을 정리해 보겠습니다.

1. 탐색기에서 여러분이 파일을 정리할 폴더를 여세요. 여기서는 실습용으로 파일 100개를 넣어둔 'SampleFolder'라는 폴더를 열었습니다.

탐색기에서 파일을 정리할 폴더를 선택한 다음, 위쪽의 폴더 경로란에서 마우스 오른쪽 단추를 클릭한 후 **주소를 텍스트로 복사**를 선택합니다. 파일을 정리할 폴더의 경로를 복사하는 것입니다.

2. AI 사이드바 입력란에 정리할 폴더의 경로를 붙여넣으세요. 그런 다음 이 폴더 안에 있는 파일들의 확장자를 알아보고, 각각 '문서, 그림, 음악, 영상, 소스 코드, 기타' 파일로 분류한 후 각각의 폴더를 만들어 옮겨달라고 요청합니다.

> [정리할 폴더의 경로 붙여넣기]
> 이 폴더 안에 있는 파일들을 정리하고 싶어. 현재 존재하는 파일들의 확장자를 모두 알아보고, 내가 원하는 분류별로 분류한 다음, 해당 분류에 맞는 폴더를 그 안에 생성하고, 파일들도 알맞게 이동시켜 줘. 별도의 파일로 만들어 줘.
>
> hwp, doc, docx, pdf, ppt, pptx, xls, xlsx와 같은 경우는 '문서'라는 폴더
> 그림 관련 파일의 경우 '그림'이라는 폴더
> 음악 관련 파일의 경우 '음악'이라는 폴더
> 영상 관련 파일의 경우 '영상'이라는 폴더
> html, php, py 파일은 '소스 코드'라는 폴더
> 나머지는 '기타' 폴더에 넣어줘.

3. 커서가 코드를 만들기 시작합니다. 코드 편집창 위쪽에 'category_
sort.py'라는 파일 탭이 생기면서 그 안에서 코딩이 이루어지고 있습니
다. 그림, 음악, 영상 등은 파일의 확장자를 알려주지 않았는데도, 커
서가 알아서 정리를 하고 코딩을 해주었습니다. 코드 작성이 끝나면
〈Accept〉를 눌러 승인해 줍니다.

4. 코드 편집창 위쪽의 ▶ 버튼을 눌러 프로그램을 실행하세요.

5. 이제 폴더를 열어보세요. 프로그램이 내가 정의했던 폴더들을 만든 것을
볼 수 있습니다. '그림' 폴더로 들어가면 그림 파일들만 들어 있습니다.

6. 이제 다음 실습을 위해 원래의 정리가 안 된 폴더 상대로 돌아가보죠.
앞에서 관련 프로그램을 만들었죠? 커서에서 'recovery.py' 파일을 선
택한 뒤 코드 편집창 위쪽의 ▶ 버튼을 눌러 이 파이썬 프로그램을 실
행하세요. 그러면 폴더가 파일 분류 전의 원래 상태로 돌아옵니다.

잠깐만요 **디렉토리와 폴더, 뭐가 다르죠?**
커서에서 작업을 하다 보면 가끔씩 '디렉토리'라는 표현이 나옵니다. 디렉토리와 폴더는
사실상 같은 개념이지만, 사용되는 맥락이나 기술적 배경에 따라 표현이 다릅니다.
디렉토리(Deractory)는 주로 프로그래밍적 문맥에서 파일을 트리 구조처럼 체계적으로 저
장하는 구조를 뜻합니다. 루트 디렉토리는 트리 구조의 최상단 지점을 의미하죠.
반면 폴더(Fold)는 사용자 인터페이스에서 사용되는 용어로서, 파일을 담을 수 있는 서류철
모양의 아이콘으로 표시됩니다.

날짜별 파일 자동 정리

1. 탐색기에서 여러분이 파일을 정리할 폴더를 여세요. 여기서는 실습용으로 파일 100개를 넣어둔 'SampleFolder'라는 폴더를 열었습니다. 파일을 정리할 폴더를 선택한 다음, 폴더 경로란에서 마우스 오른쪽 단추를 클릭한 후 **주소를 텍스트로 복사**를 선택하세요. 파일을 정리할 폴더의 경로를 복사하는 것입니다.

2. 커서의 AI 사이드바 입력란에서 정리할 폴더의 경로를 붙여넣으세요. 그런 다음 'old'라는 폴더를 만들고, 2024년 12월 31일 이전의 파일들은 모두 이 폴더에 옮기라고 요청합니다. 이때 이 코드를 별도의 파일로 만들어 달라고 합니다.

> [정리할 폴더의 경로 붙여넣기]
> 이 폴더 안에 있는 파일들을 정리하려고 해. 일단 현재 폴더 아래에 'old' 폴더를 만들어. 그리고 파일을 수정한 날짜를 확인해서, 2024년 12월 31일 이전에 수정한 파일들만 'old' 폴더로 모두 이동시켜 줘. 이것도 별도 파일로 만들어 줘.

3. 커서가 코드를 작성하며 'date_sort.py' 파일을 만들었습니다. 코드 작성이 끝나면 〈Accept〉를 눌러 승인합니다.

4. 코드 편집창 위쪽의 ▶ 버튼을 눌러 프로그램을 실행하세요.

5. 이제 탐색기를 열어보세요. 2024년 12월 31일 이전에 수정된 파일은 모두 'old' 폴더로 옮겨지고, 그 이후 만들어진 파일들만 현재 폴더에 남아 있는 것을 볼 수 있습니다.

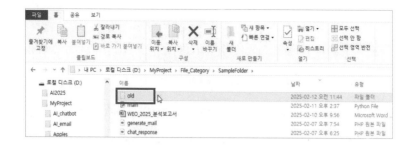

6. 이제 다음 실습을 위해 파일 정리가 안 된 원래의 폴더 상태로 돌아가세요. 커서에서 'recovery.py' 파일을 선택한 다음 코드 편집창 위쪽의 ▶ 버튼을 눌러 폴더 복귀 프로그램을 실행하면 됩니다. 그러면 실습 파일 폴더가 정리 전의 원래 상태로 돌아옵니다.

파일 자동 정리 폼 만들기

파일 정리 기준일을 바꿔야 할 때, 항상 소스 코드를 수정해야 한다면 귀찮겠죠? 여기서는 캘린더에서 파일 정리의 기준일을 선택하는 폼을 만들어 보겠습니다.

1. 탐색기에서 여러분이 파일을 정리할 폴더를 여세요. 여기서는 실습용으로 파일 100개를 넣어둔 'SampleFolder'라는 폴더를 열었습니다. 파일을 정리할 폴더를 선택한 다음, 폴더 경로란에서 마우스 오른쪽 단추를 클릭한 후 **주소를 텍스트로 복사**를 선택하세요.

2. 커서의 AI 사이드바 입력란에서 앞에서 복사한 폴더의 경로를 붙여넣으세요. 그리고 앞에서 만든 기준일에 따라 파일을 정리해 주는 'date_sort.py' 파일에 날짜를 지정해 주는 UI를 추가해 달라고 요청합니다. 이때 'Tkinter'라는 라이브러리를 사용하라고 합니다. 이처럼 라이브러

리 이름을 안다면 직접 지정해 주면, 커서가 맥락을 더 잘 알아듣고 명

령을 수행합니다(라이브러리 이름을 안 넣어도 커서가 만들어 주긴 합니다).

> [파일을 정리할 폴더의 경로 붙여넣기]
> 매번 코드에서 날짜를 바꿔야 하는 게 너무 귀찮아. date_sort.py 파일에 tkinter
> 라이브러리를 이용해서 날짜를 지정해 주는 UI를 추가해 줘.

3. 커서가 코드를 수정합니다. 달력 및 날짜 선택 그래픽 구성요소를 제공

하는 Tkcalendar 라이브러리를 설치하라고 하네요(Tkcalendar는 Tkinter의 기

능에 달력을 추가한 라이브러리입니다). 설치 명령어 행에 있는 〈Run command〉

버튼을 누르면 설치가 됩니다. 그런 다음 〈Accept〉를 눌러 코드를 승

인합니다.

4. 코드 편집창 위쪽의 ▶ 버튼을 눌러 프로그램을 실행해 보죠.

5. 이제 기준 날짜를 입력하는 입
력폼이 나오고 캘린더가 나타
납니다.

6. 그런데 캘린더의 날짜를 보니, 현재의 연도와 달이 아니네요. 커서에게

이 부분을 수정해 달라고 요청합니다.

> 달력이 현재의 연, 월, 일에 맞추어 나오게 해줘.

7. 커서가 코드를 수정하면 〈Accept〉를 눌러 승인합니다.

8. 코드 편집창 위쪽의 ▶ 버튼을 눌러 프로그램을 다시 실행합니다.

9. 날짜 입력폼이 나타나고 캘린
더가 나옵니다. 캘린더의 날짜
가 오늘의 날짜에 맞게 수정되
었습니다.

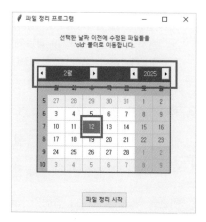

10. 이제 캘린더에서 파일 정리의 기준일을 설정하고 〈파일 정리 시작〉
버튼을 누르세요. 여기서는 2025년 1월 1일을 선택하고 〈파일 정리
시작〉 버튼을 눌렀습니다.

11. 선택한 날짜 이전의 파일들을 'old' 폴더로 이동시킬지 묻는 메시지 상
자가 나타나네요. 〈예〉를 누르세요.

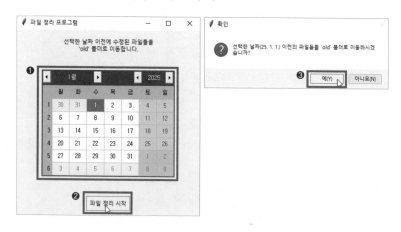

12. 그런데 작업 중에 오류가 났습니다. 오류 메시지를 보면, tkcalendar 라이브러리와 커서의 날짜 표시 형식이 일치하지 않아 생긴 오류 같습니다. 이 오류 메시지를 캡처하세요.

13. AI 사이드바 입력란에 오류 메시지를 붙여넣고 수정해 달라고 합니다.

[오류 메시지 붙여넣기]
이런 오류가 났어. 수정해 줘.

---

14. 커서가 오류를 진단하고, 날짜 표시 형식 부분의 수정 코드를 보여줍니다. 〈Accept〉를 눌러 승인합니다.

15. 코드 편집창 위쪽의 ▶ 버튼을 눌러 다시 프로그램을 실행해 보죠.

16. 날짜 입력폼이 나오고 캘린더 화면이 열립니다. 기준일을 2025년 1월 1일로 선택하고 〈파일 정리 시작〉을 누릅니다.

17. 선택한 날짜 이전의 파일들을 'old' 폴더로 이동시킬지 묻는 메시지 상자가 나타나면 〈예〉를 누릅니다.

18. 기준일(2025년 1월 1일) 이전의 파일 81개를 'old' 폴더로 옮겼다는 '완료' 대화상자가 나타납니다.

19. 이제 탐색기를 열어 확인해 보세요. 'old' 폴더에 2025년 1월 1일 이전의 파일이 81개 들어 있습니다. 기준일에 따른 파일 정리 프로그램이 정상적으로 실행된 것입니다.

파일 정리 자동화 AI 만들기

이제 AI가 특정 폴더에 들어 있는 파일들을 확인하고, 어떻게 정리할지 스스로 판단해서 정리하도록 만들어 보겠습니다.

1. 탐색기에서 여러분이 파일을 정리할 폴더를 연 다음, 폴더 경로란에서 마우스 오른쪽 단추를 클릭한 후 **주소를 텍스트로 복사**를 선택하세요.

2. 커서의 AI 사이드바 입력란에 앞에서 복사한 폴더의 경로를 붙여넣은 후, 일단 이 폴더 안에 들어 있는 파일 이름들을 모두 출력하는 코드를 짜보라고 요청합니다. 이때 별도의 파일로 짜달라고 합니다.

> [정리할 폴더의 경로 붙여넣기]
> 이 폴더 안에 있는 파일들의 이름을 모두 출력해 주는 파이썬 코드를 작성해 줘. 별도의 파일로 만들어 줘.

3. 커서가 코드를 작성합니다. 'list_files.py'라는 별도의 파일을 만든다고 합니다. 〈Accept〉를 눌러 코드를 승인합니다.

4. 코드 편집창 위쪽의 ▶ 버튼을 눌러 프로그램을 실행하세요.

5. 터미널 창을 보면, 파일의 목록이 잘 출력됩니다. 우리가 앞에서 2025
년 1월 1일 이전의 파일은 'old' 폴더로 옮겼기 때문에, 현재 폴더에 있
는 19개 파일의 이름이 출력되었습니다.

6. 커서에게 터미널 창에 출력된 파일의 목록을 텍스트 파일에 저장해 달
라고 요청합니다.

> 파일 목록을 file_list.txt로 저장해 줘.

7. 커서가 코드를 작성하면 〈Accept〉를 눌러 승인합니다.

8. 코드 편집창 위쪽의 ▶ 버튼을 눌러 다시 프로그램을 실행하세요.

9. 터미널 창을 보면, 파일 목록이 텍스트 파일로 저장된 것을 알 수 있습
니다.

10. 프로젝트 탐색기를 보면 'file_list.txt' 파일이 생겼습니다. 이 파일을 클릭해 보세요. 파일 목록이 저장되어 있습니다.

11. AI 사이드바의 맥락에 방금 전에 만들어진 'file_list.txt' 파일을 추가하세요.

12. 커서에게 파일 목록을 보고, 이 파일들을 어떤 폴더들로 정리하면 될지 이름을 알려달라고 요청합니다. 앞에서 파일 목록 파일(file_list.txt)을 맥락에 추가했기 때문에, 이렇게만 요청해도 커서가 맥락을 잘 알아듣습니다.

> 이 파일 리스트를 참조해서 해당 파일들을 정리하려면, 어떤 폴더들이 필요할지 한 번 폴더 이름만 도출해 줘. 별도로 코드는 작성하지 마.

13. 커서가 '문서', '소스 코드', '영상'의 폴더 3개로 관리하는 것이 좋겠다고 합니다. 커서가 파일 목록 텍스트 파일 안에 저장된 파일 이름들을 본 후 맥락을 파악했기 때문에, 이를 기반으로 폴더 구조를 추천해 준 것입니다.

```
정리하면 필요한 폴더는:
•   문서
•   소스코드
•   영상
이렇게 3개의 폴더면 현재 파일들을 깔끔하게 분류할 수 있을 것 같습니다.
```

14. 커서가 추천한 폴더 구조로 파일들을 정리해 보죠. 커서에게 파일 정리 자동 소스 코드를 만들어 달라고 요청합니다. 앞에서 커서가 이미 파일 목록의 맥락을 알고 폴더 구조도 추천했으니, 그냥 폴더 이름은 한글로 해달라는 정도만 요청해도 됩니다.

> 폴더 이름은 한글로 하면 좋을 것 같고, 이 파일들을 정리해 주는 소스 코드를 작성해 줘.

15. 커서가 'organize_files.py'라는 파일을 만들고 새로운 코드를 작성합니다. 이 과정에서 앞으로 '이미지'와 '음악'의 2개 폴더가 필요할 것 같다며, 지금은 해당 파일이 없지만 일단 폴더만 만들어 두겠다고 하네요. 코드 작성이 끝나면 〈Accept〉를 눌러 승인합니다.

16. 코드 편집창 위쪽의 ▶ 버튼을 눌러 프로그램을 실행합니다.

17. 파일 정리 자동화 프로그램(organize_files.py)이 다음과 같이 폴더를 스스로 만들고, 각 폴더로 파일들을 정리해 넣어줍니다. 커서가 코드를 짜며 향후 필요할 것 같다고 했던 '이미지'와 '음악' 폴더도 만들어 주었네요.

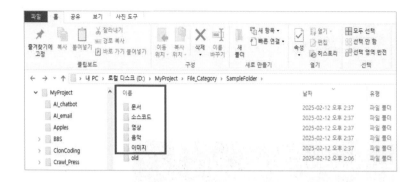

파일 정리 자동화의 새로운 세계, 어떤가요? 간단한 요청만으로 커서가
알아서 파일을 정리해 주는 프로그램을 만들어 주니 무척 편리하겠죠?

그런데 주의할 점이 있습니다. '파일 정리 자동화'는 커서에서 파이썬
을 이용해 쉽게 구현할 수 있고 편리하지만, 동시에 위험성도 있습니다.
딱 한 번의 실수로 돌이킬 수 없는 상황이 될 수도 있거든요. 개발자들은
커서가 써준 코드를 보면 무엇을 하는 코드인지 알지만, 일반인들은 알 수
없기 때문에, 자칫 자동화 프로그램을 실행했을 때 중요한 데이터 삭제 등
치명적 피해를 입을 수도 있습니다. 따라서 반복적인 일을 프로그램으로
자동화하려고 할 경우, 반드시 사전에 데이터를 백업을 해놓고 시작하는
것이 좋습니다.

카드뉴스 세트
자동 생성기

파이썬과 AI를 활용하여 카드뉴스를 자동으로 제작하는 프로그램을 만들어 봅니다. 원본 텍스트를 주면 AI가 자동으로 문안을 정리하고, 그림을 그리고, 카드뉴스 형태로 완성하는 것이 목표입니다.

<카드뉴스 자동 생성기 만들기>

1. **카드뉴스 문안 생성:** AI(GPT-4o)를 이용해 원본 텍스트를 요약하고 카드뉴스용 문안을 제작하게 합니다.

2. **카드뉴스용 이미지 생성:** 오픈AI의 달리(Dall-E)를 활용해 카드뉴스용 이미지를 자동 생성하게 만듭니다.

3. **카드뉴스용 문안 자동 삽입:** 생성된 이미지 카드에 문안을 자동으로 삽입하게 합니다.

4. **카드뉴스 여러 장 자동 생성:** 카드뉴스를 원하는 개수만큼 자동으로 생성하게 만듭니다.

이런 분들에게 특히 유용합니다.

· SNS 마케팅을 해야 하지만 카드뉴스 제작 시간이 부족한 사람

· 콘텐츠를 기획하고 있지만 디자인 작업이 부담스러운 기획자

· 이미지 생성 AI와 파이썬을 활용해 자동화 도구를 만들고 싶은 이

그럼, 이제 원본 텍스트만 주면 완성도 높은 카드뉴스를 자동으로 생
성하는 프로그램을 만들어 보겠습니다.

이미지 생성 기능 넣기

1. 커서에서 [File]→Open Folder 메뉴로 들어가 지금부터 만들 코드를 저
장할 폴더를 만들고, 그 폴더를 선택합니다. 여기서는 'MyProject' 폴더
아래에 'CardNews'라는 폴더를 만들고 선택했습니다.

2. 'New File' 아이콘을 눌러 앞에서 만든 폴더 안에 'cardnews.py' 파일을
만듭니다.

3. 커서에게 카드뉴스 이미지부터 그려달라고 요청합니다. 챗GPT에서 제공하는 이미지 생성 AI인 달리(Dall-E)를 이용하라고 합니다.

> 오픈AI의 API를 호출해서 Dall-E 모델로 '풀밭을 뛰어노는 강아지' 그림을 그린 다음, 이를 저장해 주는 소스 코드를 작성해 줘.

4. 커서가 오픈AI의 API를 호출해서 그림을 그리는 코드를 써줍니다. 코드 작성이 끝나면 〈Accept〉를 눌러서 승인합니다.

5. 코드 편집창 위쪽의 ▶ 버튼을 눌러 코드를 실행하세요.

6. 터미널 창에 이미지가 성공적으로 저장되었다는 메시지가 나옵니다.

7. 현재의 작업 폴더에 'generated_images'라는 하위 폴더가 만들어졌고, 이 폴더 안에 현재의 날짜와 시간을 이용한 'dog_20250212_154757. png' 파일이 만들어졌습니다. 이 파일을 더블클릭해서 열어보세요.

8. 커서에게 요청한 대로 풀밭을 뛰어노는 강아지 그림이 그려졌습니다.

문안 않히는 기능 넣기

1. 이번에는 커서에게 이미지를 생성한 다음, 이미지 중앙에 '반가워요'라
는 글자를 넣는 코드를 작성해 달라고 요청합니다.

> 자, 그럼 이번에는 이미지를 생성한 다음, 이미지 중앙에 '반가워요'를 200pt로
> 출력해 주는 코드도 같이 작성해 줘.

2. 커서가 코드를 작성합니다. add_text_to_image( )라는 함수로 이미지
중앙에 텍스트를 추가하는 기능을 만듭니다. 만약 한글 폰트가 없다고
나오면, 인터넷에서 검색해서 다운받은 후 설치하세요. 커서의 코드 작
성이 끝나면 〈Accept〉를 눌러 승인합니다.

3. 코드 편집창 위쪽의 ▶ 버튼을 눌러 프로그램을 실행하세요.

4. 이제 'generated_images' 폴더를 여세요. 먼저 풀밭을 뛰어노는 강아지 이
미지를 그리고, 그 다음 그림 중앙에 '반가워요'를 한글로 표시했습니다.

카드뉴스 자동 생성기 만들기

지금까지 문안을 주면 이미지를 생성하고, 이미지 위에 글자를 앉히는 기능을 만들었습니다. 이제 텍스트 파일을 주면, AI(GPT-4o)가 내용을 요약하여 문안을 만들고, 여러 장의 카드뉴스를 만드는 자동 생성기를 만들겠습니다. 여기서는 책 소개 카드뉴스를 만들어 볼게요.

1. 우선 카드뉴스를 만들 텍스트 파일을 구해 복사하세요. 여기서는 인터넷 서점에서 『챗봇 2025』의 책 소개글을 복사해 사용하겠습니다. 여러분은 카드뉴스로 만들고 싶은 다른 텍스트를 구해 사용해도 좋습니다.

2. 커서에게 원본 텍스트를 참조해서 카드뉴스 5장용 문안을 5개의 제이슨(JSON) 파일로 만들어 달라고 요청합니다. 카드뉴스로 만들 원본 텍스트도 넣어주세요. 여기서는 앞에서 복사한 『챗봇 2025』 책 소개 텍스트를 붙여넣었습니다.

> 아래의 내용을 참조하여 5장의 카드뉴스로 만들려고 하는데, 내용을 어떻게 정리하면 좋을지 요약해서 json 파일로 만들어 줘. 파이썬 코드를 작성하지 말고, 바로 json 파일을 만들어.
> [교보문고 사이트의 책 소개글 붙여넣기]

3. 커서가 카드뉴스 5장에 들어갈 타이틀, 메인 텍스트, 서브 텍스트, 이미지 프롬프트까지 제이슨 파일 형식으로 만들어 줍니다. 여기까지는 커서(커서의 언어모델 기본값인 클로드 3.5 소네트)가 정리해 준 것입니다. 아직 GPT-4o가 개입한 것은 아닙니다.

```
{
    "cardnews": {
        "title": "「챗봇 2025_트렌드&활용백과」 핵심 내용",
        "cards": [
            {
                "number": 1,
                "title": "베스트셀러 작가의 최신작",
                "main_text": "16주 연속 종합 베스트셀러 「AI 2024」의 저자 김덕진 소장이 전하는 AI 챗봇의 미래",
                "sub_text": "AI, 이제 '무엇을'이 아닌 '어떻게'를 고민할 때,",
                "image_prompt": "책과 AI 로봇이 나란히 있는 모습, 미래지향적인 이미지"
            },
            {
                "number": 2,
                "title": "GPT-4o의 혁신",
                "main_text": "2024년 5월 공개된 GPT-4o, 더 빠르고 더 똑똑한 멀티모달 AI의 등장",
                "sub_text": "실제 사람과 대화하는 듯한 자연스러운 소통 가능",
                "image_prompt": "미래적인 AI 인터페이스를 보여주는 홀로그램 이미지"
            },
            {
                "number": 3,
                "title": "맞춤형 AI 챗봇의 시대",
                "main_text": "이제는 코딩 없이도 누구나 자신만의 맞춤형 GPT 챗봇 제작 가능",
                "sub_text": "회의록 작성, 보고서 작성, 마케팅 전략 등 전문가 수준의 AI 비서",
                "image_prompt": "여러 개의 AI 챗봇이 작업하는 모습을 보여주는 일러스트"
            },
            {
                "number": 4,
                "title": "60가지 실용 챗봇",
                "main_text": "직장인, 투자자, 기획자, 마케터를 위한 60개의 실용적인 챗봇 활용법",
                "sub_text": "32개의 실습 예제로 바로 시작하는 AI 워크플로우",
                "image_prompt": "다양한 직업을 상징하는 아이콘들이 AI와 연결되는 모습"
            },
            {
                "number": 5,
                "title": "미래를 준비하는 필독서",
                "main_text": "사전처럼 항상 곁에 두고 보는 AI 챗봇 활용 백과",
                "sub_text": "직장인, 1인 기업가, 대학생 모두의 필수 가이드",
                "image_prompt": "책장에서 빛나는 AI 책과 그 주변에 다양한 사람들의 실루엣"
            }
        ]
    }
}
```

카드뉴스용 문안은 왜 제이슨 형식으로 만들까?

제이슨(JSON) 형식은 AI가 가장 잘 이해하는 코드 형태입니다. 가볍고 단순하며, 어떤 프로그래밍 언어에서도 쉽게 다룰 수 있고, 사람도 읽고 이해하기 쉽습니다. 서버에서 데이터를 JSON 형식으로 보내면, 클라이언트(크롬 같은 웹브라우저)에서 받아서 처리할 수 있습니다. JSON 형식은 예를 들어 이름, 나이, 학생 여부의 세 항목만 있는 데이터라면 아래와 같은 형태로 나옵니다. 항목과 값이 쌍으로 대응하고 있고 그것들의 묶음은 중괄호로 둘러싸여 있습니다.

{ "name": "Gildong", "age": 25, "isStudent": false }

4. 이제 커서에게 앞에서 만든 제이슨(JSON) 파일처럼 5개의 카드뉴스를 만들려고 하니 파이썬 코드를 수정해 달라고 요청합니다. 그리고 문안에 어울리는 그림을 달리로 그리고, 카드 안에 제목과 내용 텍스트도 넣어 달라고 합니다.

> 방금 정리한 JSON 파일처럼 5개의 카드뉴스를 만들려고 해. JSON 파일의 내용을 모두 담을 수 있도록 현재의 파이썬 코드를 수정해 줘. 내용과 어울리는 그림을 Dall-E로 가져오고, 카드 안에 제목과 내용 텍스트를 넣으면 돼.

5. 커서가 앞의 맥락을 다 알고 있으므로 바로 코드를 수정합니다. 〈Accept〉를 눌러 수정된 코드를 승인합니다.

6. 코드 편집창 위쪽의 ▶ 버튼을 눌러 프로그램을 실행합니다.

7. 터미널 창을 보면, 카드뉴스 자동 생성기가 카드 1번부터 5번까지 순차적으로 만드는 것을 볼 수 있습니다.

8. 탐색기에서 'CardNews' 폴더를 열어보세요. 방금 만들어진 5장의 카드가 있습니다. 카드뉴스의 완성도는 많이 떨어지지만, 일단 전체적인 과정에 집중해 보겠습니다.

카드뉴스 자동 생성기 다듬기

1. 우선 탐색기에서 'cardnews_1' 카드 이미지를 열어 크게 보죠. 이미지에 글자가 안 들어간 것 같지만, 가만히 보면 위쪽에 한 줄, 아래쪽에 두 줄 너무 작게 들어가고, 그나마 한글도 깨진 상태입니다. 이 문제를 해결해 보겠습니다.

2. 커서에게 1번 카드를 캡처해 붙여넣고, 텍스트의 가독성을 높이고 한글이 깨지는 현상도 수정해 달라고 요청합니다.

> [1번 카드 이미지 붙여넣기]
> 출력된 결과가 이 사진과 같은데, 보다시피 한글이 깨지고, 너무 작게 들어갔어. 그리고 배경 이미지가 복잡해서 글자가 잘 보이지 않아.

3. 커서가 코드를 수정합니다. 주요 변경 사항을 보면, 한글 폰트의 경로를 추가로 설정해 주고, 폰트 크기를 크게 키우며, 가독성 개선을 위해 전체 이미지에 반투명한 검은색 오버레이를 추가했습니다. 또한 달리의 프롬프트도 개선한다면서

주요 변경사항:
1. 폰트 관련 개선:
   - 시스템별 기본 한글 폰트 경로 설정 추가
   - 폰트 크기 대폭 증가 (제목 120pt, 본문 80pt, 부제 60pt)
2. 가독성 개선:
   - 전체 이미지에 반투명한 검은색 오버레이 추가
   - 텍스트 테두리 두께 증가
   - 그림자 효과 추가
3. 텍스트 배치 개선:
   - 제목을 상단 25% 지점으로 이동
   - 본문을 정중앙에 배치
   - 부제 간격 조정
4. DALL-E 프롬프트 개선:
   - 텍스트 공간을 고려한 단순한 구성 요청
   - 높은 대비와 중앙 영역의 세부 사항 최소화 요청

텍스트 공간을 고려한 단순한 구성으로 만듭니다. 커서의 코드 수정이

끝나면 〈Accept〉를 누르세요.

4. 코드 편집창 위쪽의 ▶ 버튼을 눌러 카드뉴스 자동 생성기를 다시 실행하세요.

5. 터미널 창을 보면 5개의 카드뉴스가 완료되었다는 메시지가 나옵니다.

6. 탐색기의 'CardNews' 폴더에서 새로 생성된 5장의 카드뉴스를 보죠. 이전에는 컬러풀한 이미지였는데, 이번에는 이미지 색상을 차분하게 바꾸었네요. 텍스트 크기가 커지고 아까보다는 나아졌지만, 여전히 글자를 읽기 힘들고 문장의 양끝이 잘렸습니다. 이 정도로는 쓸 수가 없는 상태입니다.

카드뉴스 자동 생성 에이전트로 업그레이드!

카드뉴스 자동 생성기로 거칠게나마 초안이 나오기는 했지만, 품질 면에서는 만족할 만한 수준은 전혀 아니죠?

텍스트가 너무 요약 정보처럼 보이고 양도 많습니다. 사람들의 관심을 끌려면 호기심을 자극하는 짧은 텍스트가 필요합니다. 그리고 카드의 공간을 면 분할을 하여 텍스트와 이미지를 따로 배치하는 것도 좋은 방법입니다.

수준 높은 결과물을 얻으려면 좀더 고급한 에이전트 프로그램을 만들어야 할 것 같습니다. 초안을 뽑아내고 인식해서 다시 수정하는 식으로 몇번 반복하면서 완성도를 높여 나가는 과정이 필요합니다.

1. 우선, 커서에게 카드뉴스 텍스트를 재미있는 스토리로 수정해 달라고 요청합니다.

> 지금 현재 카드뉴스 텍스트가 너무 재미없어. 5개를 좀 스토리가 있게 수정해 줘.

2. 커서가 기본 언어모델인 클로드 소네트 3.5로 전체적인 톤을 더 친근하고 흥미롭게 변경하겠다면서 스토리텔링 방식으로 자연스러운 흐름을 만들어 줍니다. 이전 버전에 비해 제목과 부제목이 더 간명하며 임팩트 있고 가독성도 더 좋아졌습니다.

이전 코드

대체 코드

```
"number": 2,
"title": "GPT-4o의 혁신",
"main_text": "2024년 5월 공개된 GPT-4o, 더 빠르고 더 똑똑한 멀티모달 AI의 등장"
"sub_text": "실제 사람과 대화하는 듯한 자연스러운 소통 가능",
"image_prompt": "미래적인 AI 인터페이스를 보여주는 홀로그램 이미지"
"title": "상상이 현실이 되다",
"main_text": "'아이언맨'의 자비스가 현실로! GPT-4o와 함께하는 일상",
"sub_text": "말하고 보여주면 바로 이해하는 초지능 AI의 탄생",
"image_prompt": "미래적인 홀로그램 인터페이스와 상호작용하는 사람의 실루엣, 주변
```

3. 이번에는 카드뉴스의 디자인 샘플을 주고, 전체적인 레이아웃을 비슷하게 해달라고 요청합니다. 사각의 카드 공간에서 위쪽은 이미지, 아래쪽은 텍스트로 구분해 달라고 합니다. 텍스트 영역의 배경은 글자가 잘 보이게 흰색 배경으로 하고, 그림도 스토리를 반영해 그려 달라고 합니다.

[샘플 카드뉴스 붙여넣기]

지금 올린 샘플과 비슷한 느낌으로 레이아웃을 만들어 줘. Dall-E가 만든 이미지는 카드의 위쪽에, 글자는 아래쪽에 들어가도록 수정해 줘. 되도록 그림은 스토리를 잘 반영하되 심플하게 그려주고, 텍스트 영역은 흰색 배경으로 처리해 줘. 글자는 기교 없이 깔끔하게 앉혀주면 돼.

4. 커서가 코드를 수정합니다. 카드에서 상단 2/3에는 이미지를, 하단 1/3 에는 텍스트를 배치하고, 타이틀은 삭제하고 메인 텍스트와 서브 텍스트만 사용하며, 이미지는 더 시적이고 감성적인 한국적 일러스트 스타일로 수정했다고 합니다. 커서의 코드 수정이 끝나면 〈Accept〉를 눌러 승인합니다.

5. 코드 편집창 위쪽의 ▶ 버튼을 눌러 프로그램을 실행하세요.

6. 터미널 창을 보면, 카드가 1번에서 5번까지 성공적으로 저장되었습니다.

7. 탐색기에서 'CardNews' 폴더를 연 다음 카드들을 열어서 보겠습니다. 카드들이 이전보다는 나아졌죠? AI가 멀티모달이 되므로 샘플을 주면 결과가 훨씬 나아집니다. 그런데 카드 하단부 텍스트의 서체와 사이즈가 세 종류나 되어 좀 어지럽습니다.

카드뉴스 이미지 (2행 3열 배치)

AI, 이제 시작입니다	더 똑똑해진 AI	나만의 AI 어시스턴트
평범한 일상 속에서 만나는 특별한 변화	말하고 보여주면 바로 이해하는 GPT-4o	클릭 몇 번으로 만드는 맞춤형 비서

일상의 혁신	미래를 준비하세요
60가지 업무가 AI와 함께 새롭게 변화	AI 시대, 우리가 걸어갈 새로운 길

8. 커서에게 서브 텍스트 2행을 같은 서체, 같은 크기로 바꿔 달라고 요청합니다.

> 지금 서브 텍스트 2행의 서체와 사이즈, 색상을 하나로 통일해 줘. 그리고 메인 텍스트와 서브 텍스트 사이를 약간만 더 벌려줘.

9. 커서가 코드를 수정하면 〈Accept〉를 눌러 승인합니다.

10. 코드 편집창 위쪽의 ▶ 버튼을 눌러 수정한 프로그램을 실행합니다.

11. 터미널 창을 보면 카드뉴스 5장을 새로 저장한 것을 볼 수 있습니다.

12. 탐색기를 열어서 'CardNews' 폴더에서 카드뉴스들을 열어 보세요. 텍스트 영역이 아까보다 좀더 정돈된 느낌을 줍니다.

만약 카드뉴스를 많이 만들어 본 분이라면, 커서에게 훨씬 정교하게 지시해 더 멋진 결과를 얻을 수 있습니다. 결국 커서에게 어떻게 지시하느냐에 따라 결과는 많이 달라지는 것이죠.

카드뉴스 자동 생성기의 폼 만들기

카드뉴스 자동 생성기에 폼을 만들면, 이제 폼에 텍스트만 올려주면 해당 카드뉴스를 자동으로 생성할 수 있어 편리할 것입니다.

　카드뉴스 자동 생성기의 폼에는 참조할 원문 텍스트를 넣어주는 텍스트 박스, 템플릿(샘플 디자인)을 첨부할 수 있는 UI, 카드뉴스 개수 입력난이 필요하고, 또 AI가 카드뉴스용으로 만든 텍스트를 사람이 교정하고 승인하는 절차도 필요할 것입니다.

1. 커서에게 사용자가 텍스트를 넣어주면 그것으로 5개의 카드뉴스 문안을 만들도록 해달라고 요청합니다. 이때 오픈AI의 GPT를 사용하라고 합니다.

> 이번에는 사용자가 프로그램을 실행하면 '텍스트를 입력해 달라'는 프롬프트를 출력하고, 사용자가 텍스트를 입력해 주면 그 부분을 5개의 카드뉴스 데이터로 만들어야 해. 오픈AI의 GPT를 이용해서 구현해 봐.

2. 커서가 코드를 수정합니다. 코드 수정이 끝나면 〈Accept〉를 눌러 승인합니다.

3. 코드 편집창 위쪽의 ▶ 버튼을 눌러 프로그램을 실행하세요.

4. 터미널 창을 보면, 카드뉴스 자동 생성기가 실행되자 '카드뉴스로 만들고 싶은 내용을 입력해 주세요'라는 메시지가 나옵니다. 앞에서는 처음 코드를 만들 때 원본 텍스트를 붙여넣고 카드뉴스를 만들라고 요청했는데, 여기서는 카드뉴스 자동 생성기를 실행하면 텍스트를 넣어 달라는 메시지가 나오게 만든 것입니다.

5. 이제 터미널 창에 카드뉴스 생성 시 참조할 원본 텍스트를 넣어줍니다. 여기서는 인터넷 교보문고에서 『5분 뚝딱 철학』의 책 소개를 복사해서 붙여넣었습니다. 여러분은 다른 텍스트를 가져와 넣어주어도 됩니다.

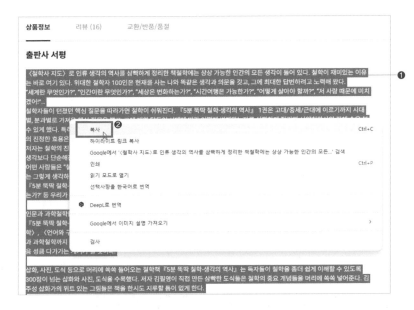

6. 그런데 터미널 창에서 '카드뉴스 생성 중'이라고 나오더니, 잠시 뒤 오류 메시지가 나옵니다. 당황할 필요가 없습니다. 오류 메시지 전체를 마우스로 드래그한 후 〈Add to Chat〉 버튼을 누르세요. 그러면 AI 사이드바로 이 오류 메시지가 넣어집니다.

7. AI 사이드바 입력란에서 오류가 났다고 알려주세요.

> [터미널 창의 오류 메시지]
> 이런 오류가 났어.

8. 커서가 오류를 판단하고 수정합니다. GPT-4o 모델에서 response_
format 파라미터를 지원하지 않아 생긴 오류라면서 이 파라미터를 제
거하고, 시스템 프롬프트에 제이슨(JSON) 형식의 예시를 추가하고, 제
이슨 파일에서 문자열을 추출하는 로직을 추가합니다. 코드 수정이 끝
나면 〈Accept〉를 눌러 승인해 줍니다.

9. 코드 편집창 위쪽의 ▶ 버튼을 눌러 카드뉴스 자동 생성기를 실행합니다.

10. 터미널 창을 보면, 카드뉴스 자동 생성기가 실행되고, '카드뉴스로 만
들 내용을 입력해 달라'는 메시지가 나타납니다.

11. 터미널 창에 다시 『5분 뚝딱 철학』 책 소개 텍스트를 복사해서 붙여넣
자 카드뉴스를 생성하기 시작합니다. 그런데 모두 완료한 후 오류 메
시지가 떴습니다. 카드뉴스 생성이 완료되었다면서 왜 오류 메시지가
뜰까요? 어떤 상태인지 알아보겠습니다.

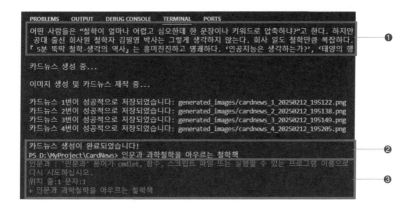

PROBLEMS   OUTPUT   DEBUG CONSOLE   TERMINAL   PORTS

어떤 사람들은 "철학이 얼마나 어렵고 심오한데 한 문장이나 키워드로 압축하냐?"고 한다. 하지만 공대 출신 회사원 철학자 김필영 박사는 그렇게 생각하지 않는다. 회사 일도 철학만큼 복잡하다. 『5분 뚝딱 철학-생각의 역사』는 흥미진진하고 명쾌하다. '인공지능은 생각하는가?', '태양의 행 ❶

카드뉴스 생성 중...

이미지 생성 및 카드뉴스 제작 중...

카드뉴스 1번이 성공적으로 저장되었습니다: generated_images/cardnews_1_20250212_195122.png
카드뉴스 2번이 성공적으로 저장되었습니다: generated_images/cardnews_2_20250212_195138.png
카드뉴스 3번이 성공적으로 저장되었습니다: generated_images/cardnews_3_20250212_195149.png
카드뉴스 4번이 성공적으로 저장되었습니다: generated_images/cardnews_4_20250212_195205.png

카드뉴스 생성이 완료되었습니다!
PS D:\MyProject\CardNews> 인문과 과학철학을 아우르는 철학책 ❷
인문과 : '인문과' 용어가 cmdlet, 함수, 스크립트 파일 또는 실행할 수 있는 프로그램 이름으로
다시 시도하십시오.
위치 줄:1 문자:1 ❸
+ 인문과 과학철학을 아우르는 철학책

12. 탐색기에서 'CardNews' 폴더를 열어 새로 생성된 카드뉴스들을 확인해 보세요. 5장의 카드뉴스가 만들어지긴 했는데, 카드에서 텍스트의 양쪽이 잘린 상태로 나오네요.

13. 오류 메시지 전체를 마우스로 드래그한 후 〈Add to Chat〉 버튼을 누르세요.

14. 커서에게 코드를 수정해 달라고 합니다.

> [터미널 창의 오류 메시지]
> 이런 오류가 났어.

15. 커서가 오류 메시지를 읽고, 한글 텍스트를 명령어로 오인해서 생긴 문제라면서 명확한 종료 메시지를 추가하겠다며 코드를 수정합니다.

코드 수정이 끝나면 〈Accept〉를 눌러 승인합니다.

16. 이번에는 커서에게 텍스트 양쪽이 잘린 카드 한 장을 캡처해서 붙여

넣고 수정해 달라고 요청합니다.

> [텍스트 양쪽이 잘린 카드 붙여넣기]
> 카드에서 텍스트의 좌우가 잘려서 나와. 수정해 줘.

17. 커서가 오류를 보더니, 텍스트를 적절한 길이로 줄 바꿈을 하겠다며

wrap_text( ) 함수를 만들어 코드를 수정합니다. 코드 수정이 끝나면

〈Accept〉를 눌러 승인합니다.

18. 코드 편집창 위쪽의 ▶ 버튼을 눌러 프로그램을 다시 실행하세요.

19. 터미널 창을 보면, 카드뉴스 자동 생성기가 실행되고, 카드뉴스로 만

들 텍스트를 입력해 달라는 메시지가 나타납니다.

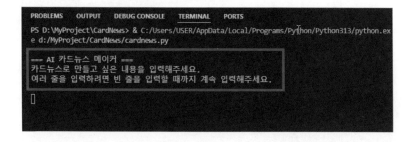

20. 터미널 창에 다시 『5분 뚝딱 철학』의 책 소개 텍스트를 복사해서 붙

여넣자 바로 카드뉴스를 생성합니다. 5개의 카드뉴스를 만든 후, '프

로그램을 종료하려면 〈Ctrl+C〉를 누르세요'라는 메시지가 뜹니다.

〈Ctrl+C〉를 누르니까 프로그램이 정상적으로 종료됩니다.

21. 그런데 카드뉴스로 만들기 위해 복사해 넣은 원본 텍스트, 즉 클립보

드에 있는 내용이 다시 한 번 자동으로 터미널 창에 붙여넣어지는 불

필요한 일이 일어났습니다. 이 오류를 수정해 보죠. 터미널 창의 결과

상태를 캡처하세요.

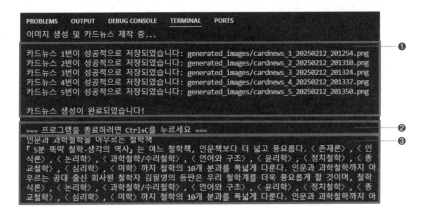

22. 커서에게 터미널 창의 결과 상태를 붙여넣고 수정해 달라고 요청합

니다.

[터미널 창의 결과 상태 캡처 붙여넣기]
카드뉴스를 만든 후 원문 텍스트를 다시 출력하고 있어. 수정해 줘.

---

23. 커서가 코드를 수정하면 〈Accept〉를 누르세요.

24. 코드 편집창 위쪽의 ▶ 버튼을 눌러 프로그램을 다시 실행합니다.

25. 터미널 창에서 다시 카드뉴스 텍스트를 넣어 달라는 메시지가 나오면

『5분 뚝딱 철학』 책 소개를 넣어주세요.

26. 이제 터미널 창을 보면, 카드뉴스 5장을 생성하고, 정상적으로 프로그램이 종료되는 것을 확인할 수 있습니다.

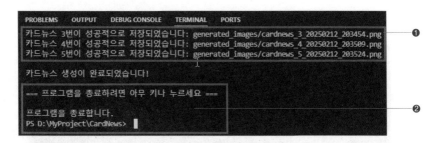

27. 탐색기의 'CardNews' 폴더에서 새로 생성된 카드뉴스를 확인해 보세요. 카드에서 텍스트의 좌우 잘림 현상이 해결되었습니다. 그런데 텍스트의 양이 많아지자, 아래쪽 여백이 없이 빡빡해서 보기가 좋지 않네요.

28. 커서에게 다음과 같이 수정을 요청합니다.

> 텍스트의 양이 많을 때는 카드의 하단부 여백이 없어져서 보기가 안 좋아. 이런 경우에는 그림이 차지하는 공간을 좀 줄이고, 텍스트가 들어갈 자리를 확보해 줘. 아래쪽에 적당한 여백이 들어갈 수 있게 잘 계산해야 해.

29. 커서가 텍스트 길이에 따라 이미지와 텍스트 영역의 비율을 동적으로 조절하도록 코드를 수정합니다. 〈Accept〉를 눌러 승인하세요.

30. 코드 편집창 위쪽의 ▶ 버튼을 눌러 수정된 카드뉴스 자동 생성기를 다시 실행해 보죠.

31. 터미널 창을 보면, 카드뉴스 자동 생성기가 실행되고, 5개의 카드뉴스를 만들고, 아무 키나 누르면 정상적으로 종료됩니다.

32. 탐색기에서 'CardNews' 폴더를 열어보세요. 새로 만들어진 카드뉴스 5장이 보입니다. 개중 카드 몇 장을 열어 확인해 보세요. 카드뉴스의 서체가 정리되었고, 텍스트 여백도 적절하게 들어간 것을 확인할 수 있습니다.

카드뉴스 자동 생성기의 인터페이스 다듬기

1. 커서에게 카드뉴스 자동 생성기의 인터페이스를 만들어 달라고 요청합니다. 앱 등의 그래픽 사용자 인터페이스를 만들 때 쓰는 'tkinter' 라이브러리를 이용하라고 지시합니다. 또한 사용자가 카드뉴스의 개수, 저장할 경로, 카드뉴스로 만들 텍스트를 주고 '버튼'을 누르면, 카드뉴스를 만들되, 작업 진행상황을 프로그레스 바(Progress Bar)로 보여주도록 만들라고 요청합니다.

> 이번에는 tkinter를 이용해서 이것을 실제 UI로 조정할 수 있게 바꾸어 줘. 필요한 카드뉴스의 개수와 출력 경로를 설정하고, 카드뉴스로 만들 텍스트를 입력받은 다음, 버튼을 누르면 프로그레스 바가 나오면서 결과가 완성되는 구조로 작성해 줘.

2. 커서가 코드를 작성합니다. 코드를 보니, 카드 개수 선택(1~10개), 저장 경로 설정(찾아보기 버튼), 텍스트 입력 영역(스크롤 가능), 생성 버튼, 진행 상황을 보여주는 프로그레스 바 등의 사용자 인터페이스를 구현하는 코드를 만들었네요. 코드 수정이 끝나면 〈Accept〉를 눌러 승인하세요.

3. 코드 편집창 위쪽의 ▶ 버튼을 눌러 카드뉴스 자동 생성기를 실행하세요.

4. 카드뉴스 자동 생성기의 입력 폼이 나옵니다. 카드 개수를 선택하고, '저장 경로'에서 〈찾아보기〉를 눌러 카드뉴스 파일을 저장할 경로를 지정한 뒤 '내용 입력' 란에는 카드뉴스로 만들 텍스트를 넣어줍니다. 그런 다음 〈카드뉴스 생성〉 버튼을 누르세요.

5. 그러면 프로그레스 바가 나타나서 작업 진행률을 알려줍니다.

6. 카드뉴스 생성이 완료되면 완
료 메시지 상자가 나타납니다.
〈확인〉을 눌러주면 됩니다.

7. 카드뉴스가 모두 만들어지면, 터미널 창도 깔끔하게 종료된 상태로 나
타납니다.

8. 탐색기에서 'CardNews' 폴더를 열어보세요. 새로 만들어진 카드뉴스 5

장이 보입니다. 카드 몇 장을 선택해서 확인해 보죠. 디자인이 좀더 정

리되고, 이미지와 텍스트도 더 잘 어울리게 나온 것을 볼 수 있습니다.

지금은 카드뉴스 자동 생성기를 만들 때 샘플을 1개로 주어 한 가지 스타

일로 나옵니다. 하지만 주로 사용하는 샘플을 몇 개 주고, 프롬프트를 좀

더 정교하게 쓰면, 카드뉴스 자동 생성기 폼에서 카드뉴스의 스타일을 선

택하게 만들 수도 있습니다. 또 GPT-4o가 정리한 문안을 사람이 확인하

고 수정할 수 있는 중간 단계를 넣는다면 더 완성도 높은 결과를 얻을 수

있을 것입니다.

처음에는 기본적인 카드 스타일을 만들고, AI가 생성한 결과물을 보

며 점점 다듬어가면 꽤 쓸 만한 '나의 작업 맞춤형' 카드뉴스 자동 생성기

를 만들 수 있을 것입니다.

SNS 마케팅을 해야 하지만 카드뉴스 제작 시간이 부족한 사람, 콘텐츠를 기획하고 있지만 디자인 작업이 부담스러운 기획자, 이미지 생성 AI와 파이썬을 활용해 자동화 도구를 만들어 보고 싶은 사람들에게 많은 도움이 될 것입니다. AI를 활용한 카드뉴스 자동화의 새로운 가능성을 경험해 보세요.

구글 크롬
확장 프로그램 만들기

웹브라우저에서 특정 기능이 필요할 경우 확장 프로그램(Extension)을 찾아 설치한 경험이 있을 것입니다. 소프트웨어의 기능을 확장하거나 추가하는 독립적인 작은 프로그램을 '익스텐션(Extension)' 또는 '확장 프로그램'이라고 합니다. 광고 차단, 자동 번역, 화면 캡처 등 다양한 기능을 가진 확장 프로그램이 있지만, 내가 원하는 기능을 가진 확장 프로그램이 없다면 직접 만들어 볼 수 있지 않을까요?

이 장에서는 구글 크롬 브라우저에서 동작하는 확장 프로그램을 직접 만들어 봅니다. 특히 웹페이지 전체를 캡처하는 확장 프로그램을 만들면서, 브라우저 확장 프로그램이 어떤 원리로 작동하는지 이해할 수 있도록 구성했습니다.

<구글 크롬 확장 프로그램 만들기>

1. **확장 프로그램 제작:** 크롬 브라우저에서 실행되는 확장 프로그램을 만듭니다. 타이틀이나 메뉴, 툴바, 상태표시줄은 모두 빼고 도큐먼트 영역만 캡처하게 합니다.

2. **긴 화면 자동 캡처:** 긴 화면은 웹페이지를 스크롤하면서 전체 화면을 자동 캡처하게 합니다.

3. **중복 요소 제거:** 캡처된 이미지에서 플로팅되어 따라다니는 요소나 스크롤바 등 중복 영역을 제거하고 깔끔한 결과물을 생성하게 합니다.

4. **확장 프로그램 등록:** 내가 만든 캡처 프로그램을 구글 크롬에 등록해 두고 사용합니다.

그럼, 커서를 활용하여 확장 프로그램을 단계별로 만들고, 문제를 해결하는 과정까지 따라해 보죠. 단순히 코드를 작성하는 것이 아니라, 커서를 이용해 프로그램을 개선하고 완성도를 높이는 방법을 함께 익히며, 나만의 확장 프로그램을 자유롭게 제작할 수 있는 능력이 생길 것입니다.

구글 크롬 확장 프로그램 둘러보기

확장 프로그램은 주로 웹브라우저나 특정 애플리케이션의 기능을 보완하거나 사용자 인터페이스를 개선하기 위해서 사용됩니다. 우선, 구글 확장 프로그램이 어떤 게 있는지 둘러보겠습니다.

1. 크롬 브라우저를 여세요. 주소표시줄의 오른쪽에서 '확장 프로그램' 아이콘(직소 퍼즐 조각 모양)을 누른 후 **확장 프로그램 관리**를 클릭하세요.

2. 내가 추가한 확장 프로그램이 나옵니다. 왼쪽 메뉴에서 **Chrome 웹 스토**

어를 누르면 크롬 브라우저용 확장 프로그램을 검색해서 추가할 수 있

습니다.

우리도 잠시 뒤에 만들 페이지 캡처 구글 크롬 확장 프로그램을 여기에 등

록한 뒤, 내 크롬 브라우저에 붙여서 사용하게 될 것입니다.

페이지 캡처 확장 프로그램 만들기

구글 크롬 브라우저에서 세로로 긴 화면을 캡처하는 확장 프로그램을 만들어 보겠습니다. 인터넷 화면을 캡처할 때 상단부의 메뉴나 툴바, 하단부의 상태표시줄 같은 것은 빼고, 도큐먼트 영역(실제 웹페이지 콘텐츠가 표시되는 부분)만 캡처하는 것으로 만들어 보죠.

1. 커서에서 [File]→Open Folder 메뉴를 누르세요. 지금부터 만들 코드를 저장할 폴더를 만들고, 그 폴더를 선택합니다. 여기서는 'MyProject' 폴더 아래에 'ScreenCapture'라는 폴더를 만들고 선택했습니다.

2. 'New File' 아이콘을 눌러 'main.py' 파일을 만드세요.

3. AI 사이드바 입력란에 다음과 같이 요청합니다.

> 구글 확장 프로그램(Extension)을 만들고 싶은데, 어떻게 만드는지 전혀 모르겠어. 차근차근 도와줄래?

4. 커서가 먼저 구글 확장 프로그램을 위한 기본 얼개를 만들어 줍니다. 프로젝트 탐색기를 보면 'manifest.json', 'popup.html', 'popup.js' 등 기본 파일이 3개 생성되었습니다. 일단 생성된 코드를 〈Accept all〉을 눌러 승인합니다.

5. 이제 내가 만들고 싶은 확장 프로그램을 커서에게 알려주고 요청하세요.

> 웹페이지의 모든 내용을 이미지로 캡처해 주는 확장 프로그램을 만들고 싶어.

6. 커서가 알아서 앞에서 자기가 만든 3개의 파일을 오가며 코드를 수정합니다. 커서가 수정하는 코드를 보면, 'manifest.json' 파일은 이 캡처 확장 프로그램의 이름·버전·설명 등 기본정보를 정의하고, 화면 캡처를 위해 'activeTab', 'scripting', 'downloads' 권한을 명시한 일종의 신분증입니다. 아이콘 파일의 위치와 팝업 창의 HTML 파일 위치도 지정해 두었네요.

'popup.html' 파일은 확장 프로그램 아이콘을 클릭했을 때 나타나는 팝업 창의 디자인을 담당합니다. 사용자가 클릭할 버튼을 포함하고 있습니다.

'popup.js' 파일은 실제로 캡처 기능을 수행하는 자바스크립트 코드가 있는 파일입니다. 그런데 제가 커서가 쓴 페이지 캡처를 실제 수행하는 자바스크립트 코드(popup.js)를 봤더니, 화면 스크롤을 해서 여러 장의 스크린샷을 합치는 로직이 보이지 않았습니다.

7. 그래서 커서에게 물어보았습니다. 이처럼 커서가 작성한 코드에 대해 궁금한 점이 있으면 바로 물어보면 됩니다.

> 이 익스텐션을 크롬 브라우저에 장착했다고 가정했을 때, 화면 캡처를 실행하면 현재 보이는 화면만 캡처하는 거니? 아니면 스크롤바 아래쪽까지 전체 화면을 캡처하는 거니?

8. 커서가 지금 코드는 현재 보이는 화면만 캡처하는 것이라고 알려줍니다. 그래서 전체 화면을 캡처할 수 있도록 코드 수정을 요청했습니다.

수정된 코드를 보니 페이지의 전체 높이를 계산한 뒤 캔버스를 전체 페이지 크기로 생성했습니다. 그리고 페이지를 내려가면서 부분을 캡처하고, 나중에 이 부분 캡처들을 하나로 조합해서 최종 이미지를 만들게 바꾸었습니다. 커서의 코드 수정이 끝나면 〈Accept〉를 눌러 승인합니다.

캡처 확장 프로그램, 크롬 브라우저에 등록하기

1. 이번에는 커서에게 이 페이지 캡처 확장 프로그램을 구글 크롬에서 사용하려면 어떻게 해야 하는지 물어봅니다.

> 좋아. 이것을 내가 크롬에서 사용하려면 어떻게 해야 해?

2. 커서가 크롬에서 이 페이지 캡처 확장 프로그램을 사용하는 방법을 자세히 알려줍니다. 커서가 알려준 대로 따라해 보겠습니다.

1단계: 파일 준비 단계

1. 먼저 새로운 폴더를 하나 만듭니다. 우리는 앞에서 이미 캡처 실습용 폴더를 'ScreenCapture'라고 하나 만들었죠? 이 단계는 지나가겠습니다.

2. 이 작업 폴더에 우리가 앞에서 만든 캡처 프로그램용 파일 3개를 저장하라고 합니다. 이미 생성될 때 'ScreenCapture' 폴더에 저장되었죠?

3. 그런데 아이콘 이미지도 필요합니다. 화면에서 지시하는 대로 우리의 작업 폴더인 'ScreenCapture' 폴더에 'icons'라는 하위 폴더를 만드세요 (정확한 폴더명은 'manifest.json' 파일을 열어 아이콘 폴더명 참고).

4. 'icons' 폴더 안에 2개 종류의 아이콘 이미지를 각각 48×48픽셀 및 128×128픽셀로 넣어줍니다. (manifest.json 파일을 열어보면 아이콘의 저장 경로와 사이즈가 나옵니다).

저는 챗GPT에서 달리에게 아이콘으로 쓸 카메라 이미지를 정사각형으로 그려 달라고 해서 얻은 이미지를 48×48픽셀, 128×128픽셀의 PNG 파일 2개로 만들어 작업 폴더 아래의 'icons' 폴더 안에 넣었습니다.

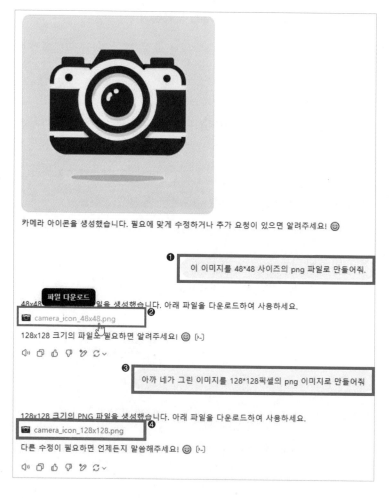

이제 파일 준비가 끝났습니다.

2단계: 확장 프로그램 크롬에 설치하기

1. 크롬 브라우저를 연 다음 크롬 확장 프로그램 페이지(chrome://extensions/)로 접속합니다. 화면 오른쪽 상단에 있는 '개발자 모드'를 켠 다음 〈압축 해제된 확장 프로그램을 로드합니다〉 버튼을 누릅니다.

2. 우리가 만드는 확장 프로그램이 있는 작업 폴더로 가서 〈폴더 선택〉을 누릅니다.

잠깐만요 아이콘이 없으면 오류가 납니다

아이콘을 만들어 '작업 폴더'에 넣지 않은 상태에서 이 단계를 실행하면, '확장 프로그램을 로드하지 못함'이라는 오류 메시지가 나올 수 있습니다. 이럴 때는 오류 메시지를 복사하여 커서에 붙여넣으면, 커서가 코드를 수정해 줍니다. 그러면 아이콘이 없어도 등록이 되며, 기본값인 아이콘이 나타납니다.

3. 이제 우리가 만든 크롬용 확장 프로그램이 보입니다. 현재는 나만 쓸 수 있는 상태입니다. 다른 사람이 검색하여 사용할 수 있게 하려면, 구글 개발자 계정이 필요하며, 크롬용 확장 프로그램으로 등록하고 심사를 거쳐야 합니다.

지금까지 크롬용 확장 프로그램을 만들고, 구글 크롬 브라우저에 붙여서 사용할 수 있도록 했습니다. 이제 이 확장 프로그램을 실제로 사용하면서 기능을 수정해 좀더 정교하게 만들어 보겠습니다.

크롬용 캡처 확장 프로그램 수정하기

이제 페이지 캡처 확장 프로그램이 잘 작동하는지, 실제로 화면 캡처를 하며 테스트를 해보죠.

1. 크롬 브라우저에서 내가 캡처를 하고 싶은 페이지로 이동하세요. 여기서는 '네이버 증권' 페이지에 접속했습니다.

2. 크롬 브라우저에서 오른쪽 상단의 '확장 프로그램' 아이콘(직소 퍼즐 조각 모양)을 클릭한 후, 내가 등록한 **페이지 캡처 확장 프로그램**을 선택합니다.

3. 크롬 브라우저에서 오른쪽 상단에 팝업 창이 생깁니다. 우리가 만든 확장 프로그램이 실행된 것입니다. 팝업 창에서 〈전체 페이지 캡처〉 버튼을 클릭하세요. 그런데 아무 반응이 없네요.

4. 2단계의 '확장 프로그램' 메
뉴에서 마우스를 내가 등록
한 **페이지 캡처 확장 프로그램**에
갖다댄 후 〈오류〉 버튼을 클
릭하세요.

5. 오류가 어디서 발생했는지를 알려줍니다. 이 화면을 캡처합니다.

오류 메시지를
캡처하세요.

6. 커서의 AI 사이드바 입력란에서 앞에서 복사한 오류 메시지 화면을 붙
여넣은 뒤, 어떤 오류가 생겼는지를 얘기합니다. 또는 그냥 오류 메시
지 화면을 붙여넣은 후 수정해 달라고만 해도 됩니다.

> [오류 메시지 화면 캡처 붙여넣기]
> <전체 페이지 캡처> 버튼을 눌렀는데 아무 반응이 없고, 확장 프로그램 페이지
> 에서는 지금 올린 이미지와 같은 오류가 났다고 해.

7. 커서가 코드를 검토하더니 몇 군데 수정해 줍니다. 〈Accept〉를 눌러
승인합니다.

8. 다시 구글 크롬 브라우저에서 오
른쪽 상단의 '확장 프로그램' 아
이콘(직소 퍼즐 조각 모양)을 클릭한
후 내가 등록한 **페이지 캡처 확장**

프로그램을 누른 다음 메시지 상자의 '새로고침' 아이콘을 누르세요. 수
정한 확장 프로그램이 다시 업로드됩니다.

9. 네이버 증권 페이지에서 다시 화면 캡처를 해보죠. '확장 프로그램' 아
이콘(직소 퍼즐 조각 모양)을 클릭한 후 내가 등록한 **페이지 캡처 확장 프로그램**
을 클릭하세요.

10. 크롬 브라우저에서 오른쪽 상단에 팝업 창이 생기면 〈전체 페이지 캡
처〉 버튼을 누르세요.

오류 메시지를
복사하세요.

11. 그런데 다음과 같은 오류가 났
습니다. 오류 메시지를 복사하
세요.

12. 커서에게 캡처한 오류 메시지를 붙여넣고 수정해 달라고 요청하세요.

[오류 메시지 붙여넣기]
이런 오류 메시지가 나왔어. 수정해 줘.

---

13. 커서가 오류 메시지를 읽고, dataUrl이 제대로 전달되지 않아서 문제
가 생겼다고 진단하고, 일단 화면 캡처 자체가 제대로 나오는지 확인
하기 위해 현재 눈에 보이는 화면만 캡처하는 것으로 단순화해서 테
스트를 하겠다고 합니다. 그래서 잘 작동하면 전체 화면 캡처 기능을

추가하겠다고 합니다. 커서가 코드를 수정하면 〈Accept〉를 눌러 승인합니다.

14. 이제 다시 8번 단계의 확장 프로그램 페이지에서 '새로고침' 아이콘을 눌러 수정한 프로그램을 다시 업로드하세요.

15. 네이버 증권 페이지에서 다시 화면 캡처를 해보죠. '확장 프로그램' 아이콘을 누른 후 **페이지 캡처 확장 프로그램**을 클릭합니다.

16. 크롬 브라우저의 오른쪽 상단에 팝업 창이 생기면 〈전체 페이지 캡처〉를 눌러 다시 화면 캡처를 해보세요.

17. 현재 보이는 화면은 도큐먼트 영역만 캡처가 되었습니다. 앞에서 커서가 화면에서 현재 보이는 영역만 캡처하도록 수정했기 때문입니다. 이 캡처 파일은 자동으로 '다운로드' 폴더로 들어갑니다.

18. 이제 커서에게 캡처 결과를 알려주고, 화면에서 보이는 영역만이 아니라 페이지 전체를 한 번에 캡처하는 기능을 추가하라고 합니다.

> 좋아. 현재 보이는 화면은 캡처가 되었어. 이번에는 아래쪽까지 긴 화면을 한 번에 캡처할 수 있게 코드를 수정해 줘.

19. 커서가 코드를 수정하고 'popup.js' 파일을 고칩니다. 코드 수정이 끝나면 〈Accept〉를 눌러 승인합니다.

20. 다시 커서에게 각 페이지마다 스크롤바가 반복적으로 나오는 문제, 그리고 화면 위에 플로팅 요소가 반복적으로 나타나는 문제를 해결해 달라고 요청했습니다. 플로팅은 스크롤바를 내려도 화면 위에 붕 떠 있는 느낌으로 따라다니는 요소들을 말합니다. 예를 들면 〈화면 상단 으로 가기〉 버튼 같은 것들이죠.

> 긴 화면을 캡처할 때, 각 페이지마다 스크롤바가 반복적으로 나오는 문제가 있어. 또한, 화면 위에 플로팅된 요소들이 반복적으로 나타나. 이 문제도 해결해 줘.

21. 커서가 코드를 다시 수정하면 〈Accept〉를 눌러 승인합니다.

22. 이제 다시 8번 단계의 확장 프로그램 페이지에서 '새로고침' 아이콘을 누르고, 오른쪽 상단에 팝업 창이 생기면 〈전체 페이지 캡처〉를 눌러 다시 화면 캡처를 해보세요.

23. 네이버 증권 페이지의 화면이 천천히 아래로 움직이다가 제일 하단까지 간 후, 파일이 저장되었다는 메시지가 나타납니다. 이제 다운로드 폴더에 있는 파일을 열어 보겠습니다.

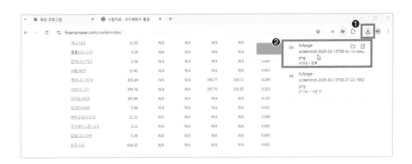

24. 또는 탐색기에서 캡처된 이미지를 열어도 됩니다. 전체 화면이 잘 캡처가 되었습니다. 커서에서 캡처 프로그램을 만들 때 요청했듯이, 크롬의 제목표시줄, 도구모음, 주소표시줄, 상태표시줄, 스크롤바 등은 빼고, 도큐먼트 영역만 캡처한 것을 볼 수 있습니다.

커서를 활용하여 구글 크롬 브라우저에서 동작하는 확장 프로그램을 단계별로 만들고 문제를 해결하는 과정까지 해보았습니다. 이런 식으로 내게 꼭 필요한 기능이 있다면, 맞춤형으로 확장 프로그램을 만들어 쓸 수 있습니다. 또 구글 같은 곳에 올려서 다른 사람들과 공유할 수도 있고요. 이제 나만의 확장 프로그램을 만들어 보세요.

커서 활용 노하우:
알아두면 쓸모 있는 커서 룰 3가지

커서에는 정말 유용한 기능이 하나 있는데 바로 'Rules for AI'입니다. 보통 '커서 룰'이라고 합니다. 커서 룰을 이용하면, 커서 AI가 여러분의 코드를 해석하고 답변할 때 특정한 규칙을 따르도록 할 수 있습니다. 예를 들어 "항상 한국어로 답변해 줘", "코드를 작성할 때는 이런 스타일로 해줘" 같은 규칙을 정해둘 수 있는 것이죠.

커서 룰을 설정하는 법

커서 룰을 설정하는 방법은 크게 두 가지가 있습니다. 바로 전역 규칙과 로컬 규칙입니다.

전역 규칙, 커서 사용 시 전체 적용

1. 커서 화면 오른쪽 상단에서 '설정' 아이콘을 누르세요. 설정 화면이 나타나면 'Rules'를 누르세요.
2. 'User Rules' 입력란에 원하는 규칙을 써주면 됩니다. 이렇게 설정한 규칙은 모든 프로젝트에 적용됩니다. 예를 들어 "항상 한국어로 응답해 줘"라고 해두면 커서가 항상 한국어로 답변을 해주는 것이죠.

로컬 규칙, 특정 프로젝트에만 적용

프로젝트 폴더에 '.cursorrules'라는 파일을 만들어 그 프로젝트에서만 사용할 규칙을 정할 수 있습니다. 예를 들어 "이 프로젝트에서는 주석을 항상 한글로 달아 줘" 같은 규칙을 넣을 수 있습니다. 특히 팀으로 작업할 때 유용한데, 모든 팀원이 같은 규칙을 공유할 수 있기 때문입니다.

커서에서 지금 작업 중인 프로젝트 폴더에 이 파일을 만들려면 [File]→New Text File을 선택해서 작성한 뒤 '.cursorrules'로 저장하면 됩니다.

커서 룰을 잘 작성하려면: 프롬프트 엔지니어링

커서 룰의 규칙으로는 정말 다양한 것들을 정할 수 있습니다. 코드를 어떻게 들여서 쓸지, 변수 이름은 어떤 방식으로 지을지, 주석은 어떻게 달지, 심지어 커서 AI가 어떤 언어로 답변할지까지 정할 수 있습니다. 이런 규칙들을 잘 활용하면 사용자의 코딩 스타일에 맞추어 더 도움이 되는 제안을 해줍니다.

사실 커서 룰(Rules for AI)은 커서 AI에게 전달하는 '프롬프트'의 일종입니다. 프롬프트란 우리가 AI에게 원하는 것을 설명하는 지시문이죠. 커서 룰은 이런 프롬프트를 미리 정해두는 것입니다. "앞으로 이런 방식으로 답변해 줘"라고 기본 지침을 주는 것이죠.

더 나아가 커서 룰에 AI로부터 원하는 결과를 얻기 위해 프롬프트를 전략적으로 설계하고 최적화하는 프롬프트 엔지니어링을 적용할 수도 있습니다. 단순히 "코드를 만들어 줘"라고 하는 것보다, "파이썬으로, 에러 처리를 포함해서, 주석도 상세하게 달아서 코드를 만들어 줘"라고 하는 것이 더 나은 결과를 얻을 수 있죠.

좋은 프롬프트를 작성하는 것은 AI를 잘 활용하는 데 매우 중요합니다. 마치 사람에게 부탁할 때 구체적으로 설명하면 더 정확한 결과를 얻을 수 있는 것처럼, AI에게도 명확하고 구체적으로 지시할수록 더 좋은 결과를 얻을 수 있습니다. 마찬가지로, 커서 룰을 작성할 때도 규칙을 명확하고 구체적으로 주고, 프롬프트 엔지니어링을 잘 적용할수록 더 좋은 결과를 얻을 수 있습니다.

AI를 연결해 달라고 요청할 때는 반드시 아래 규칙에 따라 GPT를 연결하세요.

GPT를 연동할 때(챗GPT)
❶ – GPT를 연동할 때는 항상 모델 이름을 'gpt-4o'로 설정하세요.
❷ – PHP에서 GPT를 연동할 때는 curl로 코드를 작성하세요.
❸ – 기본적인 API 키는 '[나의 API 키를 여기에 입력]'를 사용하세요.

❶ 커서에서 주로 사용하는 클로드 언어모델은 'GPT-4o'와 같은 모델 이름을 'GPT-4'로 수정하려는 과잉 교정 현상이 있습니다. 따라서 커서 룰에서 AI와 연동할 모델 이름을 'GPT-4o'라고 직접 명시하는 것이 좋습니다.

❷ 커서가 GPT와 연동할 때 반드시 curl을 사용한 PHP 코드로 작성해 달라고 커서 룰에 넣어줍니다. Curl은 명령어 줄(Command Line)에서 웹브라우저와 웹서버 간의 통신을 담당하는 HTTP 요청을 보내는 명령어입니다. 이렇게 커서 룰에 써 놓으면, GPT와 연동할 때 다른 라이브러리를 활용해서 연동하거나 오류가 발생하는 경우가 줄어듭니다.

❸ 만약 커서 룰에 이렇게 GPT 연동 규칙을 넣어두지 않으면, 프로젝트에서 GPT를 연동하는 기능이 필요할 때마다 프롬프트를 위의 예처럼 길게 써주고 API 키도 매번 넣어 주어야 합니다.
하지만 커서 룰을 위와 같이 써놓으면, 이제 커서에서 "AI를 연결해 주세요"라고만 요청해도, 커서가 여러분이 원하는 형태로 GPT 연동 코드를 만들어 줍니다.

웹 디자인 시에는 반드시 아래 규칙을 따르세요.

Tailwind CSS 규칙

❶ – 모든 스타일링은 Tailwind CSS의 유틸리티 클래스를 사용해 주세요.

❷ – 임의의 값(arbitrary values)은 사용하지 말고, Tailwind의 기본 스케일을 사용해 주세요.

❸ – 레이아웃은 flex나 grid를 활용해 주세요.

❹ – 반응형 웹 디자인은 sm:, md:, lg:, xl: 브레이크포인트를 사용해 주세요.

❺ # 이미지 관련 규칙

 – 임시 이미지는 반드시 picsum.photos를 사용해 주세요.

 – 이미지 크기는 width와 height를 명시적으로 지정해 주세요.

❻ # 컴포넌트 예시 만들 때

 – 실제 콘텐츠 대신 의미 있는 더미 텍스트를 사용해 주세요.

 – 숫자는 실제와 비슷한 범위의 값을 사용해 주세요.

❶ 웹 디자인 시 스타일은 테일윈드 CSS 스타일로 하고, 이 스타일의 유틸리티 클래스를 사용해 달라고 합니다. 테일윈드 CSS는 깔끔한 디자인으로 요즘 인기가 있는데, 여러분은 다른 스타일이 좋다면 그것으로 해도 됩니다.

❷ 웹 디자인을 할 때 임의의 값을 사용하지 말고, 테일윈드 CSS의 기본 스케일을

사용하라고 합니다. 이렇게 하면 웹 디자인을 할 때, 각 페이지와 요소에서 일관된 디자인을 유지할 수 있습니다.

❸ 웹페이지의 레이아웃을 만들 때, 플렉스(Flex)와 그리드(Grid)를 조합해서 사용하면 좋습니다. 그리드는 2차원(행·열) 배치에 유용하며, 플렉스는 수평·수직 정렬을 쉽게 처리합니다.

❹ 웹사이트를 다양한 화면 크기에 맞게 조정할 수 있도록, 크기 기준점(브레이크 포인트)을 사용해서 반응형 디자인을 적용하게 합니다.

화면 크기 기준

이름	화면 크기(px)	설명
sm:	640px 이상	스마트폰 (작은 화면)
md:	768px 이상	태블릿 (중간 크기 화면)
lg:	1024px 이상	노트북 (큰 화면)
xl:	1280px 이상	데스크톱 (초대형 화면)

❺ 이미지를 쓸 때는 임시 이미지를 이미지 플레이스홀더로 가져와 사용하라고 하고, 이때 이미지 크기는 너비(width), 높이(height)를 명시적으로 지정하게 합니다. 이미지 플레이스홀더는 웹 개발, 디자인 시 임시로 사용할 수 있는 이미지이며, 레이아웃 테스트 또는 로딩 중 대체 이미지로 유용하게 사용됩니다.

무료 임시 이미지(플레이스홀더 이미지) 사이트

사이트 이름	사이트 주소	특징
로렘 픽썸 (Lorem Picsum)	picsum.photos	- 무작위 고해상도 이미지 제공 - 간단한 URL 구조 - 다양한 효과 적용 가능(흑백, 블러* 등)
플레이스홀드 (placehold.co)	placehold.co	- 정확한 크기의 플레이스홀더 이미지 생성 - 간단한 사용법 - 다양한 포맷 지원(PNG, JPG 등)
언스플래시 소스 (Unsplash Source)	source.unsplash.com	- 실제 사진 기반의 무작위 이미지 제공 - 언스플래시 라이브러리 사용 - 고품질 사진 제공

* 블러(blur)는 이미지에 초점이 맞지 않는 것처럼 부드럽고 흐릿한 효과를 주는 것.

❻ 컴포넌트 예시를 만들 때도 실제 콘텐츠 대신 의미있는 더미 텍스트(개발 단계에서 사용하는 임시 가짜 텍스트)를 이용하고, 숫자도 실제와 비슷한 값을 임시로 사용해 달라고 합니다.

웹 디자인 시의 커서 룰을 이렇게 적용하면, 커서가 항상 테일윈드 CSS를 사용해 깔끔한 디자인 코드를 생성하고, 이미지 플레이스홀더도 자동으로 삽입합니다. 특히 임의값을 사용하지 않기 때문에 일관된 디자인을 유지할 수 있고, 픽썸(Picsum)을 통한 이미지 플레이스홀더로 실제 서비스와 비슷한 모습을 미리 확인할 수 있습니다.

Rules 3. 초보자를 위한 상세 설명 규칙

사용자는 코드를 전혀 이해하지 못하는 초보자이며, 당신은 코드를 가르치는 선생님입니다. 코드를 생성할 때나 코드를 설명할 때는 반드시 아래 규칙을 따르세요.

주석
주석 규칙
- 모든 코드 블록의 시작에는 전체적인 목적과 동작 방식을 설명하는 주석을 넣어주세요.
- 모든 주석은 한국어로 작성하고, 프로그래밍을 전혀 모르는 사람도 이해할 수 있게 최대한 쉽게 설명해 주세요.
- 함수마다 입력값과 반환값에 대한 주석 설명을 포함해 주세요.

주석 예시
// 사용자의 정보를 받아서 처리하는 함수를 만들어요
// ($userInfo라는 상자에 사용자의 모든 정보가 들어 있어요)

코드 설명
코드 설명 규칙
- 복잡한 로직이 있는 부분은 단계별로 나누어 설명해 주세요.
- 전문용어를 사용할 때는 반드시 부연 설명을 덧붙여 주세요. 더 쉬운 표현이나 비유적인 서술을 통해 설명하면 좋습니다.

코드 설명 예시
- 이 부분은 사용자의 정보를 받아오는 부분이에요. 마치 학교에서 입학원서를 받는 것처럼요!
- 이 부분은 비밀번호를 안전하게 보관하는 건데, 그냥 저장하면 위험하니까 특별한 방법으로 암호화해서 저장해요. 마치 중요한 시험지를 금고에 넣어두는 것처럼요!

이 커서 룰을 적용하면, 커서가 마치 친절한 선생님처럼 모든 코드를 자세히 설명해 줄 것입니다. 특히 코드의 각 부분이 왜 그렇게 작성되었는지, 어떻게 사용해야 하는지까지 상세하게 알려주어 초보자도 쉽게 이해할 수 있습니다. 또한 커서가 단순한 함수 하나를 만들더라도, 그 함수의 목적, 사용방법, 주의사항까지 모두 설명하는 주석까지 써줍니다.